U0789768

国家出版基金项目
NATIONAL PUBLICATION FOUNDATION

“十三五”国家重点出版物出版规划项目

海洋机器人科学与技术丛书

封锡盛　李　硕　主编

水下无人航行器水声感知技术

许　枫等　著

科学出版社
龍門書局
北　京

内 容 简 介

本书是作者在多年从事水声学理论研究与工程应用工作的基础上写成的专著，系统地阐述了水下无人航行器水声感知技术的发展与应用。全书共 8 章，主要包括绪论、避障声呐技术、测流测速声呐技术、侧扫声呐技术、测深侧扫声呐技术、多波束测深技术、浅地层剖面测量技术及水声通信技术，内容基本覆盖了水下无人航行器水声感知技术知识与发展动向。

本书可供从事水下航行器水声感知技术研究与应用的科研和工程技术人员参考，也适合高等院校水声学、信号与信息处理、船舶与海洋工程等专业的高年级本科生、硕士研究生阅读。

图书在版编目(CIP)数据

水下无人航行器水声感知技术 / 许枫等著. —北京：龙门书局，2020.11

（海洋机器人科学与技术丛书/封锡盛，李硕主编）

“十三五”国家重点出版物出版规划项目　国家出版基金项目

ISBN 978-7-5088-5845-6

Ⅰ. ①水…　Ⅱ. ①许…　Ⅲ. ①无人驾驶-可潜器-水声-感知机
Ⅳ. ①U674.941

中国版本图书馆 CIP 数据核字(2020)第 219404 号

责任编辑：杨慎欣　乔丽维　张　震 / 责任校对：樊雅琼
责任印制：吴兆东 / 封面设计：无极书装

科学出版社
龍門書局 出版
北京东黄城根北街 16 号
邮政编码：100717
http：//www.sciencep.com

北京中科印刷有限公司印刷
科学出版社发行　各地新华书店经销

*

2020 年 11 月第　一　版　开本：720 × 1000　1/16
2025 年 1 月第二次印刷　印张：16 1/4　插页：4
字数：328 000

定价：118.00 元

(如有印装质量问题，我社负责调换)

“海洋机器人科学与技术丛书”
编辑委员会

主 任 委 员　封锡盛　李　硕

副主任委员（按姓氏笔画排序）

王晓辉　李智刚　林　扬

委　　　员（按姓氏笔画排序）

田　宇　刘开周　许　枫　苏玉民

李　晔　李一平　何立岩　宋三明

张艾群　张奇峰　林昌龙　周焕银

庞永杰　胡志强　俞建成　徐会希

徐红丽　冀大雄

秘　　　书　姜志斌

丛书前言一

浩瀚的海洋蕴藏着人类社会发展所需的各种资源，向海洋拓展是我们的必然选择。海洋作为地球上最大的生态系统不仅调节着全球气候变化，而且为人类提供蛋白质、水和能源等生产资料支撑全球的经济发展。我们曾经认为海洋在维持地球生态系统平衡方面具备无限的潜力，能够修复人类发展对环境造成的伤害。但是，近年来的研究表明，人类社会的生产和生活会造成海洋健康状况的退化。因此，我们需要更多地了解和认识海洋，评估海洋的健康状况，避免对海洋的再生能力造成破坏性影响。

我国既是幅员辽阔的陆地国家，也是广袤的海洋国家，大陆海岸线约 1.8 万千米，内海和边海水域面积约 470 万平方千米。深邃宽阔的海域内潜含着的丰富资源为中华民族的生存和发展提供了必要的物质基础。我国的洪涝、干旱、台风等灾害天气的发生与海洋密切相关，海洋与我国的生存和发展密不可分。党的十八大报告明确提出："提高海洋资源开发能力，发展海洋经济，保护海洋生态环境，坚决维护国家海洋权益，建设海洋强国。"①党的十九大报告明确提出："坚持陆海统筹，加快建设海洋强国。"②认识海洋、开发海洋需要包括海洋机器人在内的各种高新技术和装备，海洋机器人一直为世界各海洋强国所关注。

关于机器人，蒋新松院士有一段精彩的诠释：机器人不是人，是机器，它能代替人完成很多需要人类完成的工作。机器人是拟人的机械电子装置，具有机器和拟人的双重属性。海洋机器人是机器人的分支，它还多了一重海洋属性，是人类进入海洋空间的替身。

海洋机器人可定义为在水面和水下移动，具有视觉等感知系统，通过遥控或自主操作方式，使用机械手或其他工具，代替或辅助人去完成某些水面和水下作业的装置。海洋机器人分为水面和水下两大类，在机器人学领域属于服务机器人中的特种机器人类别。根据作业载体上有无操作人员可分为载人和无人两大类，其中无人类又包含遥控、自主和混合三种作业模式，对应的水下机器人分别称为无人遥控水下机器人、无人自主水下机器人和无人混合水下机器人。

① 胡锦涛在中国共产党第十八次全国代表大会上的报告. 人民网，http://cpc.people.com.cn/n/2012/1118/c64094-19612151.html

② 习近平在中国共产党第十九次全国代表大会上的报告. 人民网，http://cpc.people.com.cn/n1/2017/1028/c64094-29613660.html

无人水下机器人也称无人潜水器，相应有无人遥控潜水器、无人自主潜水器和无人混合潜水器。通常在不产生混淆的情况下省略“无人”二字，如无人遥控潜水器可以称为遥控水下机器人或遥控潜水器等。

世界海洋机器人发展的历史大约有 70 年，经历了从载人到无人，从直接操作、遥控、自主到混合的主要阶段。加拿大国际潜艇工程公司创始人麦克法兰，将水下机器人的发展历史总结为四次革命：第一次革命出现在 20 世纪 60 年代，以潜水员潜水和载人潜水器的应用为主要标志；第二次革命出现在 70 年代，以遥控水下机器人迅速发展成为一个产业为标志；第三次革命发生在 90 年代，以自主水下机器人走向成熟为标志；第四次革命发生在 21 世纪，进入了各种类型水下机器人混合的发展阶段。

我国海洋机器人发展的历程也大致如此，但是我国的科研人员走过上述历程只用了一半多一点的时间。20 世纪 70 年代，中国船舶重工集团公司第七〇一研究所研制了用于打捞水下沉物的“鱼鹰”号载人潜水器，这是我国载人潜水器的开端。1986 年，中国科学院沈阳自动化研究所和上海交通大学合作，研制成功我国第一台遥控水下机器人“海人一号”。90 年代我国开始研制自主水下机器人，“探索者”、CR-01、CR-02、“智水”系列等先后完成研制任务。目前，上海交通大学研制的“海马”号遥控水下机器人工作水深已经达到 4500 米，中国科学院沈阳自动化研究所联合中国科学院海洋研究所共同研制的深海科考型 ROV 系统最大下潜深度达到 5611 米。近年来，我国海洋机器人更是经历了跨越式的发展。其中，“海翼”号深海滑翔机完成深海观测；有标志意义的“蛟龙”号载人潜水器将进入业务化运行；“海斗”号混合型水下机器人已经多次成功到达万米水深；“十三五”国家重点研发计划中全海深载人潜水器及全海深无人潜水器已陆续立项研制。海洋机器人的蓬勃发展正推动中国海洋研究进入“万米时代”。

水下机器人的作业模式各有长短。遥控模式需要操作者与水下载体之间存在脐带电缆，电缆可以源源不断地提供能源动力，但也限制了遥控水下机器人的活动范围；由计算机操作的自主水下机器人代替人工操作的遥控水下机器人虽然解决了作业范围受限的缺陷，但是计算机的自主感知和决策能力还无法与人相比。在这种情形下，综合了遥控和自主两种作业模式的混合型水下机器人应运而生。另外，水面机器人的引入还促成了水面与水下混合作业的新模式，水面机器人成为沟通水下机器人与空中、地面机器人的通信中继，操作者可以在更远的地方对水下机器人实施监控。

与水下机器人和潜水器对应的英文分别为 underwater robot 和 underwater vehicle，前者强调仿人行为，后者意在水下运载或潜水，分别视为“人”和“器”，海洋机器人是在海洋环境中运载功能与仿人功能的结合体。应用需求的多样性使得运载与仿人功能的体现程度不尽相同，由此产生了各种功能型的海洋机器人，如观察型、作业型、巡航型和海底型等。如今，在海洋机器人领域 robot 和 vehicle 两词的内涵逐渐趋同。

信息技术、人工智能技术特别是其分支机器智能技术的快速发展，正在推动海洋机器人以新技术革命的形式进入“智能海洋机器人”时代。严格地说，前述自主水下机器人的“自主”行为已具备某种智能的基本内涵。但是，其“自主”行为泛化能力非常低，属弱智能；新一代人工智能相关技术，如互联网、物联网、云计算、大数据、深度学习、迁移学习、边缘计算、自主计算和水下传感网等技术将大幅度提升海洋机器人的智能化水平。而且，新理念、新材料、新部件、新动力源、新工艺、新型仪器仪表和传感器还会使智能海洋机器人以各种形态呈现，如海陆空一体化、全海深、超长航程、超高速度、核动力、跨介质、集群作业等。

海洋机器人的理念正在使大型有人平台向大型无人平台转化，推动少人化和无人化的浪潮滚滚向前，无人商船、无人游艇、无人渔船、无人潜艇、无人战舰以及与此关联的无人码头、无人港口、无人商船队的出现已不是遥远的神话，有些已经成为现实。无人化的势头将冲破现有行业、领域和部门的界限，其影响深远。需要说明的是，这里“无人”的含义是人干预的程度、时机和方式与有人模式不同。无人系统绝非无人监管、独立自由运行的系统，仍是有人监管或操控的系统。

研发海洋机器人装备属于工程科学范畴。由于技术体系的复杂性、海洋环境的不确定性和用户需求的多样性，目前海洋机器人装备尚未被打造成大规模的产业和产业链，也还没有形成规范的通用设计程序。科研人员在海洋机器人相关研究开发中主要采用先验模型法和试错法，通过多次试验和改进才能达到预期设计目标。因此，研究经验就显得尤为重要。总结经验、利于来者是本丛书作者的共同愿望，他们都是在海洋机器人领域拥有长时间研究工作经历的专家，他们奉献的知识和经验成为本丛书的一个特色。

海洋机器人涉及的学科领域很宽，内容十分丰富，我国学者和工程师已经撰写了大量的著作，但是仍不能覆盖全部领域。“海洋机器人科学与技术丛书”集合了我国海洋机器人领域的有关研究团队，阐述我国在海洋机器人基础理论、工程技术和应用技术方面取得的最新研究成果，是对现有著作的系统补充。

“海洋机器人科学与技术丛书”内容主要涵盖基础理论研究、工程设计、产品开发和应用等，囊括多种类型的海洋机器人，如水面、水下、浮游以及用于深水、极地等特殊环境的各类机器人，涉及机械、液压、控制、导航、电气、动力、能源、流体动力学、声学工程、材料和部件等多学科，对于正在发展的新技术以及有关海洋机器人的伦理道德社会属性等内容也有专门阐述。

海洋是生命的摇篮、资源的宝库、风雨的温床、贸易的通道以及国防的屏障，海洋机器人是摇篮中的新生命、资源开发者、新领域开拓者、奥秘探索者和国门守卫者。为它“著书立传”，让它为我们实现海洋强国梦的夙愿服务，意义重大。

本丛书全体作者奉献了他们的学识和经验，编委会成员为本丛书出版做了组织和审校工作，在此一并表示深深的谢意。

本丛书的作者承担着多项重大的科研任务和繁重的教学任务，精力和学识所限，书中难免会存在疏漏之处，敬请广大读者批评指正。

中国工程院院士 封锡盛

2018 年 6 月 28 日

丛书前言二

改革开放以来，我国海洋机器人事业发展迅速，在国家有关部门的支持下，一批标志性的平台诞生，取得了一系列具有世界级水平的科研成果，海洋机器人已经在海洋经济、海洋资源开发和利用、海洋科学研究和国家安全等方面发挥重要作用。众多科研机构和高等院校从不同层面及角度共同参与该领域，其研究成果推动了海洋机器人的健康、可持续发展。我们注意到一批相关企业正迅速成长，这意味着我国的海洋机器人产业正在形成，与此同时一批记载这些研究成果的中文著作诞生，呈现了一派繁荣景象。

在此背景下“海洋机器人科学与技术丛书”出版，共有数十分册，是目前本领域中规模最大的一套丛书。这套丛书是对现有海洋机器人著作的补充，基本覆盖海洋机器人科学、技术与应用工程的各个领域。

“海洋机器人科学与技术丛书”内容包括海洋机器人的科学原理、研究方法、系统技术、工程实践和应用技术，涵盖水面、水下、遥控、自主和混合等类型海洋机器人及由它们构成的复杂系统，反映了本领域的最新技术成果。中国科学院沈阳自动化研究所、哈尔滨工程大学、中国科学院声学研究所、中国科学院深海科学与工程研究所、浙江大学、华侨大学、东华理工大学等十余家科研机构和高等院校的教学与科研人员参加了丛书的撰写，他们理论水平高且科研经验丰富，还有一批有影响力的学者组成了编辑委员会负责书稿审校。相信丛书出版后将对本领域的教师、科研人员、工程师、管理人员、学生和爱好者有所裨益，为海洋机器人知识的传播和传承贡献一份力量。

本丛书得到 2018 年度国家出版基金的资助，丛书编辑委员会和全体作者对此表示衷心的感谢。

“海洋机器人科学与技术丛书”编辑委员会

2018 年 6 月 27 日

前　言

声波是水媒质中唯一能够远距离传输的载体，水声感知技术是获取水下信息最为有效的手段，其为水下无人航行器装上了“眼睛”和“耳朵”，能够保障航行器的安全航行作业和获取海洋环境信息，并且实现航行器的水下定位和水声通信。因此，水声感知设备是水下无人航行器安全航行、作业等必不可少的水声设备，其在军事国防与国民经济建设中具有重要的地位与作用。随着水下无人航行器的不断发展，与之匹配的水声感知技术也随之迎来了新的发展契机。

中国科学院声学研究所海洋声学技术中心的许枫、王长红、刘佳、刘晓东、武岩波、闫路等长期探索基于水下无人航行器的水声感知技术，本书是我们在多年科研实践经验积累的基础上撰写的。本书共 8 章，第 1 章由许枫撰写，第 2 章由闫路、许枫撰写，第 3 章由王长红撰写，第 4 章由许枫、刘佳撰写，第 5 章由刘晓东撰写，第 6 章由刘佳、许枫撰写，第 7 章由许枫、闫路撰写，第 8 章由武岩波撰写。

曾经或正在中国科学院声学研究所海洋声学技术中心工作和学习的蒋立军、曹金亮、薛凤杰、邢园园、刘俊俊、杨君、姚衍、范仲雪等，结合工作和学习对水声感知技术的理论和应用进行了广泛而深入的研究，他们取得的有关科研成果对完成本书起到了重要作用，在此一并向他们表示感谢!

由于本书中的各种应用涉及面非常广，而且作者水平有限，不足之处在所难免，恳请广大读者批评指正。

作　者

2020 年 2 月

目　录

丛书前言一

丛书前言二

前言

1　绪论 …… 1

1.1　水下无人航行器发展情况 …… 1

1.2　声学设备在水下无人航行器中的应用 …… 2

1.3　国外典型水下无人航行器装备声学设备及其性能指标简介 …… 4

1.3.1　避障声呐 …… 4

1.3.2　测流测速声呐 …… 5

1.3.3　侧扫声呐 …… 6

1.3.4　测深侧扫声呐 …… 8

1.3.5　多波束测深声呐 …… 8

1.3.6　浅地层剖面仪 …… 9

1.3.7　水声通信系统 …… 10

参考文献 …… 11

2　避障声呐技术 …… 13

2.1　基本原理 …… 13

2.1.1　一维避障声呐 …… 13

2.1.2　二维避障声呐 …… 14

2.1.3　三维避障声呐 …… 16

2.2　系统组成 …… 17

2.3　关键技术 …… 18

2.3.1　避障声呐成像与波束控制技术 …… 18

2.3.2　目标检测技术与目标分类识别技术 …… 22

2.3.3　路径规划策略技术 …… 30

2.3.4　基于目标模型的三维避障技术 …… 32

2.4 发展趋势 …… 34
2.4.1 小型化技术 …… 34
2.4.2 一体化设计 …… 35
2.4.3 基于十字阵形的三维声成像技术 …… 35
参考文献 …… 37
3 测流测速声呐技术 …… 39
3.1 基本原理 …… 40
3.1.1 多普勒测速声呐原理 …… 40
3.1.2 相关测速声呐原理 …… 44
3.2 系统组成 …… 50
3.2.1 硬件系统 …… 50
3.2.2 软件系统 …… 52
3.3 关键技术 …… 52
3.3.1 多普勒测速声呐关键技术 …… 52
3.3.2 相关测速声呐关键技术 …… 59
3.4 发展趋势 …… 63
参考文献 …… 65
4 侧扫声呐技术 …… 67
4.1 基本原理 …… 67
4.1.1 侧扫声呐换能器的指向性 …… 67
4.1.2 海底对侧扫声呐发射波的反射和散射 …… 68
4.1.3 侧扫声呐的工作流程 …… 69
4.1.4 侧扫声呐回波信号的幅度动态和动态压缩 …… 69
4.2 声图 …… 71
4.2.1 声图的形成 …… 71
4.2.2 海底声图构成 …… 72
4.2.3 海底平面和声图平面的比例关系 …… 73
4.2.4 换能器水平指向角引起的失真 …… 77
4.2.5 特殊海洋环境形成的干扰声图 …… 79
4.3 关键技术 …… 81
4.3.1 图像处理技术 …… 81
4.3.2 图像拼接技术 …… 89
4.3.3 图像三维重构技术 …… 105
参考文献 …… 122

5　测深侧扫声呐技术 …… 124
5.1　基本原理 …… 124
5.1.1　测深侧扫声呐基本原理 …… 124
5.1.2　高分辨率测深侧扫声呐基本原理 …… 126
5.1.3　基于高分辨率测深侧扫声呐的测深系统 …… 129
5.2　HRBSSS 测深数据处理方法 …… 134
5.2.1　主要测深参数定义 …… 134
5.2.2　姿态数据处理 …… 135
5.2.3　声呐阵深度计算 …… 138
5.2.4　声速剖面修正 …… 139
5.2.5　定位数据和潮汐修正 …… 143
5.2.6　测深数据处理流程 …… 146
5.3　HRBSSS 误差分析和偏差校准 …… 147
5.3.1　深度误差分析 …… 147
5.3.2　位置误差分析 …… 154
5.3.3　误差分析小结 …… 158
5.3.4　HRBSSS 偏差校准 …… 159
5.4　评估方法 …… 161
5.4.1　声呐测深精度评估方法 …… 161
5.4.2　系统测深精度评估方法 …… 161
5.5　应用实例 …… 164
5.5.1　6000m 无人无缆水下无人航行器系统 …… 164
5.5.2　DTA-6000 声学深拖系统 …… 166
5.6　发展趋势 …… 168
参考文献 …… 169
6　多波束测深技术 …… 170
6.1　工作原理 …… 170
6.2　系统组成 …… 171
6.3　关键技术 …… 172
6.3.1　底检测技术 …… 172
6.3.2　底跟踪技术 …… 173
6.3.3　深度修正技术 …… 174
6.4　应用实例 …… 178
6.4.1　地形测量 …… 178

6.4.2 海底管线探测 …… 178
6.4.3 海洋生物探测 …… 179
6.5 发展趋势 …… 180
参考文献 …… 181
7 浅地层剖面测量技术 …… 183
7.1 工作原理 …… 183
7.2 系统组成及关键技术 …… 189
7.2.1 Chirp 浅地层剖面仪声呐 …… 189
7.2.2 三维剖面声呐 …… 195
7.2.3 沉积物声学特性选择 …… 199
7.3 发展趋势 …… 204
7.3.1 国外发展趋势 …… 204
7.3.2 国内发展趋势 …… 206
参考文献 …… 208
8 水声通信技术 …… 211
8.1 基本原理 …… 211
8.1.1 吸收衰减对水声通信的影响 …… 212
8.1.2 声速对水声通信的影响 …… 212
8.1.3 多径传播对水声通信的影响 …… 212
8.1.4 多普勒频移对水声通信的影响 …… 213
8.1.5 噪声对水声通信的影响 …… 214
8.1.6 水声信道的时变性对水声通信的影响 …… 214
8.2 关键技术 …… 214
8.2.1 水声物理层技术 …… 215
8.2.2 水声通信节点技术 …… 223
8.2.3 水声通信网技术 …… 227
8.3 应用实例 …… 235
8.3.1 海洋立体监测网络 …… 236
8.3.2 水下定位 …… 237
8.4 发展趋势 …… 238
参考文献 …… 238
索引 …… 241
彩图

1 绪　论

海洋是地球上最大的资源宝库，是全球生命支持系统的重要组成部分。进入 21 世纪，人类面临着人口膨胀、资源短缺、环境恶化三大难题，陆地资源已经不能满足人类日益增长的需求，亟需向海洋拓展活动空间、寻求资源保障。认识海洋、开发海洋需要各种高技术手段，这些手段是建设海洋强国、捍卫国家安全和实现可持续发展的伟大目标必不可少的。作为探索内空间重要手段之一的水下无人航行器(unmanned underwater vehicle, UUV)技术，它与探索外空间的运载火箭技术具有同等重要的意义。因此，水下无人航行器的发展一直被各海洋强国所关注[1-4]。

迄今为止在人们所熟知的各种能量形式中，声波是水媒质中唯一能够远距离传输的载体，水声技术是获取水下信息最为有效的手段。利用声波作为信息载体能够有效地对水中目标进行探测、定位、识别、跟踪并实现水下导航、测量与通信。声呐作为水下“耳目”，是水下无人航行器必不可少的一种观通设备，其在军事国防与国民经济建设中具有重要的地位与作用。随着水下无人航行器的不断发展，与之匹配的声学技术与声学设备也随之迎来新的发展契机[5, 6]。

1.1　水下无人航行器发展情况

近年来，随着新材料、新能源、人工智能技术的不断进步，以及各国对战场低伤亡率的追求，水下无人航行器成为世界各国争相研制的“热点”装备。水下无人航行器是一种能够在水下自主航行并回收的智能化装置，它借助母平台可以搭载多种传感器、专用设备或武器模块的载体，按照事先设定的程序，或者由人工遥控，完成水下环境探测、目标识别、情报收集和数据通信等使命任务，极大地扩展了水面船只的考察范围，提高了工作效率[7-9]。

水下无人航行器以其自主性、灵活性和多用途性，在海洋科学研究、海洋工程作业及国防军事等领域中具有越来越重要的地位。根据自主性等级，可将水下无人航行器分为遥控式水下无人航行器(remotely operated vehicle, ROV)和自主式水下无人航行器(autonomous underwater vehicle, AUV)两类。其中，ROV 拖带有用于控制和动力的光电缆，由人工进行控制；AUV 则自带能源动力，采用自主控制模式，可广泛应用于水下侦察、目标探测、跟踪与识别、猎/扫雷、通信中继等方面。

水下航行器在很大程度上反映了一个国家海洋科技的发展水平，受到了世界各国的重视。自 20 世纪 60 年代以来，世界上约 20 个国家发展了近 200 种水下无人航行器，服务于军事、海洋工程应用等领域。目前，除我国外，国际上正在从事航行器技术研究和应用的国家包括挪威、美国、法国、英国、意大利、葡萄牙、日本等。其中，挪威和美国对水下无人航行器的理解较为深刻，在实际应用方面处于领先位置。国内对水下无人航行器的研究起步比较晚，20 世纪 80 年代，以中国科学院沈阳自动化研究所和哈尔滨工程大学为首的主要研究机构开始研究水下无人航行器。中国科学院沈阳自动化研究所于 1994 年率先研制的“探索者”号无缆水下无人航行器，安装了多普勒声呐、侧扫声呐等 7 部声呐，工作深度达到 1000m，实现了我国水下无人航行器从有缆向无缆的飞跃，在我国水下无人航行器的发展史上具有里程碑意义。90 年代中期，中国科学院沈阳自动化研究所与俄罗斯海洋技术问题研究所、中国科学院声学研究所等单位合作，成功研制了 6000m 级自主式水下无人航行器 CR-01 与 CR-02。“十二五”期间，在国家海洋局和中国科学院的大力支持下，中国科学院沈阳自动化研究所研究开发了以“潜龙”系列 AUV 为核心的我国深海资源自主勘探系列装备和以“探索”系列 AUV 为核心的我国海洋科学研究自主探测系列装备。由哈尔滨工程大学研发的“智水”系列智能水下无人航行器代表了我国军用 AUV 的先进水平，该系列 AUV 可用于海域扫雷、自主巡航等。

随着科技的不断发展，未来水下无人航行器将朝着小型化、智能化、远程化、集群化等方向发展，实现安全高效、精细化探测、远程作业及组网监测等，进一步满足海洋科学研究、海洋工程作业及军事国防等领域的需求。

1.2 声学设备在水下无人航行器中的应用

能源、自主控制、导航、通信及任务载荷是水下无人航行器关键的 5 个系统，其中，能源是心脏，自主控制是大脑，导航和通信是感官，任务载荷是手足，分别完成不同的任务使命。水下无人航行器的导航、通信与任务载荷都离不开声学设备。

声呐是英文 sonar 的音译，凡是利用水下声信息进行探测、识别、定位、导航和通信的系统，广义上都可称为声呐系统。根据功能的不同，水下无人航行器声呐设备主要分为探测声呐、导航声呐和通信声呐三大类。

探测声呐主要用于探测水中目标信息，对水下地形、地貌、地质进行勘察和测绘，包括侧扫声呐、多波束测深声呐、前视声呐、测深侧扫声呐、浅地层剖面仪、合成孔径声呐等。导航声呐为水下无人航行器的安全航行和执行作业任务提供其位置、航向、深度、速度和姿态等信息，包括声学多普勒计程仪、声学多普勒流速剖面仪、长/短/超短基线定位声呐等。通信声呐则主要用于水下无人航行器与协同行动的其他水下无人航行器、母船(艇)或通信浮标之间的信息链接，包括短/中/远程通信声呐系统。

声呐系统为水下无人航行器在水下工作环境提供了“耳目”，使其能够长期稳定地进行水下全方位、连续的观测与作业，进一步提高了水下无人航行器的工作能力。以我国“潜龙一号”水下无人航行器为例(图 1.1)，其作业时定深或定高航行，水下无人航行器上安装的测深侧扫声呐实现海底地形地貌的探测，浅地层剖面仪实现浅地层地质结构的探测，多普勒计程仪实现水下无人航行器对底航行速度和近海底流速的测量，避障声呐则实现水下无人航行器前方、下方和前上方等多个方向障碍物距离的检测。同时，安装在舱内的声学控制器对水下无人航行器安装的姿态传感器、温盐深剖面仪、压力传感器、定位传感器等的输出数据进行时标标定和保存。当水下无人航行器回收至甲板后，水上控制系统完成数据的导出、入库、处理和成图等工作，最终完成水下无人航行器的一次作业过程。

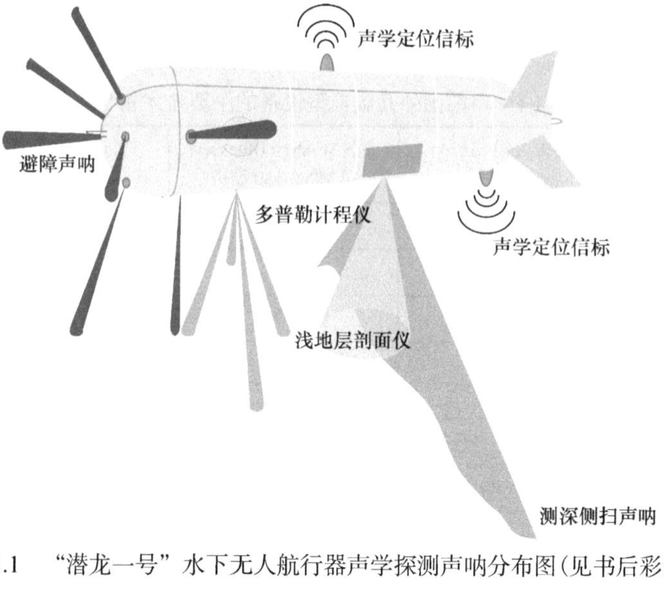

图 1.1　“潜龙一号”水下无人航行器声学探测声呐分布图(见书后彩图)

1.3 国外典型水下无人航行器装备声学设备及其性能指标简介

声呐设备是水下无人航行器完成使命任务的主要保障手段，针对水下无人航行器执行任务的不同，应装备不同的声呐系统。声呐系统的技术指标在很大程度上决定了水下无人航行器的性能，是水下无人航行器装备发展的关键。以下将对国外典型水下无人航行器装备的主要声学设备进行概述并简要介绍其性能指标。

1.3.1 避障声呐

水下无人航行器在水下工作时，利用前视声呐等传感器能够及时、准确、隐蔽地获取环境信息。避障声呐是前视主动声呐的一种，作为水下无人航行器的视觉传感器，其在水下无人航行器安全航行中不可或缺。避障声呐对于船舶安全航行、海上设施安全作业、海洋开发等领域有着重要的意义和广泛的应用价值[10-12]。

目前，市面上较成熟的小型化扫描前视声呐产品以 Teledyne BlueView 公司研制的二维和三维高频避障声呐产品较为突出，其不仅体积小而且功耗非常低，特别适合安装在小型水下无人航行器中。英国 Tritech 公司 Micron 型机械扫描声呐是世界上最小的数字线性调频[又称为啁啾(Chirp)信号]声呐，非常适合小型遥控式水下无人航行器使用，是一种常用的避障声呐。与传统扫描声呐相比，Chirp 技术具有较高的距离分辨率，并且利用数字声呐技术(digital sonar technology, DST)提高了图像的清晰度和分辨率，Micron 型声呐可以安装在 Atlas Elektronik GmbH 公司的 SeaCat AUV 设备上进行探测。表 1.1 介绍了目前国外几款典型设备的主要技术指标，实物图如图 1.2 所示。

表 1.1 目前国外几款典型设备的主要技术指标

技术参数	英国 Tritech 公司 Micron 型声呐	美国 Teledyne BlueView 公司 M900-130 型声呐	英国 Tritech 公司 Gemini-720is 型声呐
工作频率	Chirp 中心频率 700kHz	900kHz	720kHz
扫描范围	360°	130°	120°
波束宽度	3°×35°	1°×20°	1°×20°
距离分辨率	7.5mm	13mm	8mm
探测距离	75m	100m	120m
重量(空气/水)	0.324kg/0.180kg	2.30kg/0.5kg	3.4kg/1.3kg
主要尺寸/in	2.68×2.20×3.11 (长×宽×高)	19.20×10.16 (长×宽)	10.67×5.31×4.21 (长×宽×高)

注：1in=0.0254m。

(a) 英国Tritech公司 Micron型声呐　(b) 美国Teledyne BlueView公司 M900-130型声呐　(c) 英国Tritech公司 Gemini-720is型声呐

图 1.2　国外几种典型水下无人航行器搭载的避障声呐实物图

1.3.2　测流测速声呐

随着水下无人航行器的快速发展，为保证航行安全和规划航线的准确实施，水下无人航行器要实时获取自身的速度、位置等信息，测流测速声呐作为测量流场流速和水下无人航行器速度的测速设备，已获得了广泛的应用[13,14]。美国 Teledyne RDI 公司生产的多型 ADCP 系列产品主要用于生物海洋学、航海安全、深海和中深海的海流中长期测量等。

Teledyne RDI 公司的多普勒测速仪(Doppler velocity logs, DVL)结构紧凑，与常规测速仪相比，其尺寸和重量显著减小，并且能够实现与其他装载传感器[如温盐深(conductivity, temperature, depth, CTD)剖面仪、全球定位系统(global positioning system, GPS)]进行通信，可应用于水下无人平台(如可安装在 Atlas Elektronik GmbH 公司的 SeaCat AUV 上进行探测)。多普勒测速仪主要技术指标如表 1.2 所示，实物图如图 1.3 所示。

表 1.2　多普勒测速仪主要技术指标

技术参数	相控阵换能器	活塞式换能器
中心频率	614.4kHz	614.4kHz
波束个数	4	4
波束角	30°	30°
底跟踪测速		
最大高度	75m	65m
最小高度	0.5m	0.5m
速度范围	±5m/s	±5m/s
分辨率	0.1cm/s(默认) 0.01mm/s(可选)	0.1cm/s(默认) 0.01mm/s(可选)

续表

技术参数	相控阵换能器	活塞式换能器
流分层测速		
最大高度	30m	20m
最小高度	0.7m	0.7m
速度范围	±5m/s	±5m/s
分辨率	0.1cm/s	0.1cm/s

图 1.3 多普勒测速仪实物图

1.3.3 侧扫声呐

20 世纪 50 年代，为了更好地探测海底地形地貌，寻找丰富的海洋资源，英国海洋地质学家最早提出侧扫原理，他们在海上用两艘船分别在船侧拖曳一个换能器，在船的对应一侧接收回波来探测海底地形地貌。1962 年以后，英国、美国、法国等国陆续开发出各种产品，最初的产品是舷挂式侧扫声呐，后来又出现了拖曳式侧扫声呐。80 年代以后，计算机技术广泛应用于侧扫声呐，到 90 年代，国内外出现了一系列数字化的侧扫声呐，使侧扫声呐技术上了一个新台阶。侧扫声呐由换能器基阵、收发机和记录器组成，可判断目标的位置、形状和高度，主要用于快速环境评估、水文调查、地球物理调查等[15,16]。

国际上成熟的水下无人航行器产品一般均可搭载侧扫声呐、多波束等多个传感器，借助水下无人航行器可提高侧扫声呐的定位精度。目前国外侧扫声呐仪器生产商主要以 Klein 和 EdgeTech 两大公司为主，其产品各具特色。表 1.3 列出了目前国外几款高性能设备的主要技术指标，部分实物图如图 1.4 所示。

表 1.3 目前国外几款高性能设备的主要技术指标(侧扫声呐)

技术参数	EdgeTech 2205	Klein UUV-3500	Klein AUV-5000 V2	Sea Scan HDS
工作频率	75～1600kHz	455kHz/ 900kHz	455kHz	300kHz /900kHz 600kHz /1200kHz 900kHz /1800kHz
水平波束宽度	0.2°(最大)	0.34°	—	0.4°@300kHz <0.6°@150kHz
垂直航向分辨率	0.6cm(最大)	4.8cm	3.75cm	3cm@300kHz 1.5cm@600kHz 1cm@900kHz 0.75cm@1200kHz 0.67cm@1800kHz
沿航向分辨率	0.6cm(最大)	0.48°	10cm@38m 20cm@75m 36cm@150m 50cm@250m	30.5cm@150kHz 30.5cm@300kHz 15.24cm@600kHz 10.16cm@900kHz 7.62cm@1200kHz 5.08cm@1800kHz
最大量程	1250m	150m	150m	200m
深度级	6000m	600m	500m	300m
主要搭载平台	AUV, ROV, USV	AUV, ROV	AUV	AUV

(a) EdgeTech公司的2205声呐

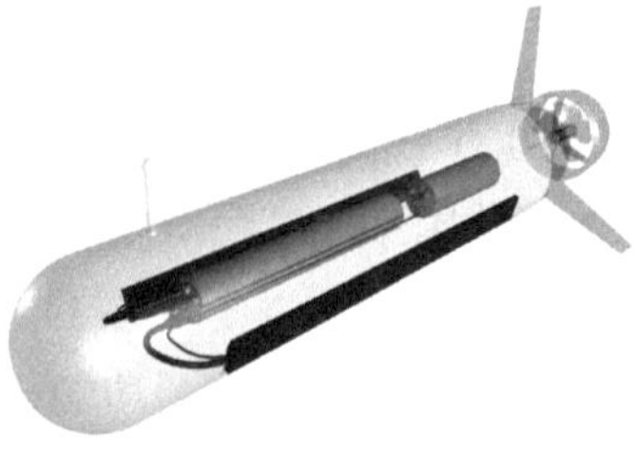

(b) Klein公司的AUV-5000 V2声呐

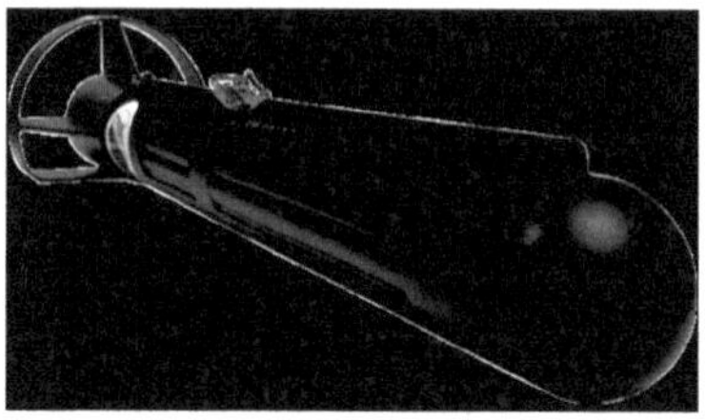

(c) Sea Scan HDS数字侧扫声呐

图 1.4 国外几种典型水下无人航行器搭载的侧扫声呐

1.3.4 测深侧扫声呐

如前所述，侧扫技术与多波束技术发展相对成熟，并且两项技术各有优缺点，如果能将侧扫声呐清晰的图像信息与多波束测深获取的精确数字信息相结合，便能够获得海底高分辨率的地形和地貌信息。同时考虑到设备成本和操作复杂因素，在实际测量过程中，很难同时使用两部声呐，因此将两种设备的优势集于一身的设备——测深侧扫声呐应运而生。近年来，采用三维高分辨成像技术的高分辨测深侧扫声呐成为发展趋势[17-19]。

测深侧扫声呐系统原理和结构由英国学者 Denbigh 于 1977 年首次正式提出。1980 年左右，英国 Bath 大学和挪威的大陆架研究所也开始了类似仪器的研发，1982 年，Bath 大学成功开发出频率为 300kHz 的测深侧扫系统；同年，挪威大陆架研究所也推出了 TOPO-SSS 测深侧扫系统，工作频率为 60kHz。1986 年，Bath 大学再次成功开发出新的 Bathysean300 测深侧扫系统，工作频率为 300kHz，当水深小于 80m 时，覆盖扫描宽度可达到 200m，其测深精度基本符合国际水文局的标准。英国 Submetrix 公司研制出的 ISIS300 系统也是典型的测深侧扫系统，它利用多基元换能器接收海底回波的振幅、时间和相位差来对海底各点实现准确定位，并具备快速采集与处理运算的能力。

1.3.5 多波束测深声呐

20 世纪 70 年代出现的多波束测深系统，是在回声测深仪的基础上发展起来的。80 年代初，美国东北部海洋学研究集团（Northeast Consortium of Oceanographic Research, NECOR）成立后，其主要目标之一就是发展 SeaBeam 多波束测深系统的海底勘测能力，配合导航和成图功能，该系统实现了在船上进行数据采集、综合、处理和可视化的功能。除 SeaBeam 多波束测深系统外，从 80 年代中期至 90 年代初，许多制造公司也开始进入这一领域，研制出不同型号的浅水用、中水用和深水用多波束测深系统[20,21]。

多波束测深技术尽管经历了近五十年的发展，但是其研究和应用已达到较高的水平，特别是近十年，随着电子、计算机、新材料和新工艺的广泛使用，多波束测深技术已经取得了突破性的进展。目前，浅水多波束测深系统几款技术指标比较先进的产品分别是 RESON 公司的 SeaBat 7125 和 R2Sonic 公司的 2024，另外，KONGSBERG 公司 2011 年推出的 EM 2040 技术水平也处于国际领先地位。除此之外，还有 Atlas 公司的 Fansweep20、Elac 公司的 SeaBeam 1185、Tritech 公司的 ECLIPSE 等产品，但这些产品的性能并不是最优的。表 1.4 列出了目前国际上几款高性能设备的主要技术指标，实物图如图 1.5 所示。

表 1.4　目前国际上几款高性能设备的主要技术指标（多波束测深声呐）

技术参数	R2Sonic 2024	RESON SeaBat7125	KONGSBERG EM 2040
变频范围	200～400kHz 变频	200kHz/400kHz	200～400kHz 变频
波束覆盖角	160°	165°	140°
波束宽	2°×1°@200kHz 1°×0.5°@400kHz	2°×1°@200kHz 1°×0.5°@400kHz	1°×1°@200kHz 0.5°×1°@400kHz
测深量程	500m@200kHz 400m@400kHz	512m@200kHz 256m@400kHz	635m@200kHz 480@300kHz 315m@400kHz
重量	18kg	18.2kg	47kg
主要尺寸（长×宽×高）	273mm×108mm×86mm（发射） 480mm×109mm×190mm（接收）	115mm×100mm×280mm（发射） 137mm×496 mm×102mm（发射）	407mm×150mm×142mm（发射） 407mm×136mm×142mm（发射）
主要搭载平台	AUV	AUV	AUV

(a) R2Sonic公司的2024型产品

(b) RESON公司的SeaBat7125型产品

(c) KONGSBERG公司的EM 2040产品

图 1.5　国外几种水下无人航行器搭载的多波束测深声呐实物图

1.3.6　浅地层剖面仪

浅地层剖面探测是一种基于水声学原理的连续走航式探测水下浅部地层结构和构造的地球物理方法。浅地层剖面仪（sub-bottom profiler, SBP）是利用声波探测浅地层剖面结构和构造的仪器设备，它可以探测海底以下 2～200m（视底质而定）的地层结构并以声学剖面图形的形式反映详细的地层分布，为海底科学探索、海洋工程、航道测量提供最基本的数据，是海洋地质调查必备的基本设备。海底浅地层剖面探测系统的工作方式与测深仪相似，工作频率较低，测深仪只能测量换能器到海底的水深，而浅地层剖面探测系统不仅能测量换能器到海底的水深，其发射的声波还能穿透海底一定深度，反映海底地层分层情况及其地质特征[22,23]。

浅地层剖面仪诞生于 20 世纪 40 年代，随着计算机处理技术不断发展，海洋浅地层剖面仪由最初的连续波(continuous wave, CW)脉冲信号发展出了 Chirp 信号技术，并于 20 世纪末发展了最新的参量阵技术。目前，技术与参量阵技术是海底浅地层结构调查中广泛应用的两类技术。国外的浅地层剖面探测技术较为成熟，已经实现浅地层剖面探测系统的产品化、产业化、系列化。国际上主要的深海浅地层剖面探测系统生产厂商主要有 EdgeTech、Teledyne、KONGSBERG 及 Innomar 等几家公司，并且主要以深海船载式系统为主，近年来随着水下无人航行器的迅速发展，搭载在水下无人平台的浅地层剖面测量系统也逐渐增多。

EdgeTech 公司生产的 2200 及 2205 系列是模块化声呐系统，其利用全频谱 Chirp 技术，集侧扫和浅剖于一体，系统本身重量小、功耗低，可完全自主工作，也可安装在 AUV 或 ROV 的耐压舱中，由其进行控制作业。模块中内置的浅地层剖面探测系统的频率为 1～6kHz、2～16kHz 或 4～24kHz，可应用于地质灾害调查、地球物理测量、电缆/管线敷设的定位及海底目标的搜索回收等领域。英国 GEO Acoustics 公司生产的 GeoChirp 是采用 Chirp 声呐作为声源来探测海底浅地层构造情况的一种浅地层剖面仪，其主要由换能器、信号接收器、便携式工作站、电子单元、打印机等部件组成。GeoChirp 换能器发射的信号为频率 0.5～13.5kHz 的扫频式高振幅信号，波形信号中还含有大量的低频能量。标准 GeoChirp 系统的最大工作深度为 600m，通过配置可将工作深度延伸至水下 1800m。配套的 GeoPro 软件可以对图像进行增益、滤波等常规处理。GeoChirp 系统可安装在 Atlas Elektronik GmbH 公司的 SeaOtter AUV 上。

1.3.7 水声通信系统

目前，国际上主流的 AUV 制造商所推出的产品系列一般都配备有水声通信机，或采用定位系统与通信系统的共享方式实现水下通信[24,25]。

根据水声通信使用方式的不同，KONGSBERG 公司的 HUGIN 系列 AUV 具有三种不同的操作模式，即自主模式、半自主模式和监督模式。自主模式作业时，AUV 不受操作人员干预，按预设的轨迹完成任务。半自主模式作业时，AUV 仍按预设的轨迹完成任务，但操作人员可对任务状态进行监视。监督模式作业时，操作人员可以获得 AUV 实时作业数据，完成更高质量的作业调度，同时可将船端有关的定位数据传给 AUV，提高 AUV 的导航精度。

参考文献

[1] United States Department of Defense. Unmanned Systems Roadmap FY2007-2032[R]. Washington: United States Department of Defense, 2007.

[2] United States Department of Defense. Unmanned Systems Roadmap FY2013-2038[R]. Washington: United States Department of Defense, 2013.

[3] Qiang C, Liu J B. Analysis of shape and general arrangement for a UUV[J]. Journal Marine Science and Application, 2011, 11 (1): 121-126.

[4] 钟宏伟. 国外无人水下航行器装备与技术现状及展望[J]. 水下无人系统学报, 2017, (4): 215-225.

[5] 尤立克. 水声原理[M]. 洪申, 译. 哈尔滨: 哈尔滨船舶工程学院出版社, 1990.

[6] 田坦, 刘国志, 孙大军. 声呐技术[M]. 哈尔滨: 哈尔滨工程大学出版社, 2000.

[7] 陈强, 张林根. 美国军用 UUV 现状及发展趋势分析[J]. 舰船科学技术, 2010, 32 (7): 129-134.

[8] Richard B. The development of autonomous underwater vehicles (AUV): A brief summary [C]// IEEE International Conference on Robotics and Automation, Seoul, 2001: 1-12.

[9] 马伟锋, 胡震. AUV 的研究现状与发展趋势[J]. 火力与指挥控制, 2008, 33 (6):10-13.

[10] Yu S C, Kim T W, Marani G, et al. Real-time 3D sonar image recognition for underwater vehicles[C]//2007 Symposium on Underwater Technology and Workshop on Scientific Use of Submarine Cables and Related Technologies, Tokyo, 2007: 142-146.

[11] Loggins C D. A comparison of forward-looking sonar design alternatives[C] // MTS/IEEE Oceans Conference & Exhibition, Honolulu, 2001: 1536-1545.

[12] Bui L D, Kim Y G. An obstacle-avoidance technique for autonomous underwater vehicles based on BK-products of fuzzy relation[J]. Fuzzy Sets and Systems, 2006, 157 (4): 560-577.

[13] 朱维庆, 冯雷, 王长红, 等. 声相关载体速度测量理论和信号处理方法[J]. 声学学报, 2006, 31 (4): 289-296.

[14] Pinkel R. Acoustic Doppler Techniques[M]//Dobson F, Hasse L, Davis R. Air-Sea Interaction. Boston: Springer, 1980.

[15] 许枫, 丛鸿文. 侧扫声纳声图判别[J]. 海洋测绘, 2001, 21 (1): 58-61.

[16] 许枫, 魏建江. 第七讲 侧扫声纳[J]. 物理, 2006, 35 (12): 1034-1037.

[17] Pryor D E. Theory and test of bathymetric side scan sonar[C]// OCEANS88, Baltimore, 1988: 379-384.

[18] de Moustier C, Matsumoto H. Seafloor acoustic remote sensing with multibeam echo-sounders and bathymetric sidescan sonar systems[J]. Marine Geophysical Researches, 1993, 15 (1): 27-42.

[19] Stewart W K, Chu D Z, Malik S, et al. Quantitative seafloor characterization using a bathymetric sidescan sonar[J]. IEEE Journal of Oceanic Engineering, 1994, 19 (4): 599-610.

[20] Enoch P J, McGowan S. Multibeam bathymetric swath sonars[J]. Sea Technology, 1998, 39 (7): 79-81.

[21] 李佳彪. 多波束勘测原理技术与方法[M]. 北京: 海洋出版社, 1999.

[22] 吴自银, 郑玉龙, 初凤友, 等. 海底浅表层信息声探测技术研究现状及发展[J]. 地球科学进展, 2005, 20 (11): 1210-1217.

[23] 李平, 杜军. 浅地层剖面探测综述[J]. 海洋通报，2011, 30 (3): 344-350.

[24] Raspante F. Underwater mobile docking of autonomous underwater vehicles[C]// Proceedings of the OCEANS 2012 Conference, Hampton Roads, 2012: 21-24.

[25] 朱敏, 武岩波. 水声通信及组网的现状和展望[J]. 海洋技术学报, 2015, (3): 75-79.

2 避障声呐技术

如今，在航道和港口存在各种各样的危险和障碍物，包括未探测到的各种暗礁、沉船、海洋开发平台以及水雷、蛙人等。因此，对水下无人航行器来说，从自身航行的安全角度考虑，必须安装避障声呐。

避障声呐作为水下无人航行器的视觉传感器，其在水下无人航行器安全航行中不可或缺。水下无人航行器在执行各种水下侦察、探测、搜索及测量任务时，无一例外需要避障声呐来实现引导、探测、观测和障碍物规避。未来的水下无人航行器是完全自主的，要想在未知海域中和无人干预的情况下完成各种使命任务，必须具备自主避障和路径规划的能力。侦察型水下无人作战平台更需要在敌方港口等未知的浅水水域中航行，其环境复杂且可能存在渔网等拦截布防措施。

2.1 基本原理

前视避障声呐是前视主动声呐的一种，因其通常安装于水下无人航行器的艏部，探测范围为载体平台的前下方水域而得名。对水下无人航行器而言，前视避障声呐就如同蝙蝠的超声波，二者工作原理类似。声呐的发射基阵发射声脉冲，接收基阵接收目标回波，通过对回波信号进行处理，判定水下无人航行器前方有无障碍物。

避障声呐发展到今天，已形成三大技术体系，即一维避障声呐、二维避障声呐和三维避障声呐。

2.1.1 一维避障声呐

一维避障声呐通常又称为单波束避障声呐，其采用简单的单波束技术，利用基元的自然指向性，在某个方向上形成极值进行定向，因此在一次收发过程中只能探测到一个波束所覆盖的波束空间。单波束避障声呐类似于一个探照灯，一旦声束照射的范围内出现障碍物，声呐就会接收到反射回波，处理后能够提供目标的距离信息。实际应用中往往会在航行器的前方、侧方、后方、上方和下方等多个方向上部署多个单波束避障声呐，用以全方位避障监测。一维避障声呐示意图如图 2.1 所示。

图 2.1　一维避障声呐示意图

当水下无人航行器与水面、水底距离较大，水下障碍目标为简单的地形起伏时，一维避障声呐可以提供障碍物信息，实现避障功能。一维避障声呐具有结构简单、体积小、功耗低、可靠性高等特点，但同时有较大的应用局限性，不能实现全方位探测，基本不具备目标识别功能，环境条件局限性较大，只能达到一定的局部障碍物探测和规避目的。一维避障声呐主要用于小型、低成本的水下无人航行器，且头部安装空间受限的场合。

2.1.2　二维避障声呐

根据成像方式的不同，二维避障声呐有单波束机械扫描成像声呐和多波束预成电子扫描成像声呐两种。

单波束机械扫描成像声呐通常具有单个发射/接收换能器，当声呐平稳时，它们会产生单个光束。当接收到回波时，系统能够沿着光束指向的方向产生单个“返回线”。为了填充整个覆盖区域，声呐必须在预成像的每个方向上实现完整的发送和接收周期。在处理完所有角度之前，它们不能提供完整的图像。这些类型的声呐在水下的工作方式与雷达在水面上的工作方式大致相同。图 2.2 展示了单波束机械扫描成像声呐工作原理，覆盖区域由多个发送/接收周期产生的多个波束填充，深色光束表示单个发送/接收周期在单个方向上从单个波束收集的信息。在每个循环之后，声呐指向不同的方向并重复该过程。最终，通过多帧形成一幅二维扇形声图[1]。

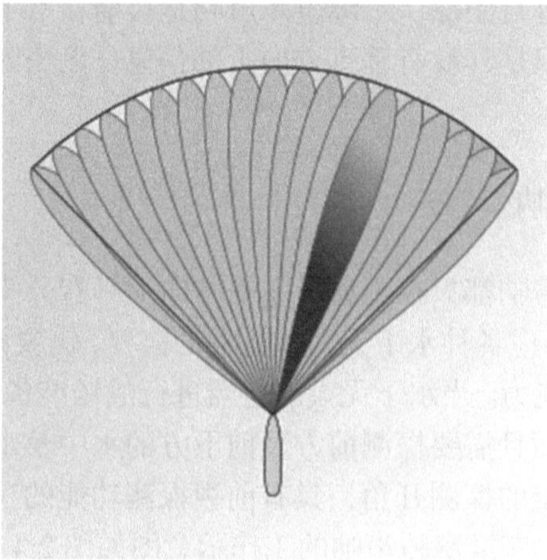

图 2.2　单波束机械扫描成像声呐工作原理示意图

多波束预成电子扫描成像声呐是一种电子扫描声呐，其换能器阵列经相控发射和接收预成多波束，能够通过单帧生成整幅图像，获取前方扇形区域的距离-方位二维极坐标分布的回波强度信号，其工作原理示意图如图 2.3 所示。由于多波束前视声呐能够同时收发多个波束，具有较高的成像速度和分辨率，可有效完成水下目标探测、水下无人航行器的障碍物识别等任务，近年来在海洋工程与水利工程领域得到了广泛应用。

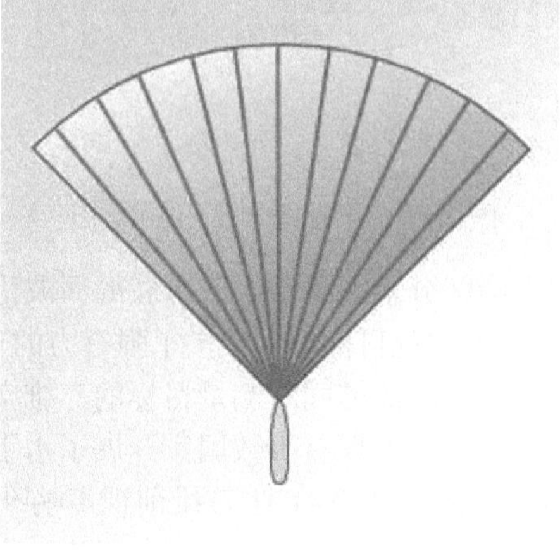

图 2.3　多波束预成电子扫描成像声呐工作原理示意图

二维避障声呐是在二维图像声呐的基础上加上目标探测和障碍物规避功能，它具备二维的探测能力，一般在水平方向上具有较宽的覆盖范围，与一维避障声呐相比，其探测能力有很大提升，目标信息丰富了很多，可以探测目标的水平方向和距离，可以对目标进行跟踪。二维避障声呐是目前在水下无人航行器中应用最为广泛的避障声呐，但是其没有垂直方向上的信息，无法区分是水面、水中还是水底目标。

2.1.3 三维避障声呐

一维和二维避障声呐都只在距离及水平方向上具有分辨能力，因此仅能获得目标的横向信息。为适应各种水下无人航行器的需要，需要同时拥有水平、垂直和距离三个维度的分辨能力。当水下无人航行器进行战场准备，执行侦察任务时，不仅需要安全的航行，而且需要探测前方及前下方的水中及水底信息，因此在垂直和水平方向都具有一定的探测开角，具有前视探测功能的三维避障声呐是水下无人航行器的必要装备。三维避障声呐的工作示意图如图 2.4 所示。

三维避障声呐在二维避障声呐基础上增加了垂直方向上的目标探测能力，通常采用十字型换能器基阵和平面换能器基阵，在水平方向和垂直方向同时采用接收预成多波束，并进行三维图像重构，实现三维空间上的目标探测。

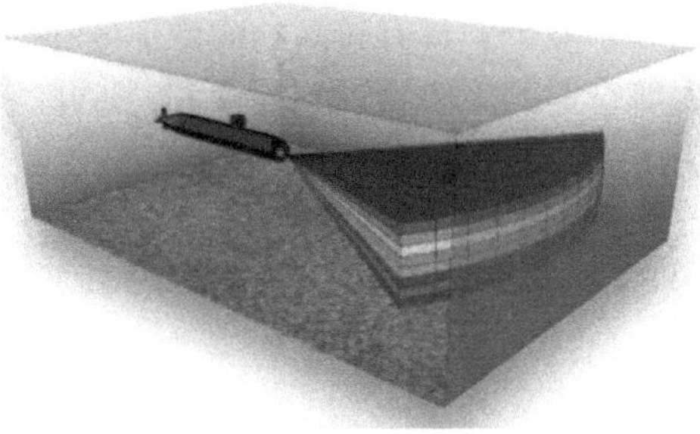

图 2.4 三维避障声呐工作示意图

三维避障声呐能够准确区分水面、水中、水底的回波信号，其具备探测范围广、目标信息量大等特点，为实现目标识别提供了强有力的支持，代表了未来避障声呐发展的趋势。三维成像声呐能够同时测量目标的三维空间信息，但由于技术难度较大、市场需求量小，世界上仅有少数国家开展了水下三维声呐成像系统的研究，典型产品为 FarSounder 公司 FS-3DT 三维前视声呐[2]。

三种避障声呐的性能比较如表 2.1 所示。

表 2.1　三种避障声呐的性能比较

类型	优点	缺点
一维避障声呐	体积小，功耗低	环境条件局限性较大
二维避障声呐	与一维避障声呐相比，探测能力大幅提升，能够探测目标的水平方向和距离，且能够对目标进行跟踪	无法区分水面、水中还是水底目标
三维避障声呐	具有三维成像能力，能够获取目标的三维信息	换能器阵元多，硬件复杂度高，信号处理计算量大

2.2　系统组成

前视避障声呐是水下无人航行器进行障碍物探测的主要手段之一，由声呐换能器基阵、电子舱、电缆等模块组成，如图 2.5 所示。

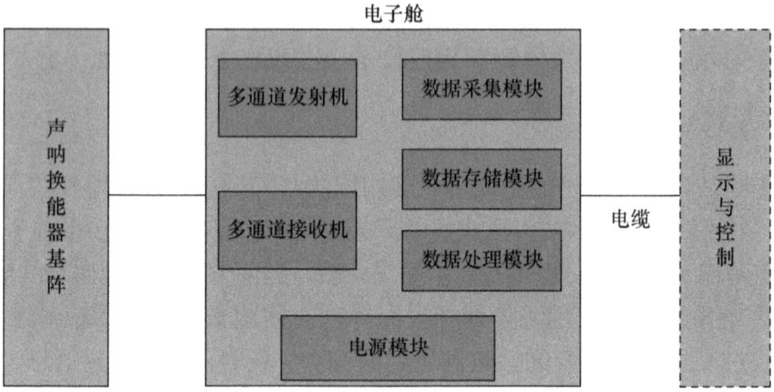

图 2.5　前视避障声呐系统组成框图

前视避障声呐换能器基阵包括发射声基阵和接收声基阵，声基阵的形状与声呐的维数具有密切的关系。根据前面的描述可知，一维避障声呐的基阵主要由多组单个基元组成，不需要进行波束形成处理，根据目标回波信息实现障碍物的检测；二维避障声呐的基阵主要由直线阵列组成，电子扫描实现接收预成多波束，实现二维成像，获得二维声图，进而实现障碍物的检测和规避；三维避障声呐的基阵通常由平面阵列组合，水平方向和垂直方向同时进行二维波束形成处理，并进行三维重构，获取三维声图，或者采用十字型基阵，用频分电子扫描或码分电子扫描实现同时多波束发射，并采用三维图像重构技术，进而实现三维成像，获取障碍物的三维信息，更有效地实现障碍物的检测。

电子舱包括多通道发射机、多通道接收机、数据采集模块、数据存储模块、数据处理模块、电源模块等，完成声信号的发射、接收、采集和处理。

电缆用于电子舱与水下无人航行器控制中心之间的数据传输和供电，电缆一端与电子舱连接，另一端与水下无人航行器控制中心连接，控制中心能够显示声呐图像，并实现人机交互。

2.3 关键技术

水下避障技术包括避障声呐对探测水域的成像，对障碍目标的探测、定位、识别，以及避障策略、路径规划等，是水下无人航行器实现安全航行须采用的主要技术。

2.3.1 避障声呐成像与波束控制技术

避障声呐成像方法主要包括常规波束形成成像、声透镜成像和声栅成像等。但常用的声呐成像方法是采用波束形成算法，实现多波束成像；同时为了能够适应水下复杂环境，采用波束稳定和相控技术，实现水下高效避障。

1. 声呐成像技术

成像声呐波束形成的目的是使多元阵构成的基阵经适当处理得到在预定方向上的指向性，采用预成接收多波束形成技术形成前向声呐覆盖区域的声图，并提供足够的角度覆盖范围，为操作员提供有关水下无人航行器前方路径中障碍物的信息。

成像声呐系统主要采用线阵列和平面阵列，使用常规波束形成算法实现多波束成像，通过测量发射声波的接收和发射时间差，获取目标的距离信息，再由波束空间扫描获取目标方向信息。通常情况下，考虑含有 N 个各向同性阵元组成的均匀线性阵列，阵元间距为 d，如图 2.6 所示。

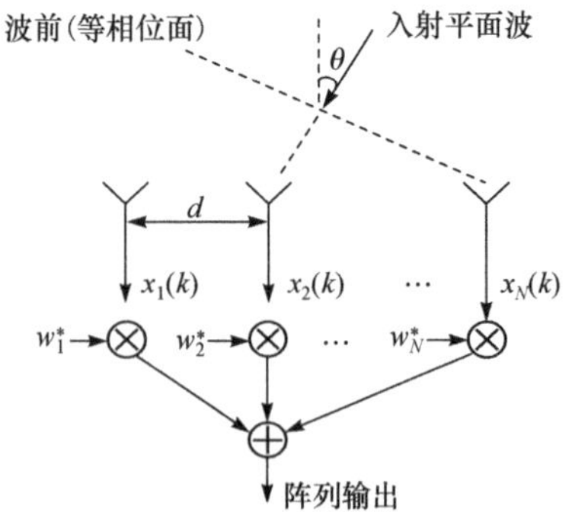

图 2.6 均匀线性阵列空间位置关系示意图

假设空间有 P 个互不相关的远场窄带信号入射到阵列上，入射角分别为 $\theta_i(i=0,1,\cdots,P-1)$，则阵列接收的信号矢量为

$$\boldsymbol{X}(t)=\sum_{i=0}^{P-1}\boldsymbol{x}_i(t)=\sum_{i=0}^{P-1}S_i(t)\boldsymbol{a}(\theta_i)=\boldsymbol{A}\boldsymbol{S}(t) \tag{2.1}$$

式中，$\boldsymbol{X}(t)$ 为 $N\times 1$ 阵列的接收信号矢量；$\boldsymbol{x}_i(t)$ 为第 i 个阵元的回波矢量；$S_i(t)$ 为第 i 个信号源的复包络(包括幅度和相位)；$\boldsymbol{S}(t)$ 为 $P\times 1$ 信号的复包络矢量，

$\boldsymbol{S}(t)=[S_0(t),S_1(t),\cdots,S_{P-1}(t)]^{\mathrm{T}}$；$\boldsymbol{A}$ 为 $N\times P$ 阵列流形矩阵，$\boldsymbol{A}=[\boldsymbol{a}(\theta_0),\boldsymbol{a}(\theta_1),\cdots,\boldsymbol{a}(\theta_{P-1})]$，其中，$\theta_i(i=0,1,\cdots,P-1)$ 为第 i 个信号源的入射角，而 $\boldsymbol{a}(\theta_i)=[1,\mathrm{e}^{\mathrm{j}2\pi d\sin\theta_i/\lambda},\cdots,\mathrm{e}^{\mathrm{j}2\pi d(N-1)\sin\theta_i/\lambda}]^{\mathrm{T}}$。

如果考虑各个阵元的接收噪声，则阵列的接收信号矢量可表示为

$$\boldsymbol{X}(t)=\boldsymbol{A}\boldsymbol{S}(t)+\boldsymbol{N}(t) \tag{2.2}$$

式中，$\boldsymbol{N}(t)$ 为阵列接收的噪声矢量，$\boldsymbol{N}(t)=[n_1(t),n_2(t),\cdots,n_N(t)]^{\mathrm{T}}$。

波束形成的目的是对不同阵元接收的信号进行移相相加，以增强目标信号。波束形成处理后的输出数据可以表示为

$$\boldsymbol{Y}(t)=\boldsymbol{W}^{\mathrm{H}}\boldsymbol{X}(t) \tag{2.3}$$

式中，$\boldsymbol{W}$ 为加权矢量，在静态波束形成情况下，$\boldsymbol{W}=\boldsymbol{a}(\theta_0)$；H 表示共轭转置。

接收系统具有指向性，可使系统定向接收，从而可以抑制其他方向上的信号和干扰。此外，利用接收系统的指向性可以准确测定目标方位。多波束图像声呐采用预成接收多波束方法实现成像，可以分辨多个目标[3]。

在目标识别等领域中通常需要采用宽带信号，因为宽带信号具有目标回波携带的信息量大，混响背景相关性弱，有利于目标检测、参数估计和目标提取等特点。但是如果对宽带信号采用传统窄带波束形成技术，则会引起波束方向图畸变、有效分辨率降低等问题。

宽带波束形成技术分为时域方法和频域方法。时域方法采用二维滤波结构，效果较好，但权值更新、滤波处理运算量大，对系统前端的采样率要求高，工程实现困难。在多波束系统中，频域宽带波束形成方法占用存储空间较小，计算量较小，更利于工程实现。

当阵列接收信号为宽带信号时，带宽内不同频率点的信号导向矢量不同，引起信号不同频率点的波束形成加权系数也不同。则阵列接收的宽带信号可以采用频域模型表示为

$$\boldsymbol{X}(f_j)=\boldsymbol{a}_{\theta_0}(f_j)\boldsymbol{S}(f_j)+\boldsymbol{N}(f_j) \tag{2.4}$$

式中，$\boldsymbol{a}_{\theta_0}(f_j)$ 为 f_j 频率点对应的导向矢量；$\boldsymbol{S}(f_j)$ 为对应频率信号的复包络矢量；$\boldsymbol{N}(f_j)$ 为噪声矢量。类似于窄带波束形成，宽带信号不同频率点的加权系数可用 $\boldsymbol{a}_{\theta_0}(f_j)$ 来表示。

宽带波束形成的处理流程如图 2.7 所示。常规宽带频域波束形成方法，即空间不相干处理方法，对接收数据进行数据分块，分块快速傅里叶变换（fast Fourier transformation, FFT）的宽带波束形成方法是采用每次取 M 点时域数据做 FFT 得到频率柜信号矢量。再分别在 M 个频率柜上进行数字波束形成（digital beam forming,

DBF)，最后做快速傅里叶逆变换(inverse fast Fourier transform, IFFT)，进行数据拼接，得到宽带波束形成的时域结果[4]。

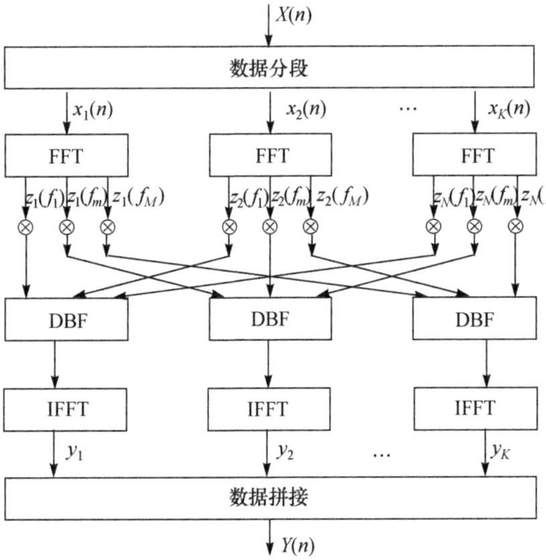

图 2.7　宽带波束形成处理流程

声呐波束形成的目的是使多元阵构成的基阵经适当处理得到在预定方向上的指向性。对于一个发射系统，具有指向性意味着发射能量可以集中在某一方向，这样可以用较小的发射功率探测更远距离的目标。

波束形成是基阵在空间上抗噪声和混响场的一种滤波处理过程，完成波束形成要进行一系列运算，包括加权、延迟及对空间各阵元接收到的信号求和，相加后输出的信号送到数字信号处理器做进一步的时域和频域处理，因而波束形成器可以视为一个空间滤波器，并且可以采用模拟或数字器件形成波束。随着数字信号处理技术的发展，模拟波束形成逐渐消失，现有的设备大多采用数字波束形成。数字波束形成器是利用专用的数字信号处理器对模数转换后的信号进行处理形成多波束，与模拟波束形成器相比，其具有结构灵活、算法可编程等优点。

2. 波束稳定和相控技术

传统的船用避障声呐能够提供声呐图像信息和障碍物信息，操作人员进行人工判别之后，决定是否需要避障及如何航行。当避障声呐用于水下无人航行器时，与传统的船用避障声呐最大的区别在于没有人工的干预。未来的水下无人航行器是完全自主的，需要在完全无人干预的情况下完成各种使命任务，其避障能力是航行器在未知水域中安全航行的决定性因素。

根据避障声呐系统的工作过程，避障声呐探测模型主要包含声呐系统、载体平台、水下目标和水声传播环境四部分，如图 2.8 所示。

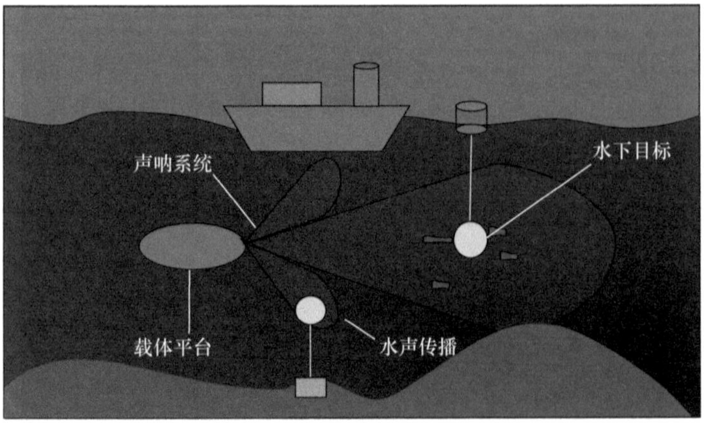

图 2.8 避障声呐探测模型组成示意图(见书后彩图)

避障声呐在水下无人航行器的航行过程中，需要最大概率地发现前方可能的障碍目标，同时尽量有效剔除水面波浪、水底、船只尾流等非障碍目标，减小航行器的纵摇造成的影响。避障声呐能够发射和接收一个稳定的、适合束宽的、指向自适应的波束，这是有效探测的重要基础。其采取的技术是垂直波束相控技术，可根据航行器的深度和高度，设置适当的发射束宽，根据航行器的姿态参数实时调整波束指向，保证波束指向航行方向。波束的自适应稳定方法是这一技术的核心。

根据空间虚警的成因，从探测模型的组成分别讨论降低空间虚警的途径：

(1) 抑制声呐设备本身的旁瓣影响。

① 采用发射阵相控技术或参量阵技术，降低发射旁瓣。

② 采用接收不等间距布阵设计，压制接收旁瓣。

③ 采用换能器结构设计技术，压制收发旁瓣。

前两类方法为阵处理方式，适用于二维和三维避障声呐，后一类方法适用于一维单波束避障声呐。

(2) 减少载体平台稳定性影响。

增加平台稳定性，可直接减少由于平台姿态摆动引入的虚警目标；同时采用相控技术，也可以补偿运动姿态的影响。

(3) 减少水声环境的影响。

声速垂直方向和水平方向的变化会导致声线弯曲，引起目标位置变化。因此，需要采用声线跟踪技术，消除由声线弯曲引起的空间虚警目标。

避障声呐的任务是探测在航行方向是否存在威胁无人航行器安全的障碍物，但是旁瓣会导致其他方向的强目标成为声呐的虚警目标，同时主波束接收到的水面和水底目标也是虚警目标的主要来源，这类虚警目标称为空间虚警目标。为保障声呐的最佳探测性能，必须减少空间虚警目标。为此，避障声呐的主波束需要工作在自由空间内(图 2.9)，并满足：

(1)水域深度要大于主波束的垂直覆盖宽度。同时考虑水面气泡层和水底起伏的影响，需要留有上下边界过渡带，过渡带的宽度由环境特性决定。

(2)为保证避障声呐的最佳探测性能，载体平台的稳定度要保证主波束一直在自由空间内。

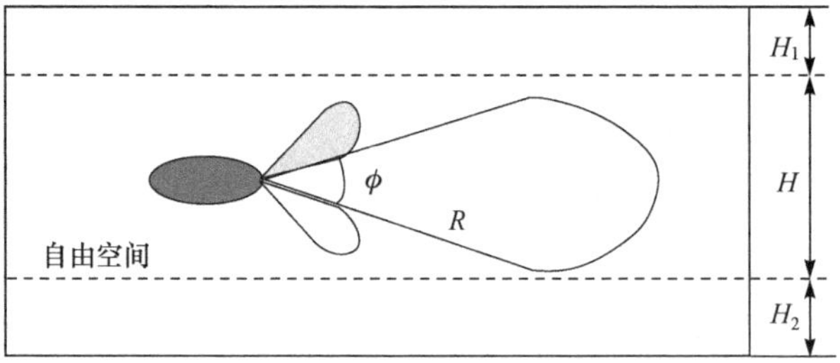

图 2.9　声呐最佳工作的自由空间示意图

在声呐系统一定时，就确定了声呐的最佳工作环境和最佳使用平台。

例如，声呐覆盖范围角度为 ϕ，作用距离为 R，考虑水面气泡层和水底起伏的影响，上界面和下界面过渡带深度分别为 H_1、H_2，根据最佳性能需求，水体深度 H 要满足如下条件：

$$H > 2R\tan\frac{\phi}{2} + H_1 + H_2 \tag{2.5}$$

平台最大俯仰角 α 满足如下条件：

$$\alpha < \arctan\frac{H_i + R\tan\frac{\phi}{2}}{R} - \frac{\phi}{2}, \quad i = 1,2 \tag{2.6}$$

2.3.2　目标检测技术与目标分类识别技术

1. 目标检测技术

避障声呐的目标检测难点主要是对渔网、绳索、鱼类等共同特征量的检测。针对这类目标的检测方法国内尚少，国外已有研究机构开展相关研究，但相关研究结果的公开报道较少。为探索渔网等目标的检测方法，需要提取目标强度和目标散射特性等特征量，通过分析回波特性，获取解决问题的有效方法。有学者对水下目标鲸的目标强度和目标散射特性进行了分析，实现了对海洋中鲸的检测。

在水下航行过程中，为了航行安全，需要对一些障碍物进行规避，如爆炸物、礁石、大型海洋动物等，有学者提出了基于目标强度的障碍物检测方法。海洋中鲸的死亡大多是因为船舶或水下无人航行器的碰撞，学者们利用前视声呐大量采集海上鲸的目标回波数据，进行了鲸目标强度的测量[5,6]。

通过多次海上试验，采用前视声呐进行鲸的目标强度测量，其中对座头鲸进行试验，回波处理结果平面声图如图 2.10 所示，图中座头鲸的长度为 15m，座头鲸与前视探测声呐的距离为 80m，平面声图中颜色代表回波强度，灰白色与黑色的回波强度动态范围为 25dB。

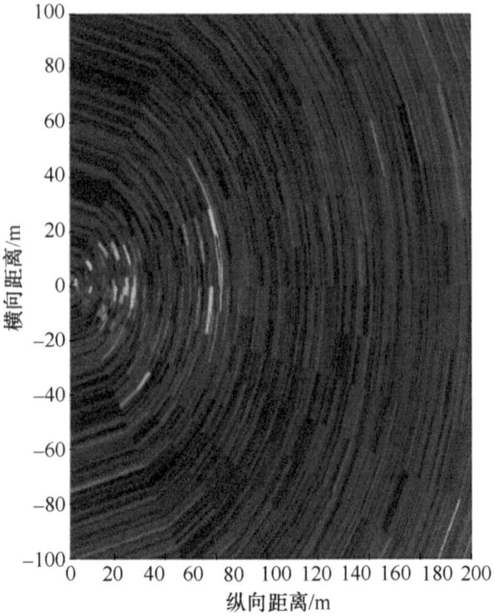

图 2.10 平面声图

经过测量计算，得出此条座头鲸的目标强度为 4dB。学者推测座头鲸的目标强度与北露脊鲸的目标强度的差别来源于北露脊鲸身体中具有较厚的脂肪层，北露脊鲸的脂肪重量占体重的 43%，而座头鲸的脂肪重量占体重的 25%。脂肪的厚度和声波频率的不同都会造成目标强度的测量结果不同，通过计算鲸的三个无限介质层中声波的反射系数来验证此假设。假设鲸的三层介质分别为海水、鲸脂和鲸肺中的气体(鲸的肺为主要反射体，此理论也适用于其他骨骼结构的动物)，鲸肺的平面波反射三层模型示意图如图 2.11 所示。

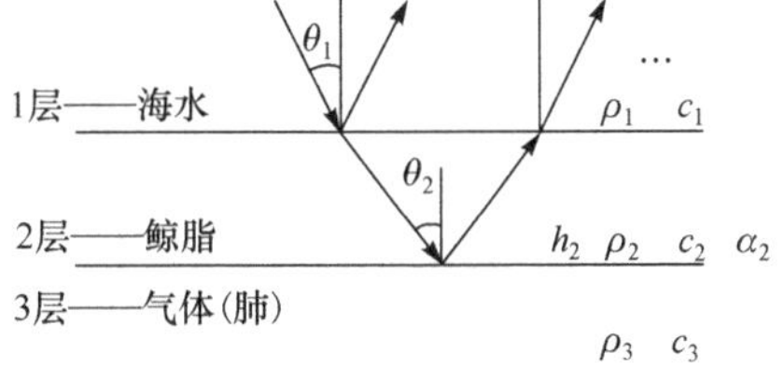

图 2.11 鲸肺的平面波反射三层模型示意图

海水与鲸脂之间的反射系数为 R_{12}，鲸脂与肺中气体之间的反射系数为 R_{23}，整体的反射系数为 R_{13}，则

$$R_{13}=\frac{R_{12}+R_{23}\exp(-2\mathrm{i}\varPhi_2)}{1+R_{12}R_{23}\exp(-2\mathrm{i}\varPhi_2)} \tag{2.7}$$

式中，

$$\varPhi_2=k_2h_2\cos\theta_2-\mathrm{i}\alpha_2h_2\cos\theta_2\text{，}\quad R_{12}=\frac{\rho_2c_2\cos\theta_1-\rho_1c_1\cos\theta_2}{\rho_2c_2\cos\theta_1+\rho_1c_1\cos\theta_2}$$

式中，c_1、ρ_1分别表示第一层介质(海水)的声速和密度；c_2、ρ_2、h_2和α_2分别表示第二层介质(鲸脂)的声速、密度、脂肪厚度和衰减系数；c_3、ρ_3分别表示第三层介质(肺中气体)的声速和密度[5]；k_2表示鲸脂中的波数。

分析可知，鲸的反射系数与声呐工作频率和脂肪的厚度都有关系，进而影响目标强度。根据声呐工作频率和鲸自身的身体特征，对目标回波进行处理估计得出目标强度特征信息，能够实现对鲸等的探测。

针对渔网、绳索等，可尝试通过提取目标强度和目标散射特性等特征量，通过分析回波特性，实现目标检测，进而控制水下无人航行器对鲸等障碍物的规避。

2. 目标分类识别技术

目标识别是将影响航行的障碍目标(山体、礁石、沉船、水雷、渔网)从虚假目标(水面回波、水底回波、船只尾流、湍流气泡)和不影响航行的目标(鱼群)中筛选出来。目标识别方法包括基于声呐图像的目标检测识别方法和基于声回波多特征的目标识别方法。其中基于多特征的方法主要包括波形特征、时频特征、相位特征等，尤其是相位特征可以反映目标的表面材质特性，特别适合识别和区分礁石、鱼群、气泡等不同类型的目标。

基于障碍物识别的避障声呐综合判决方案框图如图 2.12 所示。

1) 波形特征

典型目标回波的波形信息中包含可用于目标判别的参数信息，如回波信号的主峰宽度、扩展情况及拖尾信号的声能量衰减等。通过分析典型目标的波形特征来设计特征提取方法，并用于目标类型之间的区分。当然，典型目标回波的波形特征随航行器姿态变化而有所不同，需要结合航行器姿态，对目标进行大类型划分，如尾流、鱼群类及海面海底类的划分。

湍流气泡等增加了水下障碍物目标的识别难度，气泡对水下目标的影响除了水面混响之外，当目标位于气泡层中时，气泡产生的传播损失对目标回波信号的

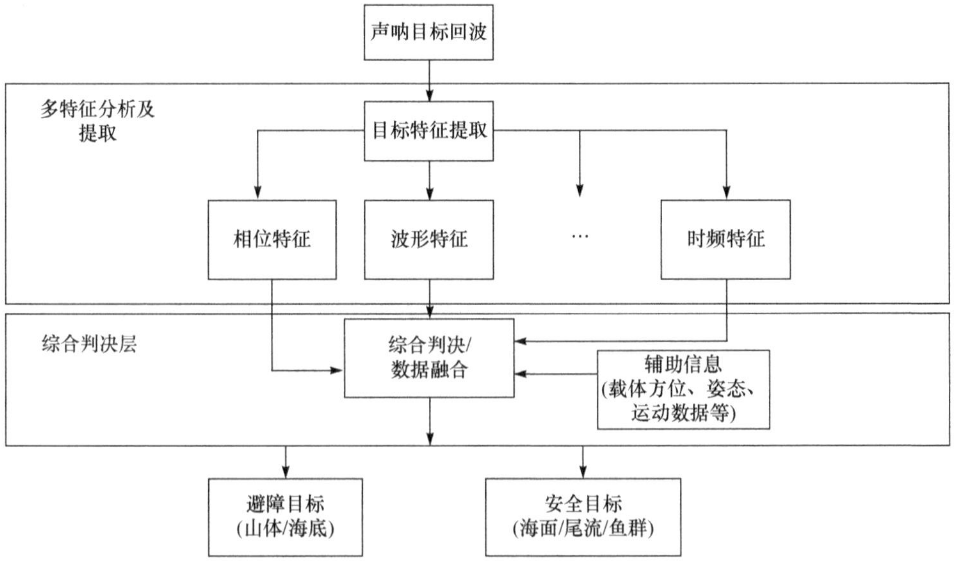

图 2.12　基于障碍物识别的避障声呐综合判决方案框图

强度衰减会产生一定的影响，信号与干扰的比值(简称信干比)随着水平距离的增大而剧烈下降。如果目标位于气泡层下方(如深度为 4～6m)，则信干比会稳定在15dB 左右。另外，气泡层内较密的结构会导致更高的传播损失，从而有效遮挡位于更大范围内的目标。图 2.13 给出了信干比与水平距离的关系，其中声呐工作频率为 90kHz，目标强度为−15dB，工作深度为 0.5m。可以看出，在 150m 处气泡羽流导致单帧信干比大大降低(相对于水平均匀预测而言，降低量超过 20dB)，一直到 220m,信干比中也存在大于 15dB 的异常(相对于水平均匀预测)。图中还显示，在 350m 处，多帧平均信干比与水平均匀预测信干比大体一致[7,8]。

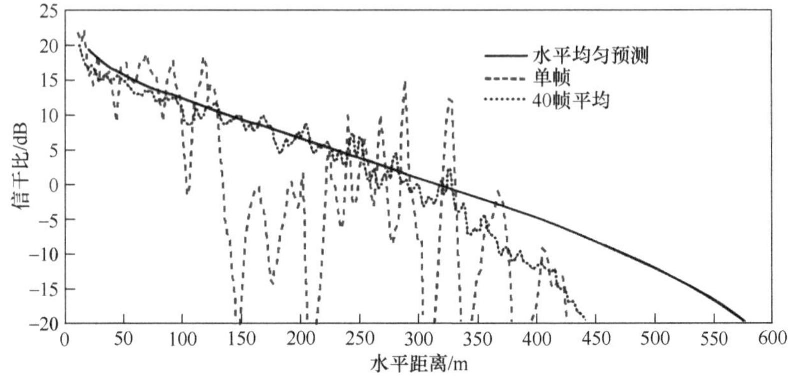

图 2.13　信干比与水平距离的关系

不同目标回波信号的能量衰减不同，根据目标类型不同，对目标进行大类型划分，如尾流、鱼群类以及海面海底类的划分。

2) 时频特征

基于瞬时频率分析、小波分析等时频分析算法，提取目标特征用于类型判别。例如，海底回波时频变化规律与弛豫时间有关，而弛豫时间又能够反映底质类型。因此，可以通过时频分析提取弛豫时间，从而对目标进行辨识。

LeBlanc 等[9]通过试验测得同底质的弛豫时间，如表 2.2 所示，依据弛豫时间可以对沉积物进行分类。

表 2.2　沉积物的平均弛豫时间[9]

沉积物类型	弛豫时间/μs
中砂	0.15
细砂	0.17
粗泥砂	0.13
中泥砂	0.06
细泥砂	0.03
黏土	0.02

对弛豫时间的计算可归结为对回波信号中心频率的计算。LeBlanc 等[9]提出用解析信号的瞬时频率来估算回波信号的中心频率。解析信号的定义为

$$z(t) = s(t) + \mathrm{j}\hat{s}(t) \tag{2.8}$$

式中，$s(t)$ 为实信号(相关器的输出信号)；$\hat{s}(t)$ 为 $s(t)$ 的 Hilbert 变换。

解析信号 $z(t)$ 还可以表示为幅度和相位的形式，即

$$z(t) = E(t)\mathrm{e}^{\mathrm{j}\phi(t)} \tag{2.9}$$

式中，$E(t)$ 为包络函数；$\phi(t)$ 为相位函数。

因此可以得到

$$\phi(t) = -\mathrm{j}\ln\frac{z(t)}{E(t)} \tag{2.10}$$

实际计算中需要对式(2.10)进行相位展开，则瞬时频率可以表示为

$$f(t) = \frac{1}{2\pi}\frac{\partial\phi}{\partial t} \tag{2.11}$$

利用解析信号可以计算脉冲信号的瞬时频率，但是这种方法得到的瞬时频率的随机跳动过于频繁，且具有很多异常点，需要挑选信噪比高的点参与计算或者采用多次平均法计算。关于瞬时频率的计算有多种方法，采用非线性非平稳信号

处理工具——Hilbert-Huang 变换和时频分布中的 Wigner-Ville 分布计算瞬时频率更为准确。

对相关信号进行经验模态分解(empirical mode decomposition, EMD)得到固有模态函数(intrinsic mode function, IMF)分量序列[10,11]，通过 Hilbert-Huang 变换得到各分量的瞬时频率，再计算平均瞬时频率。为了进一步减小沉积物内的散射造成的瞬时频率随机跳动的幅度，对瞬时频率进行平均得到复合瞬时频率。

图 2.14 为湖上试验数据粗泥砂沉积物的典型反射回波(经过带通滤波)的相关信号。其中 10ms 附近的相关峰是发射头，30ms 附近的相关峰是水底的反射，50ms 和 70ms 附近的较强相关峰是多次反射，其归一化包络图如图 2.15 所示。

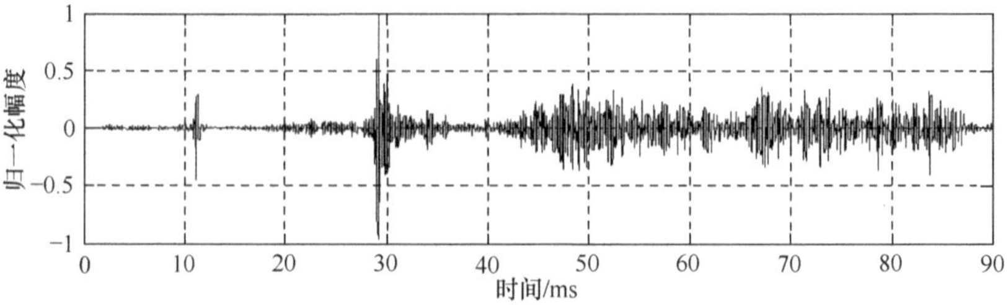

图 2.14　幅度归一化相关信号

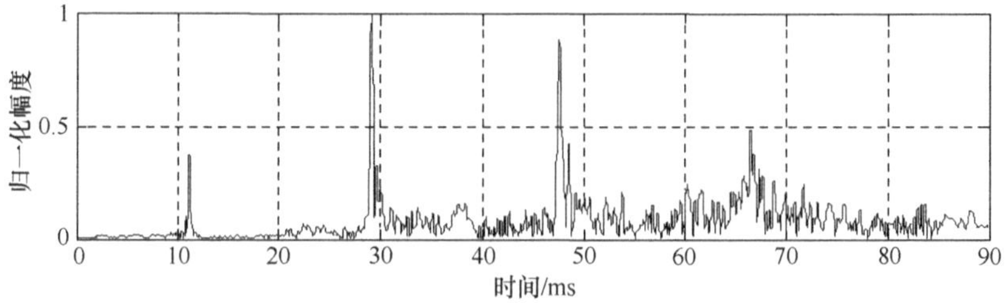

图 2.15　幅度归一化包络图

经过经验模态分解得到所有固有模态函数分量，如图 2.16 所示。对所有固有模态函数分量进行 Hilbert-Huang 变换并求瞬时频率得到复合瞬时频率，如图 2.17 所示。可以看出，复合瞬时频率随传播时间的增加有逐步衰减的趋势。并且由图 2.17 可以看出，第一个多次波出现在 50ms 附近，水底反射出现在 30ms 附近，对 30～50ms 的这部分数据进行最小二乘拟合得到一条直线(如图 2.17 中所示)，代表了中心频率随传播时间的变化情况，此处其斜率为 20Hz/ms，由经验公式可得到对应的弛豫时间为 0.10μs，与表 2.2 所示的粗泥砂的弛豫时间范围相符。

不同材质目标的弛豫时间不同，可以通过时频分析提取弛豫时间进而对目标进行辨识，采用时频分析方法实现对障碍物目标的识别。

3) 相位特征

以往主动声呐的检测和识别几乎都是基于能量检测，往往忽略了目标回波中的相位信息。通常当入射波由密度低(声阻抗低)的介质进入密度高(声阻抗高)的介质时，界面反射回波的相位不发生改变；相反，界面反射回波的相位发生反相。对应的目标分别称为硬目标(hard target)和软目标(soft target)。典型目标中的海底和山体可被认为是硬目标，而海面、尾流等目标可被认为是软目标。

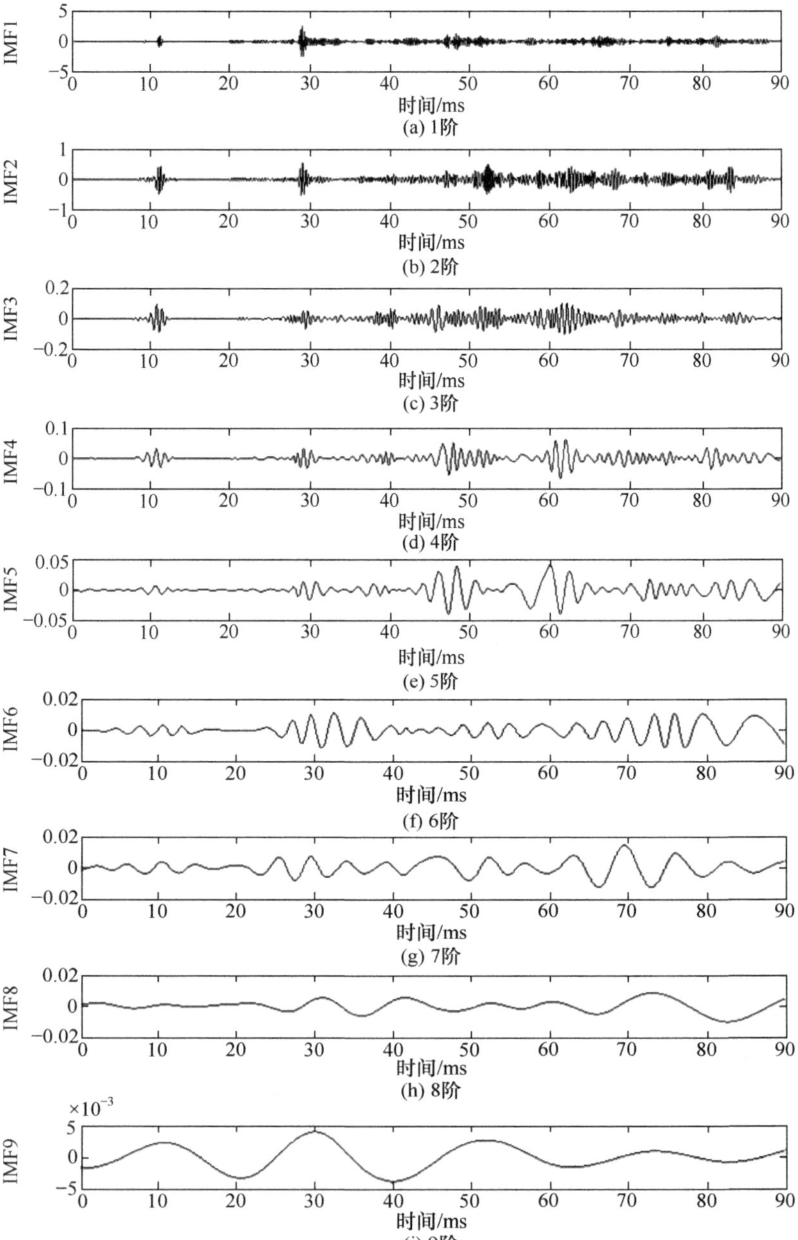

(a) 1阶
(b) 2阶
(c) 3阶
(d) 4阶
(e) 5阶
(f) 6阶
(g) 7阶
(h) 8阶
(i) 9阶

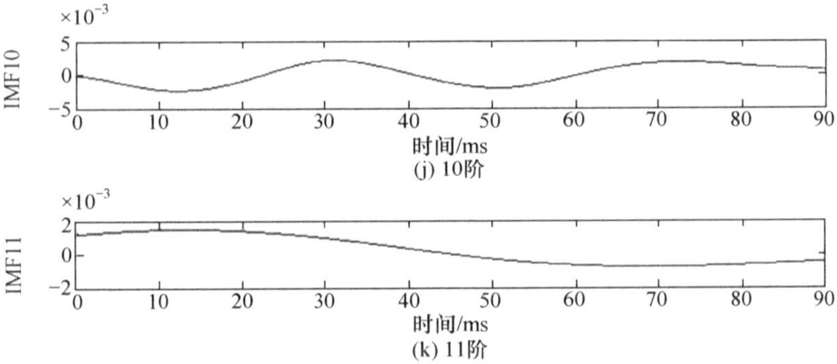

图 2.16　固有模态函数

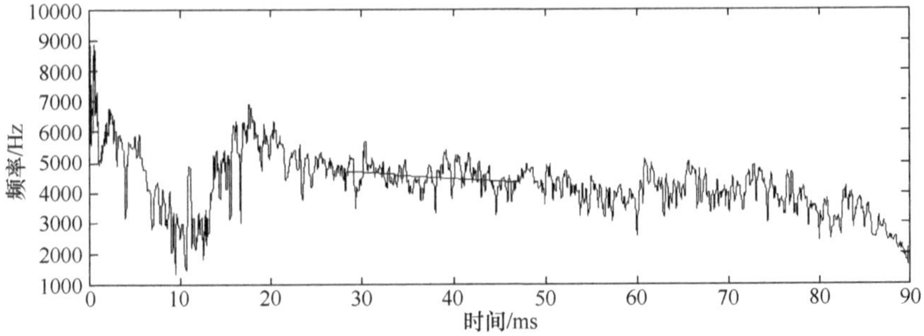

图 2.17　复合瞬时频率

基于频域离散小波变换的鱼群识别方法，通过实验分析对比频域离散小波变换、时域小波变换和常数 Q 滤波子带能量三种特征提取方法的鱼群识别结果，结果证明，频域离散小波变换方法的识别率较高。为区分障碍目标(山体、礁石、沉船、水雷)，为虚假目标(船只尾流、湍流气泡)和不影响航行的目标(鱼群)提供了研究基础。图 2.18 显示了基于频谱影响的安全目标(鱼群)识别。

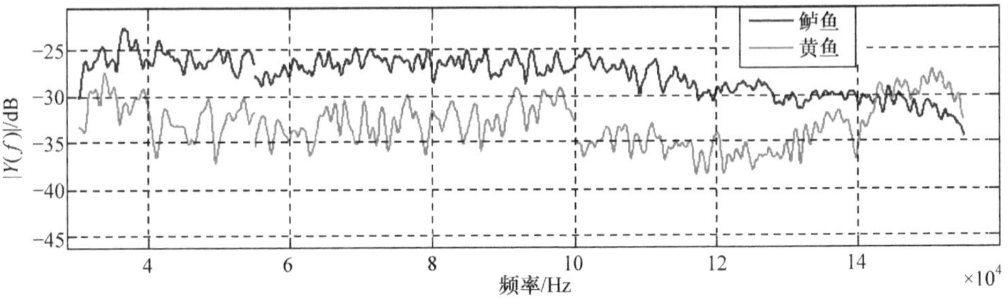

图 2.18　基于频谱影响的安全目标(鱼群)识别

最终，需要对目标反射回波进行相位特征分析和提取，主要包括以下几方面研究内容：

(1)几种典型目标反射回波相位特征的研究。

(2)不同频率、脉宽和波形的目标反射回波相位特征的研究。

(3)对应不同类型发射信号，有效提取回波相位特征的后置处理算法。

(4)基于不同目标回波的相位特征，构建合理维度的特征空间，并选择相应的有效识别算法。

(5)在不同信噪比条件下，对相位模糊及错误分类概率进行分析。

一方面，虚警目标和障碍物在图像特征上有一定差异，基于图像特征的识别技术是一项重要的解决途径。另一方面，非障碍的虚警目标一般为海洋生物、水团等软目标，它的回波相位特征与硬目标差异较大，基于回波相位特性实现障碍物识别是一种有效的目标识别方法。

在多特征提取的基础上，基于载体辅助信息，进行数据融合，对航行器典型目标进行综合判决，最终给出是否为规避目标的判决结果。

(1)多特征信息融合。由于不同特征参量或组合参量针对不同类型目标具有不同的区分能力，为了实现复杂海洋环境中的多目标准确判别，需要将多特征信息基于其区分度进行数据融合，并设计相应的分类判别算法，最终实现多特征信息的综合运用。

(2)综合判决。由于声呐系统获取的目标回波特征受到载体运动状态的影响而变化，因此实现目标的准确判别需要依据水下无人航行器的相关辅助信息来综合判断，这些辅助信息包括导航信息、姿态信息、水深信息等。

2.3.3 路径规划策略技术

路径规划策略包括避障、平滑连续的导航、航行器限制、满足侦察需求的最优航线等方面。避障技术除了探测目标，还可对航行器的路径规划策略提供参考信息，如分析目标的高度、尺度等信息，据此可以设计最佳的路径规划策略。

前视声呐是水下无人航行器进行障碍物探测的主要手段之一，一般基于前视声呐信息的规划算法主要有模糊逻辑算法、人工势场法、边缘检测和栅格法等。有学者提出了基于水平面和垂直面联合检测障碍物方法，以完成水下无人航行器的路径规划。对于水平面避障，两层避障方法包含两个不同的过程：第一层为基于Bandler和Kohout模糊逻辑算法的避障算法(obstacle avoidance algorithm，OAA)[12]，第二层为基于人工势场法和边缘检测的反应式避障算法(reactive obstacle avoidance algorithm，ROAA)[13]。在规划直径路线情况下，OAA 避障方法具有较好的性能；在规划弯曲路线情况下，反应式避障方法具有较好的性能。但是当障碍物完全覆盖前视声呐的视野范围时，水下无人航行器将不能在水平面内通过避障实现安全航行，因此需要依靠垂直面的障碍物特性，在垂直面内实现障碍物的规避，并且垂直面内的声呐图像能够实现水下无人航行器距离海底高度的测量，其测量精度与多普勒计程仪测量精度几乎一致。

Bluefin 12 自主式水下无人航行器的艏部安装水平前视声呐和垂直前视声呐两部声呐(BlueView P450)，长度为 380cm，直径 30cm，外形如图 2.19 所示。

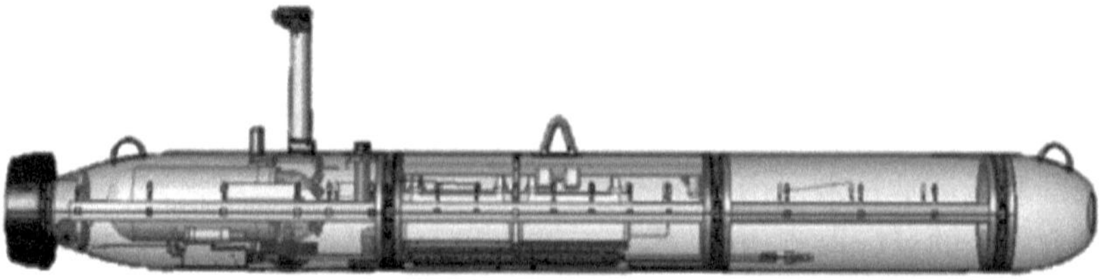

图 2.19　Bluefin 12 自主式水下无人航行器

基于 Bluefin 12 自主式水下无人航行器的水平-垂直联合避障方法的流程框图如图 2.20 所示。

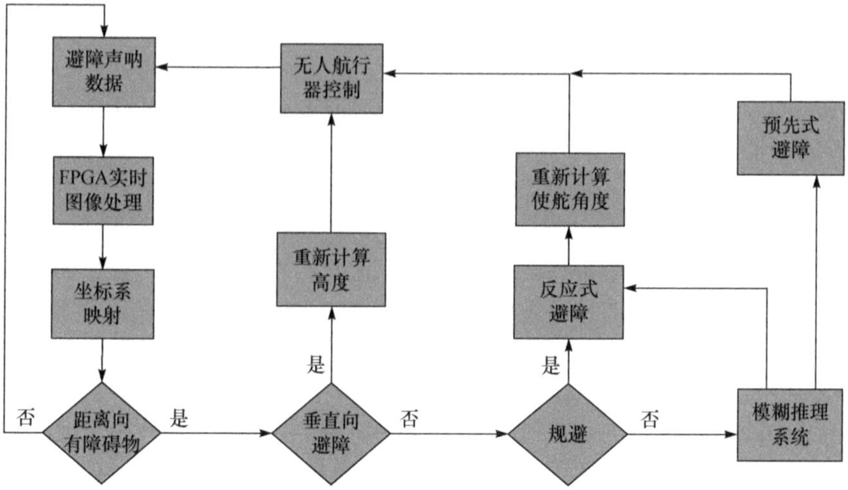

图 2.20　避障方法的流程框图

水平面采用两层联合避障方法，首先将前视声呐的视野范围分为 9 个区域，分别为 $S_1 \sim S_9$。根据模糊控制原则，定义两个模糊度参数分别为安全度和距离度。安全度表示在某个条带内障碍物出现的可能性，在水下无人航行器的航行过程中，将安全度分为非常安全、安全、危险、非常危险四个等级；距离度表示 S_i 区域与目标之间的距离特性，与安全度相似，距离度也分为非常远、远、近、非常近四个等级[14-16]。

在水下无人航行器遇到一些突发情况时，反应式避障方法能够实现安全避障。在障碍物接近自主式水下无人航行器的情况下此方法有效。

2.3.4 基于目标模型的三维避障技术

当水下无人航行器执行侦察任务时，不仅需要安全地航行，而且需要探测前方及前下方的水中及水底信息，应具有一定的探测识别能力。因此，在垂直和水平方向都需要获取目标信息，具有前视探测功能的三维避障声呐是水下无人航行器的必要装备。

三维避障声呐技术采用十字阵方式和面阵方式，在二维避障声呐基础上增加了垂直方向上的目标探测功能，实现三维空间上的目标探测，可以准确区分水面、水中、水底的回波信号，具备探测范围广、目标信息量大等特点，为实现目标识别提供强有力的支持，代表了未来避障声呐的发展趋势。三维避障技术的声呐基元数较多，在换能器设计，声呐电路的小型化、低功耗优化，三维声呐图像的目标识别等方面需要重点研究突破。有学者提出了基于目标模型扩展的三维高分辨成像技术。

基于目标模型扩展的三维高分辨成像技术成功应用在由美国 FarSounder 公司研制出的三维前视相控阵避障声呐上，此三维声呐能够安装在水面舰船和水下无人航行器上，以保证载体的安全航行。

FarSounder 公司已经开发出适用于载人水面舰艇的通用前视声呐，此款产品能够应用于水下无人航行器。水面舰艇声呐系统能够为水下无人航行器产品的开发提供有用工具和模型，在水面舰艇导航中遇到的许多问题同样可以在水下无人航行器应用中遇到。

FS-3 前视避障声呐是 FarSounder 公司目前正在销售的产品，它基于过去多年开发的 5 代硬件技术，能够通过单帧生成真正的三维图像。与需要多帧以构建大视野范围的其他前视声呐系统不同，FS-3 能够通过单帧覆盖 90°的视野，满足用户需求的距离、方位和深度信息。

FarSounder 的处理技术中利用二维面阵作为接收基阵，并且在常规波束形成处理之外加入了基于目标模型的处理，实现了单帧高分辨率的三维实时成像。接收信号处理流程框图如图 2.21 所示。与常规的接收数据处理相比，这些目标模型能够自适应地从波束形成的数据中提取目标信息，并且能够输出较高质量的三维图像。基于目标模型的三维成像技术能够突破阵列尺寸的限制，提高阵列的有效分辨率。在同样接收阵列的孔径条件下，常规处理算法的探测性能受到接收阵列孔径的限制。而 FarSounder 的三维前视避障声呐通过采用基于目标模型的处理技术，提高实际接收阵列的有效分辨率，极大地改善了水深探测性能。此款三维避障声呐在设备的深度探测范围内，对目标实现精准的深度测量，而且这种基于目标模型的处理技术，还能够对超出声呐深度探测范围的障碍物目标实现处理和探测。

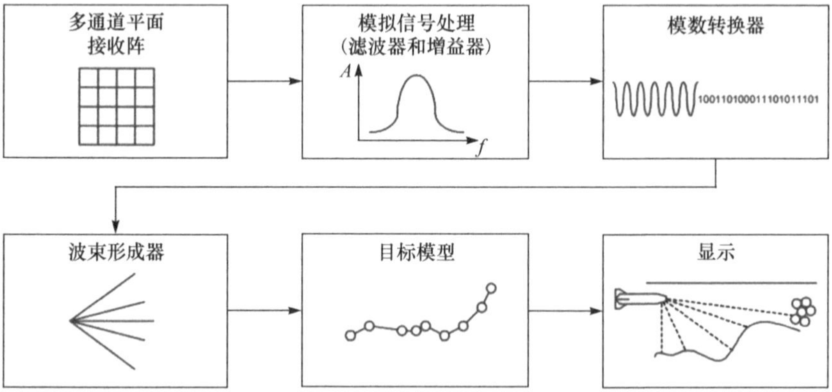

图 2.21　接收信号处理流程框图

与雷达系统一样，三维前视避障声呐将同时接收到来自空气-水界面的回波和波浪作用产生的气泡。根据用户需求，在疑似障碍物目标的分类识别阶段，将进行海面杂波抑制处理，并且去除水面障碍物目标。对于标准的航海雷达，随着海面波浪作用影响的增大，海面的小目标有可能会丢失。但与航海雷达不同，即使海面目标被海杂波掩盖，三维避障声呐采用基于目标模型的处理技术，仍然能够探测到海面目标，此技术对水下无人航行器的水下导航具有极其重要的作用[1,17,18]。

现阶段，分类识别出的疑似障碍物目标主要分为海底目标和水中目标两类。根据目标类型不同，采用不同的处理方式进一步处理，主要包括噪声抑制、低旁瓣处理和图像处理等，经过这些处理之后，基于目标模型处理的输出结果就可以传送至显控设备进行显示。目前，对于海底目标和水中目标两类障碍物目标采用了不同的显示绘图技术，若海底目标浮出水面，水下部分则显示为团堆状形式。三维避障声呐目标显示图如图 2.22 所示。

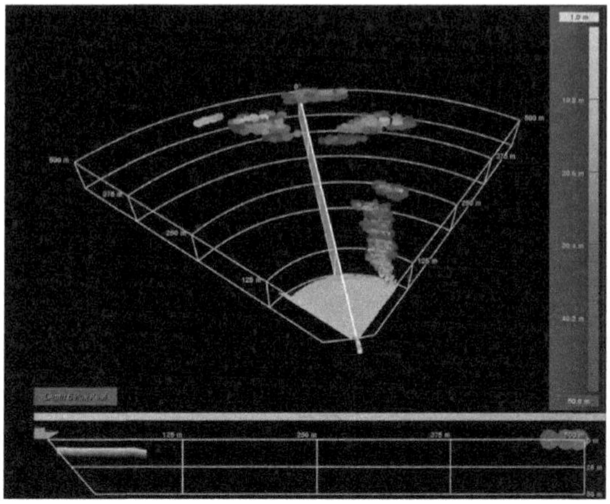

图 2.22　三维避障声呐目标显示图

2.4 发展趋势

2.4.1 小型化技术

小型化是水下无人航行器的主要发展方向之一，因此引导航行器上的载荷也朝着小型化方向发展，避障声呐是保障航行器水下安全航行的主要设备之一。避障声呐的小型化主要包括减小体积和降低功耗。

根据声呐组成，要做到体积小型化，需要同时保证换能器基阵和电子电路系统的体积小。由阵列信号处理理论可知，在同样角度和性能指标情况下，换能器基阵的频率越高则体积就越小，并且频率越高则声学图像越细腻。但是高频换能器基阵对基元的性能一致性和安装精度提出了很高的要求，制作工艺难度加大。电子电路系统的小体积和低功耗，需要更高密度、更快速度、更低功耗以及外形紧凑的电路设计。根据技术指标需求，采用最新的低功耗集成芯片，降低系统的功耗，发射机采用开关发射，在保证发射功率的前提下提高发射效率，进一步降低系统功耗。

Teledyne BlueView 公司研制出多款二维和三维高频避障声呐产品，不仅体积小而且功耗非常低，特别适合在小型化水下无人航行器中使用。例如，P900 系列产品中，声呐的体积约为 30cm×13cm，耐压 1000m 的声呐在空气中质量约为 2.5kg，耐压 4000m 的声呐在空气中质量约为 4.35kg，其系列产品功耗为 9～23W，其中一款产品如图 2.23 所示。

图 2.23 Teledyne BlueView 公司 P900 系列前视避障声呐产品之一

2.4.2 一体化设计

现有的声呐只具有某种特定的功能，水下无人航行器在多种海洋环境中执行任务时，需要安装多种声学载荷系统来实现多种功能，如测流测速声呐实现载体的速度测量、避障声呐实现前方障碍物的探测和识别、水声通信声呐实现多个水下无人航行器之间的通信或与母船之间的通信、长/短基线定位声呐实现载体的定位、小目标探测声呐实现水中或海底的小目标探测、测深声呐实现对载体距离海底的深度测量与海底地形测量等。这些声学载荷系统的功能均是单一化的，多个声学载荷的安装制约着水下无人航行器的小型化发展，多组声波的发射导致水下无人航行器的隐蔽性大大降低，因此声呐的一体化发展将是未来水下无人航行器中声学载荷的发展趋势。

三维一体化声呐系统结构图如图 2.24 所示。该系统采用三维声呐共性技术，调节系统的安装方式，并通过选择特定的模块实现特定的功能，每个模块采用不同的信号处理方法，使得三维声呐系统达到集避障航行、地图导航、蛙人小目标探测、水雷小目标探测、海底深度测量等多功能于一体的目的。

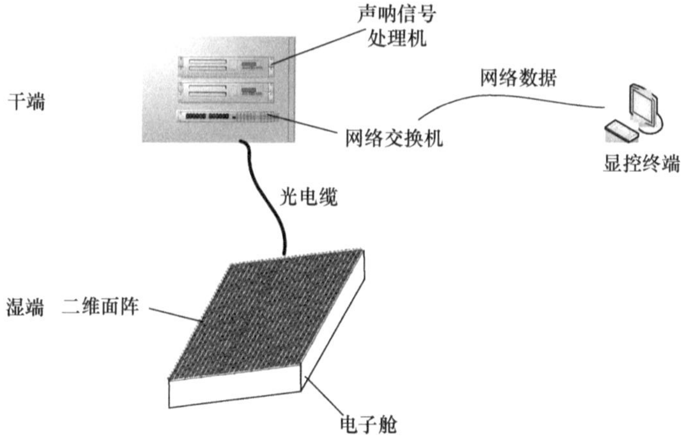

图 2.24　三维一体化声呐系统结构图

2.4.3 基于十字阵形的三维声成像技术

当水下无人航行器执行侦察任务时，不仅需要安全的航行，而且需要探测前方及前下方的水中及水底信息。因此，在垂直和水平方向都具有一定的探测范围，具有前视探测功能的三维避障声呐是水下无人航行器的必要装备。

通常情况下，三维成像声呐大多采用平面换能器接收基阵，为达到较高的分辨率，平面阵列一般由成千上万个换能器阵元组成，并且需用波束形成技术处理上万个波束信号，才能实现对水下探测目标进行多视角和实时的三维成像。可知，大型的平面换能器阵列会造成前视避障声呐的硬件系统较复杂、数据处理计算量庞大和设备成本昂贵。

基于十字阵形的三维声成像声呐具有体积小、硬件复杂度低、功耗低和成本低等特点，代表着未来避障声呐发展的趋势。但是为了实现基于十字阵形的三维实时成像功能，低隔离度多波束同时发射技术是需要攻关的技术难题。

目前，SONARDYNE 公司的导航避障声呐(navigation and obstacle avoidance sonar, NOAS)是一款低功率十字阵形三维前视声呐设备，如图 2.25 所示，换能器基阵采用十字阵，工作频率为 60～70kHz，垂直阵列为线性阵列，水平阵列为复杂的弧形阵列，与载体平台形成非平面的共形基阵。

图 2.25　SONARDYNE 公司的 NOAS

NOAS 安装在水平舰船的前端，对载体平台的前方水域进行探测，在水平面和垂直面内扫描，软件实时显示前方水域的海底三维模型信息和水中目标信息，其可以用于载体导航，并且为载体提供前方水域存在的障碍物目标信息。NOAS 的可视化软件如图 2.26 所示。

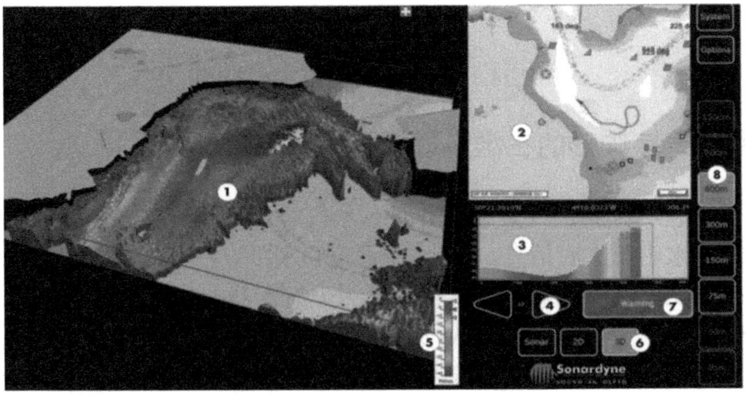

图 2.26　NOAS 可视化软件

NOAS 可视化软件中，不仅显示了海底三维地图，而且显示了载体当前运动位置和历史运动轨迹，NOAS 根据载体提供的位置信息，可以实时在航海图中显示运动轨迹[19]。

避障声呐作为水下无人航行器的视觉传感器，在避免与水下障碍物发生碰撞中发挥着重要作用，其在水下无人航行器安全航行中不可或缺，避障声呐的发展将使水下无人航行器在未来复杂的海洋环境中安全驰骋。

参 考 文 献

[1] Matthew Z. Advantages of array processing over scanning sonar[EB/OL]. http://www. farsounder. com/technology/blog/advantages-array-processing-over-scanning-sonar[2011-03-22].

[2] Zimmerman M J. A 3D, forward looking, phased array, obstacle avoidance sonar for autonomous underwater vehicles[C]//Proceedings of the 13th International Symposium on Unmanned Untethered Submersible Technology, Durham , 2003:1-7.

[3] 田坦，刘国志，孙大军. 声呐技术[M]. 哈尔滨：哈尔滨工程大学出版社，2000.

[4] van Trees H L. Detection, Estimation, and Modulation Theory, Part Ⅳ: Optimum Array Processing [M]. New York: Wiley, 2002.

[5] Miller J H, Potter D C. Active high frequency phased-array sonar for whale shipstrike avoidance: target strength measurements[C]// MTS/IEEE OCEANS 2001, Honolulu, 2001:1-4.

[6] Imen K, Isabelle Q, Michel L. Automatic sea-surface obstacle detection and tracking in forward-looking sonar image sequences[J]. IEEE Transactions on Geoscience and Remote Sensing，2015, 53 (8) :4661-4669.

[7] Trevorrow M, Myerss V. Modeling obstacle avoidance sonar performance in the presence of near-surface bubbles[C]//The 11th European Conference on Underwater Acoustics 2012, Edinburgh, 2012: 1-10.

[8] Trevorrow M V. Measurements of near-surface bubble plumes in the open ocean with implications for high-frequency sonar performance[J]. The Journal of the Acoustical Society of America, 2003, 114 (5) :2672-2684.

[9] LeBlanc L R, Panda S, Schock S G. Sonar attenuation modeling for classification of marine sediments[J]. Journal of Acoustical Society of America, 1992, 91 (1) :116-126.

[10] Kizhner S, Flatley T P, Huang N E, et al. On the Hilbert-Huang transform data processing system development[C]// Proceedings of the IEEE Aerospace Conference, Big Sky, 2004:1961-1979.

[11] Cohen F S, Boudreau-Bartels G, Kadambe S. Tracking of unknown non-stationary chirp signals using unsupervised clustering in the Wigner distribution space[C]//International Conference on Acoustics, Speech, and Signal Processing, New York, 1988: 2180-2183.

[12] Jose S, Antony A. Mobile robot remote path planning and motion control in a maze environment [C]// The 2nd IEEE International Conference on Engineering and Technology, Coimbatore, 2016:1-3.

[13] Borenstein J, Koren Y. The vector field histogram: fast obstacle avoidance for mobile robots[J]. IEEE Transactions on Robotics and Automation, 1991, 7 (3) : 278-288.

[14] Braginsky B, Guterman H. Obstacle avoidance approaches for autonomous underwater vehicle: simulation and experimental results [J]. IEEE Journal of Oceanic Engineering, 2016, 41 (4) :882-892.

[15] Tarsha-Kurdi F, Landes T, Grussenmeyer P. Hough-transform and extended RANSAC algorithms for automatic detection of 3D building roof planes from lidar data[C]// ISPRS Workshop on Laser Scanning 2007 and SilviLaser 2007, Espoo,

2007: 407-412.

[16] Karabchevsky S, Kahana D, Ben-Harush O, et al. FPGA based adaptive speckle suppression filter for underwater imaging sonar[J]. IEEE Journal of Oceanic Engineering, 2011, 36 (4) :646-657.

[17] Kraeutner P H. Small aperture acoustic imaging using model based array signal processing [D]. Vancouver: Simon Fraser University, 1998.

[18] Haacke E M, Liang, Z P, Izen S H. Superresolution reconstruction through object modeling and parameter estimation[J]. IEEE Transactions on Acoustics, Speech and Signal Processing, 1989, 37 (4) :592-595.

[19] Subsea Technology NOAS-Navigation &obstacle avoidance sonar system[EB/OL]. https:// www. sonardyne. com/product/vigilant-forward-looking-sonar/[2020-09-04].

3 测流测速声呐技术

我国是一个海洋大国，不仅拥有宽广的大陆架，而且拥有广阔的领海。无论开发、利用和保护海洋还是维护我国海洋权益，都需要对海洋环境各要素有充分的认识和了解，并加以监测。用于海洋探测和军事活动的各种水下无人航行器正在快速发展，为保证航行安全和规划航线的准确实施，水下无人航行器要实时获取自身的速度、位置等信息。测流测速声呐作为测量流场流速和水下无人航行器速度的测速设备已获得了广泛的应用。

流是重要的海洋动力要素。不同地点、不同深度的海洋流场的流速均不相同且随时间变化。海洋流场变化与全球气候息息相关，也是影响海洋资源开发的重要因素，为此需要对海洋流场进行实时的监测。20 世纪初期瑞典物理学家 Ekman 发明了转子海流计，依据螺旋桨叶片受水流推动的转数来确定流速，用磁盘确定流向转子，测量其所在位置处的流速和流向。20 世纪 50 年代出现了电磁海流计，利用法拉第原理测量其所在位置处的流速。转子海流计和电磁海流计得到了广泛使用，其中比较有代表性的是挪威 AANDER 公司生产的 RCM 系列海流计。

大中型水面船舶和各种水下无人航行器航行时需实时确定自身位置和航线，以完成使命和保证航行安全，为此需配备导航设备。水面船舶导航的方式比较多，利用 GPS 等卫星导航系统可以进行高精度定位，但对水下无人航行器来说，接收卫星信号比较困难，很难采用卫星导航定位。还有一种方式是利用惯性传感器（陀螺和加速度计）进行导航，如捷联惯导等。但是惯性传感器的一个突出问题在于：陀螺漂移会导致误差随时间积累，因此需要定时进行修正。而各类计程仪（如电磁计程仪、水压式计程仪、叶轮式计程仪）可提供水下无人航行器相对于海水的速度，为惯性传感器提供速度修正信息。

总的来说，水中测速设备可用于测量不同深度流层的速度及载体速度。上述各种测速设备多为接触式测量，测量流层速度时无法走航获得流场剖面，测量载体运动速度时只能获得相对于水流的速度。利用水声学原理进行速度测量可以避免上述问题，实现实时的非接触式大深度流场流速测量和载体对地速度的测量。

声学测速技术始于 20 世纪 70 年代，相应的设备称为测速声呐。测速声呐主要包括测量流层速度的流速剖面仪和测量载体速度的计程仪。测速声呐在测量流层速度方面有如下优点：①声遥测方式测量，不干扰流场；②可以在载体航行过程中连续作业，得到连续海域流场剖面的信息，避免了转子海流计需要的停车、放置和回收等过程；③可以根据需要，对有效深度范围内的流剖面进行不同分层，而非声学海流计很难达到这样的要求。测速声呐在测量载体速度方面有如下优点：①无论载体是水面船舶还是水下无人航行器，都可以正常工作；②可以提供高精度的载体相对于海底的三维绝对速度信息；③测速误差不随时间积累。

从工作原理划分，测速声呐包括多普勒测速声呐和相关测速声呐。多普勒测速声呐的基本工作原理是“多普勒效应”，相关测速声呐的基本工作原理是“波形不变性”。在大深度的流场剖面测量以及深海区域水下无人航行器导航方面，相关测速声呐有着明显的优势；但在阵形设计和信号处理方法上，相关测速声呐比多普勒测速声呐更为复杂。另外，相关测速声呐的近场盲区比较大，而多普勒测速声呐的近场盲区比较小。在某些应用中，两者联合使用，将会获得较好的结果。目前为止，多普勒测速声呐已得到了广泛应用，其技术日臻成熟；而相关测速声呐还处于研究和发展阶段[1-7]。

3.1 基本原理

3.1.1 多普勒测速声呐原理

声学多普勒流速剖面仪(acoustic Doppler current profiler, ADCP)是一种既能测量载体相对水底的速度，又能测量海流速度的声呐设备。ADCP 既可以用于舰船的定位导航，又可以广泛应用于海洋及内陆河流的测流领域。从这个意义上讲，ADCP 扩展了传统的声学多普勒计程仪(acoustic Doppler log, ADL)的应用范围。本质上 ADCP 和 ADL 的工作原理是相同的，本章将以 ADCP 工作原理为例介绍多普勒测速声呐[8]。

1. *多普勒效应*

多普勒效应是在声学、光学和电磁学等很多领域中都能够观察到的现象，在水声工程中应用十分广泛，在定位与通信等应用中会干扰信息的提取，而在测速应用中是有效信息的载体。多普勒测速声呐是根据多普勒效应来测量速度的，如图 3.1 所示，当声源与听者相互远离时，听者接收到的声波的周期会变长，当声源与听者相互接近时，听者接收到的声波的周期会变短。

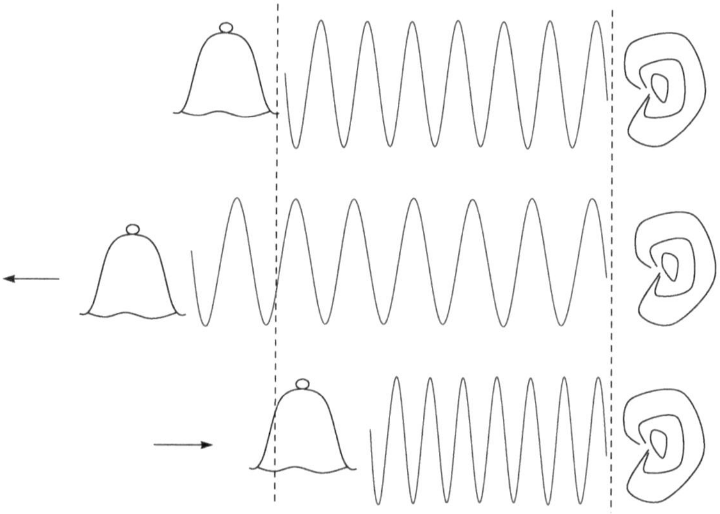

图 3.1 多普勒效应

相对运动速度大小与多普勒频移的关系为

$$f_{\mathrm{R}} = f_{\mathrm{T}}\left(1+\frac{V-U}{C-V}\right) \tag{3.1}$$

$$f_{\mathrm{d}} = f_{\mathrm{R}} - f_{\mathrm{T}} = f_{\mathrm{T}}\frac{V-U}{C-V} \approx f_{\mathrm{T}}\frac{V-U}{C} = f_{\mathrm{T}}\frac{\Delta V}{C} \tag{3.2}$$

式中，f_{d} 表示多普勒频移；f_{T} 表示声源发出的声波的频率；f_{R} 表示听者接收到的声波的频率；C 表示声波的传播速度；U 表示听者相对于媒质的速度，以离开声源方向为正；V 表示声源相对于媒质的速度，以接近听者方向为正；$\Delta V = V - U$，表示声源与听者相互接近的速度。

当 f_{T} 已知时，C 可以用直接或间接的方法测量得到，由式(3.2)可知，只要测量出多普勒频移，就可以计算出声源与听者之间的相对运动速度，即

$$\Delta V = C\frac{f_{\mathrm{d}}}{f_{\mathrm{T}}} \tag{3.3}$$

多年的科学研究已充分证明海水中存在大量的声散射体，如悬浮微粒、浮游生物及气泡等，它们随海水流动。声学多普勒测速设备采用收发共用型换能器来发射声波和监测回波，换能器形成锥形波束向海水中发射声波，当声波在海水中传播时，有一小部分能量被这些散射体反向散射回来，形成可监测的回波信号。这些回波信号经过换能器接收、放大后，可以测得其频率为 f_{R}。

当声波从换能器传播到散射体时产生了第一次多普勒频移：

$$f_R' = f_T \frac{C-U}{C-V} \tag{3.4}$$

当散射体把声波散射回换能器时，散射体成为声源，换能器成为听者，产生了第二次多普勒频移。一般认为，换能器所在的载体的运动速度在发射声波和接收回波期间不变，则回波频率为

$$f_R = f_R' \frac{C+V}{C+U} = f_T \frac{C-U}{C-V}\frac{C+V}{C+U} = f_T\left(1+2\frac{\Delta V}{C}\frac{1}{1-\frac{\Delta V}{C}+\frac{UV}{C^2}}\right) \tag{3.5}$$

式(3.5)化简可得

$$f_R \approx f_T\left(1+2\frac{\Delta V}{C}\right) \tag{3.6}$$

如图 3.2 所示，设 ADCP 与散射体的相对速度大小为V，散射体移动方向与换能器声轴的夹角为θ，则相对速度的轴向分量$\Delta V = V\cos\theta$，式(3.6)化为

$$f_R \approx f_T\left(1+2\frac{V\cos\theta}{C}\right) \tag{3.7}$$

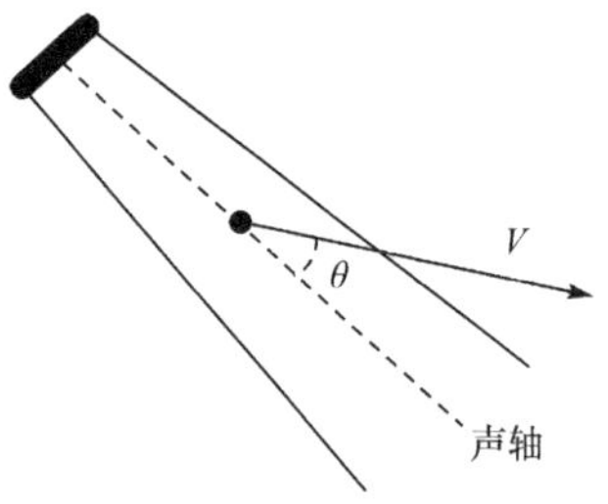

图 3.2 散射体速度的轴向分量示意图

式(3.7)是单个散射体回波的多普勒频移公式，实际上，流体回波信号是无数微小散射体回波的总和。同样地，可以用类似的方法获得海底的反向散射回波的平均多普勒频移。

2. 多普勒对流分层测速

如何从多普勒测流回波中提取流速信息是一个重要的问题，该问题涉及一定空间范围内平均多普勒频移的测量。多普勒流速测量时要想获得一个流速剖面，需测量不同水深的流速，这就涉及水流的空间分层问题。由于声学换能器收发合置，收发信号需要分时进行，并且这一信号不是连续波而是以脉冲波的形式存在的。声学换能器发出的波束是通过反向散射回波信号的时间窗选择与处理来得到各流层单元流速的。在时间窗选择上，各个波束之间必须保证流层单元的深度与大小是一致的，如图 3.3 所示。为简化说明，在此不介绍宽带编码调相信号时间窗的选择过程，而只介绍窄带单频脉冲信号时间窗的选择过程[9]。

如图 3.3 所示，假设在t_0时刻声学换能器开始发射声脉冲，垂直等效脉冲长度为T，声脉冲在水体中传播。在避开收发转换的盲区后，t_1时刻的回波信号来自$z_0 \sim z_1$水深范围内的水体对发射信号的散射信号叠加；$t_1 + T$时刻的回波信号来自$z_1 \sim z_2$水深范围内的水体对发射信号的散射信号叠加。由上述可知，不同时刻的接收信号反映了不同水深范围的水流散射情况。设水体中的声速为c，则任意时刻接收的回波都会受到某深度范围$\Delta z = cT/2$水体的散射贡献。当以不同的时间窗对接收信号进行分割时，时间窗的位置决定了测量水深，时间窗的长度决定了流层单元的范围大小，相邻时间窗的间隔大小决定了相邻流层单元之间的相关程度。

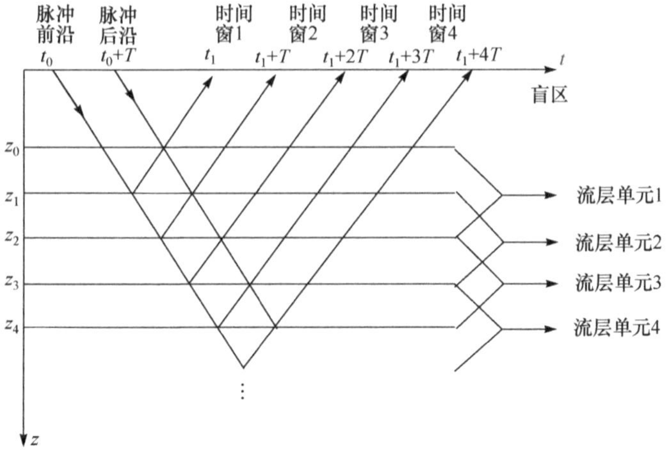

图 3.3　水流分层示意图

如图 3.3 所示，如果以T为时间窗对接收信号进行分割与处理，则时间窗 1 的散射回波信号反映的是从z_0到z_2的流层单元 1 的水体流速；时间窗 2 的散射回波信号反映的是从z_1到z_3的流层单元 2 的水体流速，其他流层单元依此类推。此时，相邻的流层单元 1 与流层单元 2 之间具有z_1到z_2的回波信号贡献的公共区域，该公共区域大小为$cT/2$，相当于流层单元大小的 1/2。同理可得其他相邻流层单元之间的关系。

3. 多普勒对底跟踪测速

前面描述了测量水流相对声学换能器的流速剖面的分层情况，要获得水流剖面相对于大地的绝对速度，还需要知道声学换能器本身相对于大地的速度。图 3.4 为对底速度测量示意图。

为了尽可能得到水底的有效信息，需要合理选择 ADCP 对底发射信号的长度T，它不能小于水底的回波过渡带值ΔT，这是由收发倾角α、波束宽度ϕ和

水底深度 z_d 等条件共同决定的。如图 3.4 所示，假设水底表面水平，则回波过渡带公式近似为

$$\Delta T = \frac{2(r_2 - r_1)}{c} = \frac{2z_d}{c}\left[\frac{1}{\cos(\alpha+\phi/2)} - \frac{1}{\cos(\alpha-\phi/2)}\right] \tag{3.8}$$

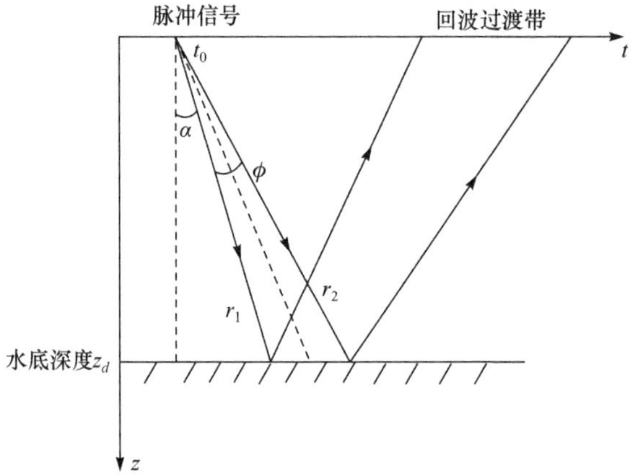

图 3.4　对底速度测量示意图

如果对底发射信号的长度 T 小于水底的回波过渡带值 ΔT，则会出现没有稳定水底多普勒回波的现象，从而无法得到正确的结果，这也是在较大的水底深度时要发射较长信号的主要原因。

由图 3.4 和式(3.8)可知，实际发射信号波束宽度为 ϕ，将导致接收到的回波信号在时域上具有过渡带。回波前后都有过渡带，使得在检测到水底回波之后，需要截取水底回波的中间稳定部分进行多普勒频率测量，从而保证对底跟踪测量的精度。

3.1.2　相关测速声呐原理

相关测速声呐是利用波形不变性原理进行测速的声呐设备。与多普勒测速声呐相比，相关测速声呐具有多方面的优点，但是其技术仍处于发展中。根据测速目的的不同，相关测速声呐可分为声相关海流剖面仪(acoustic correlation current profiler, ACCP)和声相关计程仪(acoustic correlation log, ACL)[10,11]。

1. 波形不变性原理

研究认为，体积范围内或者界面上大量散射体的散射回波是由发射信号波形、发射阵元与接收阵元所处的位置以及散射元位置决定的。也就是说，当忽略噪声时，相同的信号经过两次发射，只要从发射到接收所经过的传播路径的几何特征

完全一致，接收阵元接收到的信号就一致。这一结论可以进一步引申为：如果发射信号是由相同的散射区域散射的，在相同的发射信号两次发射的时间间隔内，如果发射阵元位移为 d，接收阵元位移为 $-d$ ，则相应的两次接收信号应该相同，这是对波形不变性原理的简单描述。

相关测速声呐使用 1 个发射阵元垂直向下发射声波信号，并利用分布在同一平面上的多个接收阵元同时接收散射回波。为了简化分析过程，假设声呐换能器是一维线阵，并且只使用 1 个发射阵元和 2 个接收阵元，有两种布阵方式，如图 3.5 所示。图中，Tr0 为换能器的发射阵元，Re1 和 Re2 是间距为 d 的 2 个接收阵元。两种阵形的工作方式相同，只是与阵形Ⅰ相比，阵形Ⅱ的接收阵元间距较大。

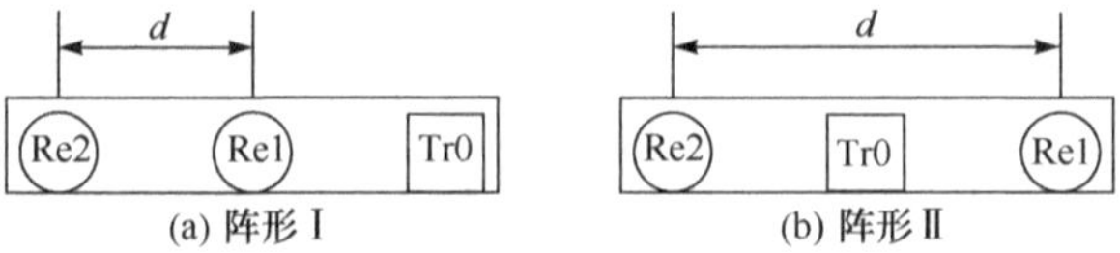

图 3.5　相关测速声呐两种简单阵形示意图

下面对阵形Ⅰ情况下的波形不变性原理进行推导。图 3.6 是阵形Ⅰ的发射阵元两次发射的声波在某个散射区域的散射过程示意图，图中换能器以速度 V 从左向右运动。位置 1 是声呐的发射阵元 Tr0 发射信号时换能器阵所处的位置，左侧发射阵元 Tr0 表示 t_0 时刻发射第一个信号时换能器阵的位置；右侧发射阵元 Tr0 表示 $(t_0+\tau)$ 时刻发射第二个信号时换能器阵的位置。位置 2 是 2 个接收阵元接收信号时换能器阵所处的位置，左侧部分表示第一个发射信号经过散射区域的散射，回波在 (t_0+t) 时刻到达阵元 Re1；右侧部分表示第二个发射信号经过散射区域的散射，回波在 $(t_0+t+\tau')$ 时刻到达阵元 Re2。

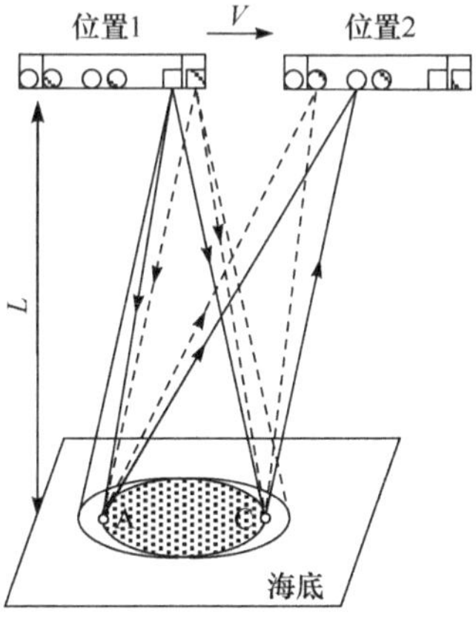

图 3.6　声波两次发射的散射过程示意图

任选单个散射元进行分析，并对图 3.6 进行简化，如图 3.7 所示。图中，P 代表某个散射元，A、B 分别代表发射阵元 Tr0 第一次和第二次发射信号时换能器阵所处的位置，C、D 分别表示接收阵元 Re1 接收第一个散射回波和接收阵元 Re2 接收第二个散射回波时换能器阵所处的位置，L 是散射元到声呐换能器的垂直距离，s_1、s_1' 分别表示 P 点到 A 点和 C 点的距离，s_2、s_2' 分别表示 P 点到 B 点和 D 点的距离，α_1、α_2 分别表示 PA 和 PC 与换能器阵运动反方向的夹角。

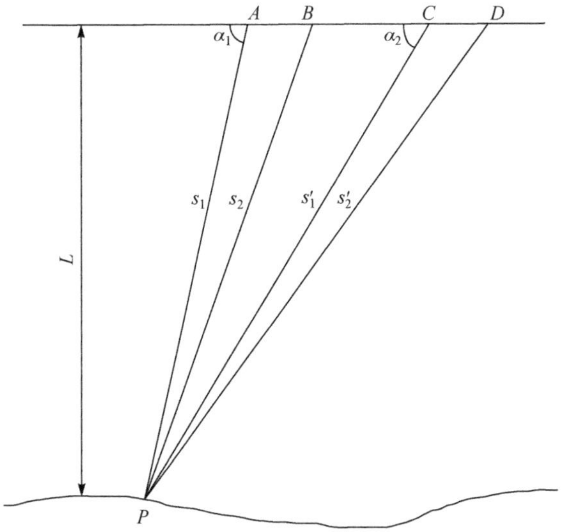

图 3.7　单个散射元回波路径的几何示意图

基于前面对散射和回波接收过程的描述，假设 A 点到 B 点的空间距离为 d_{AB}，C 点到 D 点的空间距离为 d_{CD}。根据波形不变性原理的条件可知，波束所经过的传播路径距离为

$$s_1 + s_1' = s_2 + s_2' \tag{3.9}$$

$$\tau = \tau' \tag{3.10}$$

对式(3.9)进行简单变换，可得

$$s_1' - s_2' = s_2 - s_1 \tag{3.11}$$

由于一般情况下散射发生在远场，两次发射信号的时间间隔很短，即 $\tau \ll t$，因此 $d_{AB} \ll s_1$，$d_{AB} \ll s_1'$，$d_{CD} \ll s_2$，$d_{CD} \ll s_2'$，由式(3.11)容易得到

$$d_{AB}\cos\alpha_1 \approx d_{CD}\cos\alpha_2 \tag{3.12}$$

此外，对于远场假设，一般存在 $\alpha_1 \approx \alpha_2$，由式(3.12)可得

$$d_{AB} \approx d_{CD} \tag{3.13}$$

从空间矢量的角度看，$\boldsymbol{d}_{AB}=\boldsymbol{V}\tau$，$\boldsymbol{d}_{CD}=-\boldsymbol{d}-\boldsymbol{V}\tau$，代入式(3.13)可得

$$\boldsymbol{V}\tau=-\boldsymbol{d}-\boldsymbol{V}\tau \tag{3.14}$$

从而得到

$$\boldsymbol{V}=-\frac{\boldsymbol{d}}{2\tau} \tag{3.15}$$

因此，可以通过空间矢量$\boldsymbol{d}$和时间间隔τ来确定载体速度$\boldsymbol{V}$，其中，接收阵元间的空间矢量$\boldsymbol{d}$称为相关矢量，对应的延时τ称为相关延时。

将对单个散射元的分析扩展到整个散射区的情况，可得到如下结论：当船速和接收阵元的位置满足式(3.15)时，两个接收阵元接收的回波所对应的散射区域和回波路径都有很大的相似性，即满足此时空条件的换能器阵将在一定的时刻由不同的接收阵元得到相似的回波信号。散射体为流层的情况相对简单些，与底散射体的不同之处在于对回波有贡献的流散射体是球形的层[12]。

2. 回波时空相关函数模型

在国外，Dickey 等[11]、Bradley 等[7]、Doisy[12]在研究中分别获得了回波时空相关函数模型。

其中，Dickey 等推导了包含三维速度信息的回波时空相关函数模型，他们认为底回波和流回波的时空相关函数模型在分析上类似，但在回波提取、速度的概率分布上存在较大差异，他们利用球面积分的方法给出了海底回波时空相关函数公式：

$$R_{12}(\tau,\boldsymbol{d}_{12},\boldsymbol{\xi})=P_{\mathrm{s}}R_{\mathrm{Tr}}\left(\tau-\frac{2V_z\tau+z_{12}}{c_\varphi}\right)\exp\left\{-\pi\left(\frac{f_0\theta_{\mathrm{e}}}{c}\right)^2\left[\left(2V_x\tau+x_{12}\right)^2+\left(2V_y\tau+y_{12}\right)^2\right]\right\} \tag{3.16}$$

式中，τ为相关延时；$\boldsymbol{d}_{12}$表示 2 个接收阵元间的三维空间矢量，$\boldsymbol{d}_{12}=\left(x_{12},y_{12},z_{12}\right)$；$\boldsymbol{\xi}$为待估参数集，代表三维速度$\left(V_x,V_y,V_z\right)$；$P_{\mathrm{s}}$为与发射功率、发射指向性和传播损失有关的幅值参数；$R_{\mathrm{Tr}}(\cdot)$为发射信号的自相关函数；c_φ为散射回波相速度的垂向分量，$c_\varphi=c/[1-\theta_{\mathrm{e}}^2/(2\pi)]$，$\theta_{\mathrm{e}}=\sqrt{\dfrac{\theta_{\mathrm{T}}^2\theta_{\mathrm{R}}^2}{2(\theta_{\mathrm{T}}^2+\theta_{\mathrm{R}}^2)}}$为合成半开角，$\theta_{\mathrm{T}}$为发射开角，$\theta_{\mathrm{R}}$为接收开角；$c$为声波在水中的传播速度；$f_0$为发射信号载波频率。

Bradley 等给出了一个经验公式，在理想状态下，这个公式可以写成

$$R_{12}(\tau,\boldsymbol{d}_{12},\boldsymbol{\xi})=\frac{R_{\mathrm{peak}}\exp\left[\mathrm{j}k\left(2V_z\tau+z_{12}\right)\right]}{\left\{1+\left(2^{\gamma_1^2}-1\right)\left[2\sqrt{\left(2V_x\tau+x_{12}\right)^2+\left(2V_y\tau+y_{12}\right)^2}\Big/\gamma_2\right]^2\right\}^{1/\gamma_1^2}} \tag{3.17}$$

式中，R_{peak} 为幅值调节系数；γ_1 和 γ_2 表示 2 个调节相关函数宽度的系数。

另外，Doisy 也对海底回波时空相关函数进行过建模分析。

在国内，田坦在不考虑底散射系数随角度变化的情况下获得了时空相关函数理论模型的严格公式[13]，中科院声学研究所利用微扰近似法获得了时空相关函数理论公式[14, 15]。

在微扰近似法模型的基础上，朱维庆等[14]对 2 个接收阵元接收回波的时空相关特性进行了推导，获得的底回波和流回波时空相关函数的统一形式为

$$R_{12}\left(\tau,\boldsymbol{d}_{12},\boldsymbol{\xi}\right)=\kappa\Phi(\tau)\mathrm{e}^{-\mathrm{j}\omega_0\tau}\times\int_{-\infty}^{+\infty}\int_{0}^{\pi/2}\int_{0}^{2\pi}\phi_{\mathrm{Tr}}^{2}(\theta)\phi_{\mathrm{Re}}^{2}(\theta)\times\exp\left[-\mathrm{j}k\left(2\boldsymbol{V}\times\boldsymbol{n}+\boldsymbol{d}_{12}\times\boldsymbol{n}\right)\right]W(\boldsymbol{V})\sin\theta\mathrm{d}\theta\mathrm{d}\alpha\mathrm{d}V \tag{3.18}$$

式中，τ 为相关延时；$\boldsymbol{d}_{12}$ 为 2 个接收阵元间的三维空间矢量，$\boldsymbol{d}_{12}=\left(x_{12},y_{12},z_{12}\right)$；$\boldsymbol{\xi}$ 为待估参数集；$\boldsymbol{V}$ 为三维速度，是主要的待估参数，$\boldsymbol{V}=\left(V_x,V_y,V_z\right)$；$\kappa$ 为与散射元的统计特性有关的量；$\Phi(\tau)$ 为发射信号的自相关函数；$\phi_{\mathrm{Tr}}(\theta)$ 为发射阵元指向性函数；$\phi_{\mathrm{Re}}(\theta)$ 为接收阵元指向性函数；k 为波数，$k=\omega_0/c$，ω_0 为发射信号载波的角频率；$W(\boldsymbol{V})$ 为速度 $\boldsymbol{V}$ 的概率密度函数；$\boldsymbol{n}$ 为回波方向的单位矢量，$\boldsymbol{n}=(-\sin\theta\cos\alpha,-\sin\theta\sin\alpha,\cos\theta)$；$\theta$ 为入射角；α 为水平方向角。

值得注意的是，底回波的散射元位于以声波照射区域中心点为圆心、半径不同的环面上，而流回波的散射元位于离声呐换能器相同距离的球层上，两者散射区域的选取存在明显的不同。因此，统一公式是底回波和流回波时空相关函数的一种近似。底回波和流回波的不同还体现在底和流物理特性的差别上。一般情况下，流层中的散射元主要是各种微生物、悬浮物或者其他非均匀性颗粒物，这些散射元一般处于运动状态，在载体匀速运动时，可以假设流层相对于载体的速度满足方差不为 0 的高斯分布。水底主要分布着各种沉积物，散射元速度与流层相比要小得多，因此只要载体处于匀速运动状态，就可以认为散射元速度是稳定的。由于存在上述两种不同情况，底回波和流回波的时空相关函数必然存在一定的差别，下面分别对这两种情况进行讨论。

绝大部分情况下，可以认为底散射元的位置在短时间内不会发生变化，即认为底散射元是绝对静止的，所以测得的载体相对于底散射元的速度即为载体的绝对速度，不需要考虑速度方差的影响，因此可将式(3.16)进一步简化为

$$R_{12}\left(\tau,\boldsymbol{d}_{12},\boldsymbol{\xi}\right)=R(0,0)\frac{\Phi(\tau)}{\Phi(0)}\exp\left[-\mathrm{j}\omega_0\left(\tau+\frac{2V_z\tau+z_{12}}{c_\varphi}\right)\right]\times\mathrm{J}_0\left(k\gamma\sin\theta'\sqrt{\left(2V_x\tau+x_{12}\right)^2+\left(2V_y\tau+y_{12}\right)^2}\right) \tag{3.19}$$

式中，$J_0(\cdot)$ 为零阶实宗量贝塞尔函数；γ 为调节相关函数宽度的系数；θ' 满足 $0 \leqslant \theta' \leqslant \theta_e$，$\theta_e$ 为换能器的收发综合开角；$R(0,0)$ 表示各通道数据自相关函数延时 0 处的值：

$$R(0,0) = \kappa \Phi(0) \int_0^{\theta_e} \phi^2(\theta) \sin\theta \mathrm{d}\theta \tag{3.20}$$

其中，$\phi(\theta)$ 为换能器的收发综合指向性系数。因此，对满足 $\Phi(\tau) \neq 0$ 的延时 τ 来说，各个阵元的海底回波时空相关函数是空间矢量的贝塞尔函数。2 个接收阵元的时空相关函数最大值，即贝塞尔函数峰值所对应的空间矢量位置是由速度决定的，这符合波形不变性原理，也与式(3.15)相符。

声相关测流技术与声相关测速技术在理论上最大的不同在于回波时空相关函数。假设流散射元相对于载体的速度以载体的绝对速度为中心，满足高斯分布，并设三维速度方差为 $\sigma_v = (\sigma_{vx}, \sigma_{vy}, \sigma_{vz})$。朱维庆等[15]推导了流回波时空相关函数模型，当不考虑流的垂向速度和垂向矢量时，模型的简化形式为

$$\begin{aligned} R_{12}(\tau, \boldsymbol{d}_{12}, \boldsymbol{\xi}) &= \kappa \Phi(\tau) \\ &\times \left\{ \exp(\gamma \beta_\theta) - \frac{\zeta_2}{2} \left[\frac{\theta_e^2}{2\pi} F_1(2;1;\beta_\theta) - \cos[2(\alpha_3 - \alpha_2)] \frac{\beta_2 \theta_e^4}{8\pi^2} F_1(3;3;\beta_\theta) \right] \right\} \end{aligned} \tag{3.21}$$

式中，$F_1(\cdot)$ 为库默尔函数；γ 为调节流回波时空相关函数主瓣宽度的系数，与底回波时空相关函数的宽度调节系数作用相同；其他参数的含义为

$$\begin{aligned} \beta_2 &= k\gamma \left[(2V_x \tau + x_{12})^2 + (2V_y \tau + y_{12})^2 \right]^{1/2} \\ \beta_\theta &= -\frac{\beta_2^2 \theta_e^2}{4\pi} \\ \zeta_2 &= k\tau (\sigma_{vx}^2 + \sigma_{vy}^2)^2 \\ \alpha_2 &= \arctan \frac{2V_y \tau + y_{12}}{2V_x \tau + x_{12}} \\ \alpha_3 &= \arctan \frac{\sigma_{vy}}{\sigma_{vx}} \end{aligned} \tag{3.22}$$

式(3.21)中大括号内的第二项主要与方差有关，与第一项相比是一个较小量。对满足 $\Phi(\tau) \neq 0$ 的时刻 τ 来说，各个阵元的流回波时空相关函数是阵元间矢量空间上的钟形函数。与底回波时空相关函数相同，2 个接收阵元时空相关函数最大值所对应的空间矢量位置由载体速度决定，这与波形不变性原理及式(3.15)也是一致的。

在研究过程中，冯雷[16]提出了一个更实用的底回波和流回波时空相关函数相

统一的简化模型：

$$R_{12}\left(\tau,\boldsymbol{d}_{12},\boldsymbol{\xi}\right)=\kappa\Phi\left(\tau\right)\exp\left[-\mathrm{j}\omega_0\left(\tau+\frac{2V_z\tau+z_{12}}{c_\varphi}\right)\right]$$
$$\times\exp\left\{-\frac{1}{4\pi}\left(k\gamma\theta'\right)^2\left[\left(2V_x\tau+x_{12}\right)^2+\left(2V_y\tau+y_{12}\right)^2\right]\right\} \quad (3.23)$$

该模型把回波时空相关函数模型的核心部分简化为高斯函数形式，尽管对回波物理特性的解释有所欠缺，但模型的形式简单，便于实时计算。

将 2 个接收阵元的时空相关函数理论模型推广到多个接收阵元的情况，式(3.23)可以改写为

$$R_T\left(\tau,\boldsymbol{d},\boldsymbol{\xi}\right)=\kappa\Phi\left(\tau\right)\exp\left[-\mathrm{j}\omega_0\left(\tau+\frac{2V_z\tau+z}{c_\varphi}\right)\right]$$
$$\times\exp\left\{-\frac{1}{4\pi}\left(k\gamma\theta'\right)^2\left[\left(2V_x\tau+x\right)^2+\left(2V_y\tau+y\right)^2\right]\right\} \quad (3.24)$$

在相关测速声呐的实际应用中，往往固定延时 τ，使得在相同的载体速度下，式(3.24)只与空间距离有关。当分别固定 $\tau_0=0$ 和 $\tau=\tau_0$（$\tau_0\neq0$）时，理论时空相关函数 $R_T\left(\tau,\boldsymbol{d},\boldsymbol{\xi}\right)$ 可相应称为延时 0 处的理论空间相关函数和延时 τ 处的理论空间相关函数。同理，当分别固定 $\tau_0=0$ 和 $\tau=\tau_0$（$\tau_0\neq0$）时，相应的数据时空相关函数分别称为延时 0 处的数据空间相关函数和延时 τ 处的数据空间相关函数。当 τ 固定时，无论是理论空间相关函数还是数据空间相关函数，均是随空间矢量 $\boldsymbol{d}$ 变化的量。

空间相关函数在峰值附近具有类似于高斯函数的形状，因此可将归一化理论空间相关函数从其峰值处下降 3dB 所对应的宽度称为空间相关函数的主瓣宽度，这是在考察空间相关特性时的一个重要考察量。理想情况下，当任意 2 个接收阵元的空间矢量大小一定时，二者的回波空间相关函数值越大，则相应的空间相关函数主瓣宽度越宽；反之，主瓣宽度越窄。

3.2 系统组成

多普勒测速声呐与相关测速声呐系统组成类似，各自的实时工作系统一般分为硬件和软件两部分，主要差别在于硬件系统中换能器基阵阵形及软件系统中回波信号处理算法不同，下面将对其软件、硬件系统进行简要介绍[17]。

3.2.1 硬件系统

测速声呐的硬件系统一般包括内置前放电路板和各种传感器的换能器阵、专用

水密多芯电缆、模拟分机、数字信号处理机(digital signal processor, DSP)板、数字显示终端等，可大致分为两部分：①水下分机，也称为湿端；②水上分机，也称为干端。水下分机包括换能器基阵、前放电路板等，而水上分机包括发射机、接收机、模数转换/输入输出(analog & digital/input & output, AD/IO)模块、电源箱、用于控制和数据处理的通用计算机等，相关测速声呐工作频率一般在20～100kHz，多普勒测速声呐工作频率一般在70～600kHz。值得注意的是，发射机、接收机、AD/IO模块等可根据载体设备工作需要放置在水下分机或水上分机中，发射机、接收机、DSP处理机，再结合数字显示平台，可用于完成信号的发射、接收和采集、存储、处理和显示等。另外，整个系统还包括一些辅助设备，如GPS、电罗经等。图3.8、图3.9分别给出了某项目中多普勒测速声呐和相关测速声呐的具体硬件组成示意图。

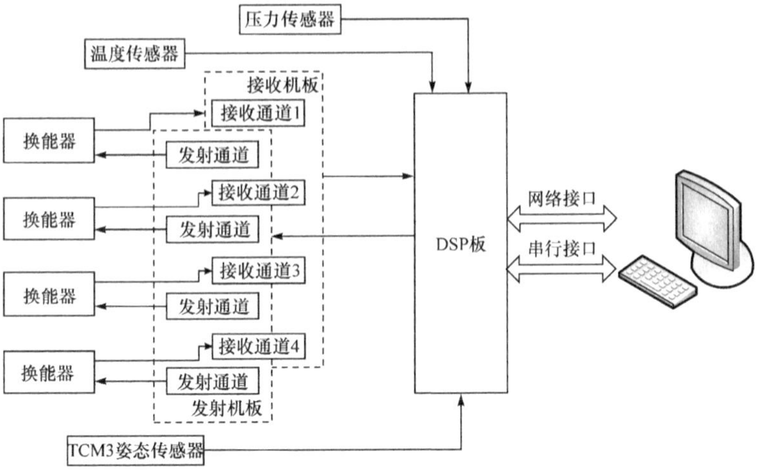

图3.8 多普勒测速声呐硬件部分示意图

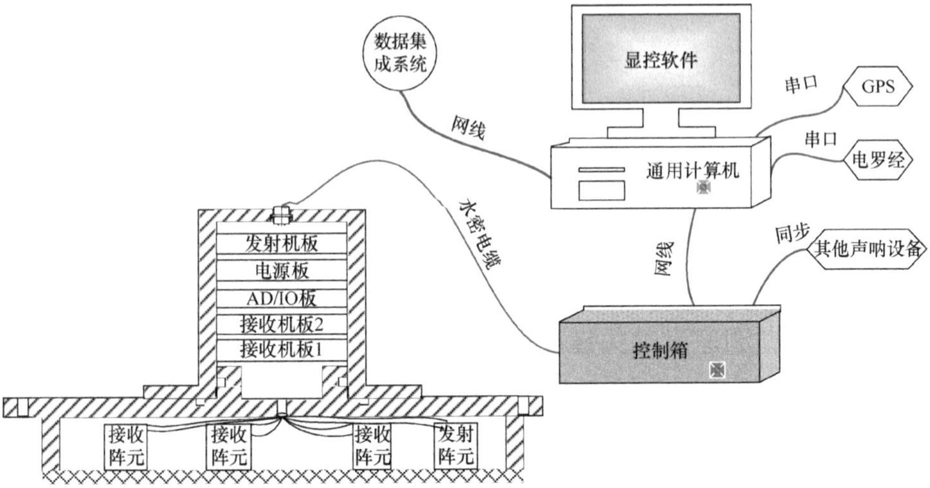

图3.9 相关测速声呐硬件部分示意图

3.2.2 软件系统

测速声呐软件的工作流程如图 3.10 所示。其中，系统自检在软件系统启动时自动进行，之后软件顺序执行信号发射控制、回波采集、数据处理以及结果的显示和保存等，周而复始。

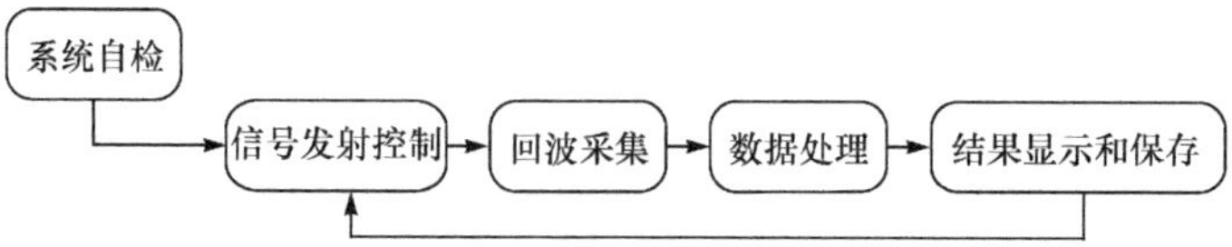

图 3.10 测速声呐软件工作流程

为了开发维护的方便，一般将测速声呐软件系统分为三部分(图 3.11)：①终端软件，也称为人机交互软件，用于实现操作人员对系统工作参数的设置、向处理器发送声呐工作控制命令、处理结果的显示以及原始数据的存储等功能；②控制软件，用于实现从终端软件接收参数和工作命令、控制声呐系统的硬件协调工作、信号发射和回波数据采集、结果数据整理以及传感器数据接收等功能；③处理软件，用于实现发射信号选择、信号检波判断、三维速度估计以及实时信息和控制参数获取等功能。

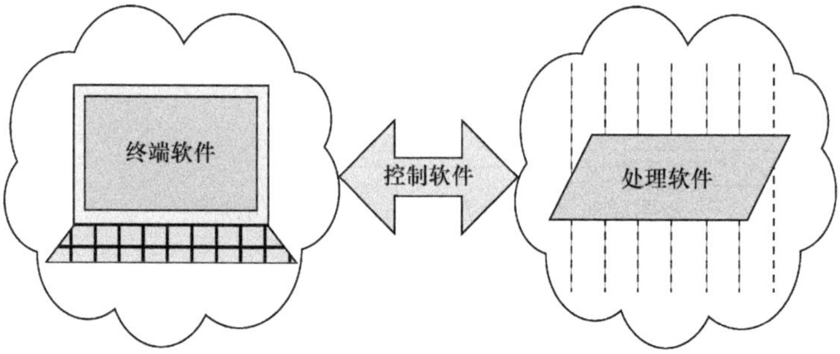

图 3.11 测速声呐软件组成

3.3 关键技术

3.3.1 多普勒测速声呐关键技术

一般来讲，ADCP 的工作频率低，则作用距离远而空间分辨率低；ADCP 的工作频率高，则作用距离近而空间分辨率高。这就要求测流系统的工作频率要根据不同目的来进行选择。值得强调的是，在多普勒测流技术的研究过程中，各技术参数间相互制约的情况还有很多，必须在各种技术要求中寻找平衡。实际上，在技术的发展过程中，相关的理论方法或针对不同角度的相关研究工作在近二十年中还有很多。从国内外发表的相关文献中可以总结出多普勒测流的关键技术，这些关键技术主要有以下几个方面。

1. 发射信号设计

当前水声技术的发展对测流的作用距离、精度和分辨率等性能指标提出了越来越高的要求，而这使得人们对多普勒测流发射信号形式的研究逐渐深入。就作用距离问题而言，由匹配滤波理论可知，作用距离并不取决于信号的峰值功率而取决于信号的能量。如果一个宽脉冲信号的峰值功率比一个窄脉冲信号小，但只要宽脉冲信号的能量比窄脉冲信号大，经匹配滤波处理后的作用距离就会远。而就测流精度和分辨率而言，高的测距精度和距离分辨率要求发射信号具有大的带宽，而高的测速精度和速度分辨率要求发射信号具有大的时宽。

普通的固定载频脉冲信号大的时宽和带宽不可兼得，因此不能同时达到大距离、高精度和高分辨率的要求，可以通过展宽发射端的信号并对其进行调制，并在接收端压缩滤波处理获得窄脉冲信号来解决上面的矛盾。作为现代声呐的一项重要技术，脉冲压缩有效解决了分辨率和发射平均功率之间的矛盾，在现代声呐系统中得到了广泛的应用。就以上要求的发射来说，应选择具有大时宽带宽乘积形式的脉冲压缩信号。

为了充分利用发射信号的平均功率，获得大时宽带宽乘积的一种方式是采用非线性相位调制，脉冲内线性调频信号、相位编码信号和频率编码信号等都是采用非线性相位调制来加大信号时宽带宽乘积的；而另一种方式是采用幅度调制，相干脉冲串信号就是通过脉冲调幅与增加信号持续期的方法来获得大的信号时宽带宽乘积的。以上两种方式就是获得大时宽带宽乘积信号的技术途径。

应该注意，在实际水声环境和测量要求条件下，各种信号参数的变化不是各自独立的，而是各参数之间存在相互制约关系。也正是由于存在着这种制约关系，声呐信号参数的变化模式和变化范围是有限的，在选择和设置信号参数时，必须详细分析各种不同类型声呐特有的信号参数之间的相互制约关系。由于在设计中一些性能指标要求常常是相互矛盾的，如测距性能与测速性能之间、最佳波形与产生技术和处理复杂性之间以及实现成本之间就存在着矛盾，因此在设计声呐信号时常常采用折中的方案。从理论和技术角度讲，也不存在理想的最佳波形能使所有指标都达到最佳，并适合于各种不同的用途。

一般情况下，往往采用几种不同的发射信号波形，使各种波形适应各自的特定用途。

(1)单载频矩形脉冲信号(CW 脉冲)。单个脉冲信号的延时和多普勒分辨率受到脉冲宽度的限制。高的距离分辨率要求采用很短的脉冲，遗憾的是，短脉冲需要很大的工作带宽，降低了多普勒分辨率。一般情况下，单载频矩形脉冲信号只适合距离分辨率要求不高的场合。

(2) 相干脉冲串信号。该信号形式既保留了脉冲信号高距离分辨率的特点，又兼具连续波信号的速度分辨性能，参数灵活可控。但相干脉冲串信号由于未能充分利用发射的平均功率而使得作用距离受到了限制，并且存在距离模糊和多普勒模糊现象，因此信号仅适用于浅水情况下高分辨率流速测量的场合。

(3) 宽带编码相干脉冲串信号。宽带编码相干脉冲串信号既保留了脉冲信号高距离分辨率的特点，又兼具连续波信号的频率分辨性能，参数灵活可控。与相干脉冲串信号相比，宽带编码相干脉冲串信号可以充分利用发射的平均功率，从而提高了作用距离。

可以说，宽带编码相干脉冲串信号兼顾了单载频矩形脉冲信号与相干脉冲串信号的优点，因此更加适合高分辨率、远距离的多普勒测流应用[18]。

2. 回波信号处理算法研究

回波信号处理算法一直是多普勒测流研究的焦点。针对不同发射信号形式的回波采样数据，也会有不同的测流信号处理算法，主要分为非相干、相干和宽带方式。一般非相干方式适用于较远距离且分辨率要求不高的流速测量；相干方式仅适用于近程水流的高分辨率测量；而宽带方式兼顾了高分辨率、高精度和远距离的优点，是目前多普勒测流技术的主要发展方向。

1) 非相干测流方式

非相干测流方式也常称为 narrowband (窄带) 方式，该方式单独利用单载频 CW 脉冲信号进行收发和处理。需要指出的是，这里的非相干是 pulse to pulse incoherent (脉冲对非相干) 的简写，它所指的是各个脉冲相位之间的相互关系。由于处理时只利用自身脉冲的信息，非相干涉及独立地使用各次获得的回波信号，因此可以说从各自脉冲得到的回波之间是不相干的，而自身单独回波波形在测量相位变化的短时延上是相干的。

非相干测流方式示意图如图 3.12 所示。此时，发射脉冲宽度 T_0 需根据要求的深度单元层厚 Δz 进行选取（考虑到 Δz 确定后，若 T_0 过小，则不能体现信号对深度单元的遍历过程；而若 T_0 过大，则不能体现设定深度单元的散射过程），即

$$T_0 = \frac{2\Delta z}{c\cos\theta} \tag{3.25}$$

回波信号的强度由波束所照射的散射空间的散射体密度决定。待测深度单元的中心距离 z_x 决定了开始接收回波信号的时刻，即

$$t_x = \frac{2z_x}{c\cos\theta} \tag{3.26}$$

而接收回波的时间窗宽度则与发射脉冲宽度 T_0 相对应。

通过测量深度单元所对应时间窗内回波信号的多普勒频移，可以得到该深度单元的流速。测量多普勒频移主要是计算时间窗内回波信号的相位变化，也就是利用了复自相关算法进行估计。

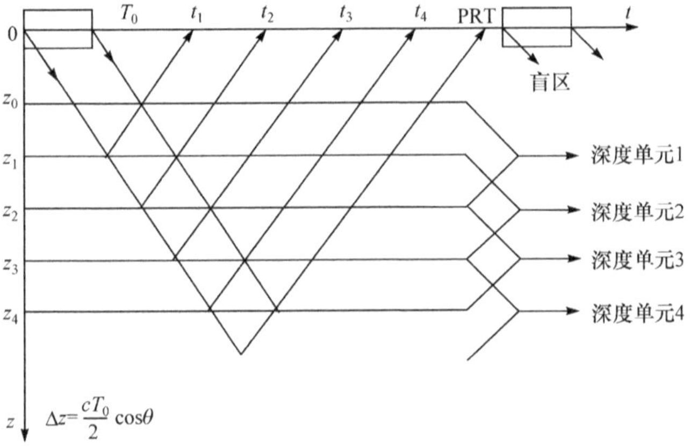

图 3.12　非相干测流方式示意图

非相干测流方式具有很多测量能力上的优点。如果忽略噪声对测速的影响，则单次发射周期决定了最大可测距离为

$$z_{\max} = \frac{c\text{PRT}}{2}\cos\theta \tag{3.27}$$

式中，PRT 为单次发射周期。

非相干测流方式主要在深度单元层厚要求不高的场合进行大作用距离的测流应用。一般情况下利用非相干测流方式进行流速测量，对 300kHz 的测流系统来说，深度单元层厚被限制在 1m 或大于 1m，最大可测距离可以达到百米的量级，几十米/秒的最大可测速度也很容易达到。由于非相干测流方式具有可测距离大、可测范围大和易于工程实现的特点，目前有相当数量的 ADCP 利用该方式进行流层测量。

应用非相干测流方式的 ADCP 测量存在的局限性也很明显，以 300kHz 载频的测流系统为例，局限性主要体现在以下三个方面：第一，为了达到所能接受的测速标准差，多次平均所需要的时间将很长，一般在几分钟甚至几十分钟的量级。第二，为了保证单次测量的标准差，一般非相干测流方式的深度单元层厚被限制在 1m 或大于 1m，而对有些测流应用来讲，这一深度单元层厚的量级过大。第三，由于非相干回波处理的基本限制，对于小尺度湍流的测量是不可能完成的。由于这样的测量情况流速变化过快，利用非相干测流方式对这类动态结构所进行的测量来不及进行多次数据平均，无法实现对实际变化情况的测量。

2）相干测流方式

多普勒相干测流方式利用相干脉冲串信号进行收发和处理。为了使脉冲间的相互干扰最小，脉冲之间的间隔被调整，这样使得 ADCP 在某一时刻的有效观测只来自一个脉冲的回波。需要指出的是，相干测流涉及联合利用同一深度单元各次所获得回波的复数观测信号的相位关系。这是相干测流方式与非相干测流方式最大的不同。

相干测流方式示意图如图 3.13 所示。此时与非相干测流方式一样，发射脉冲宽度 T_0 需根据要求的深度单元层厚 Δz 进行选取，参见式(3.25)。

回波信号的强度由波束所照射的散射空间的散射体密度决定。ADCP 系统待测深度单元的中心距离 z_x 决定了开始接收回波信号的时刻，参见式(3.26)，而接收回波的时间窗宽度则与发射脉冲宽度 T_0 相对应。

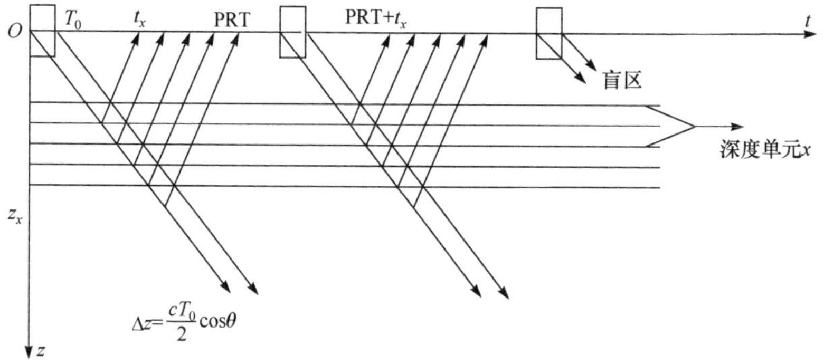

图 3.13　相干测流方式示意图

非相干测流方式同一个深度上的连续回波之间可以没有相干性，测量时仅仅计算一个脉冲回波内的相位变化，而相干测流方式测量的是同一个深度上的多个连续回波之间的相位变化。应当注意的是，如果散射强度不一致，可能使来自深度单元外的回波强度超过来自深度单元内的回波，导致两个回波间的相干性变差。因此，脉冲之间间隔的调整很重要。

在利用复自相关算法进行多普勒频移估计的过程中，每个脉冲的回波等价于一个样本点，采样周期就是脉冲重复周期，即回波以采样率 $f_s=\frac{1}{\text{PRT}}$ 被记录，而最大所测多普勒频移 f_{dmax} 不能超过采样率的一半，因此得到的最大可测流速为

$$v_{\max}=\frac{\lambda f_{\text{dmax}}}{2}=\frac{\lambda}{4\text{PRT}} \tag{3.28}$$

在相干测流方式中如果忽略噪声对测速的影响，则单次发射周期决定了最大可测距离，参见式(3.27)。

与非相干测流方式一样，采用相干测流方式的 ADCP 也存在测量能力上的折中。因为脉冲相干多普勒测流回波被采样，测速会产生模糊现象。由式(3.27)和式(3.28)可得到最大可测距离和最大可测速度的折中公式为

$$z_{\max} v_{\max} \leqslant \frac{c\mathrm{PRT}\cos\theta}{2} \frac{c}{2\times f_{\mathrm{T}} \times 2\mathrm{PRT}} = \frac{c^2}{8 f_{\mathrm{T}}} \cos\theta \tag{3.29}$$

式(3.29)常称为“距离速度模糊”，这一折中限制了多普勒相干测流方式的测量能力。若要进行较大流速的测量，必须要牺牲可测距离。

多普勒相干方式主要在较小作用距离内对深度单元层厚要求较高的场合进行测流应用。一般情况下利用相干测流方式进行流速测量，对 300kHz 的 ADCP 来说，最大可测距离被限制在 10m 以内，而在高信噪比时单个脉冲宽度并不影响测速误差，这保证了测速标准差在厘米/秒量级时深度单元层厚可达到几十厘米的量级，也就给小尺度湍流的测量提供了可能。由于具有小层厚的特点，相干测流方式在浅水高分辨率流层测量中应用广泛。

多普勒相干测流方式存在的局限性也很明显。受到式(3.29)的影响，最大可测距离只有 10m，且由于受其固有的距离速度模糊问题限制，它们只能测量较小的速度范围。

3）宽带测流方式

宽带测流方式利用的是编码相干脉冲串信号进行收发和处理。通常此情况发射信号的功率谱带宽较宽，因此该方式也常称为 broadband（宽带）方式。与非相干测流方式相比，宽带测流方式通过高分辨率编码形式与灵活的相干测量相结合来保证速度估计具有较高的精度。与相干测流方式相比，宽带测流方式通过编码来增加信号的能量，从而保证了大的可测距离。因此，该方式可以看成是非相干测流方式与相干测流方式的结合体[19,20]。

宽带测流方式示意图如图 3.14 所示。此时相对于非相干测流方式和相干测流方式，待测的深度单元层厚 Δz 并不决定发射信号长度 T_0 的大小，而是决定了相位差平均时间 t_α 的大小，即

$$t_\alpha = \frac{2\Delta z}{c\cos\theta} \tag{3.30}$$

宽带测流方式与非相干测流方式和相干测流方式一样，测流系统待测深度单元的中心距离 z_x 决定了开始接收的回波信号时刻，参见式(3.26)。

注意为了测量上的考虑，此时接收回波的时间窗宽度不能仅取相位差平均时间 t_α，而应与发射脉冲宽度 T_0 相对应。

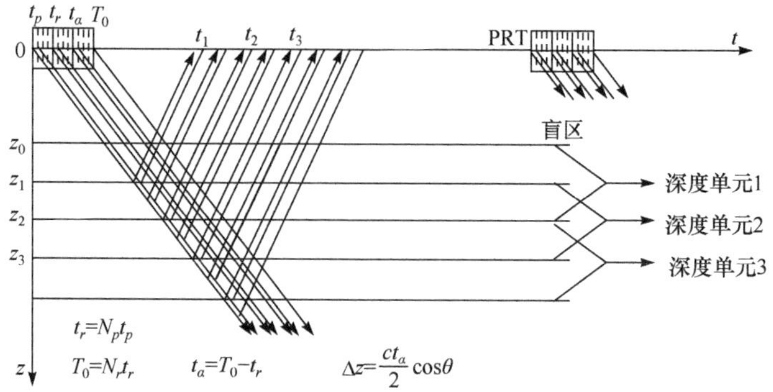

图 3.14　宽带测流方式示意图

在宽带测流方式中，单次发射周期决定了最大可测距离，参见式(3.27)。

利用复自相关算法进行单次深度单元的 z_x 流速估计，实质是测量$\left(t_x,t_x+T_\alpha\right)$和$\left(t_x+t_r,t_x+T_0\right)$之间两段回波的相位关系。宽带测流方式仍要受到与相干测流方式一样的时空相干性限制。对于正常的测量情况，两段回波之间的相位变化是深度单元内水流时空相干性的体现。

多普勒测流方式多样，测流性能也不尽相同，这就需要针对不同的测流方式来进行具体的测流性能统计与分析。

3. 换能器配置与束控实现

为了测量三维流速，声学换能器至少需要同时配置 3 个不同方向且彼此独立的波束，这样就可以对空间流速的 3 个正交分量进行计算。而如果换能器配置有更多的波束，就可以通过计算获得一些冗余信息，这些冗余信息不仅可以用于减小测流误差，还可以用于一些体现海洋物理现象的高阶统计量的估计。相对于走航式 ADCP 的对底测速情况，声学换能器的多波束结构还可以使水底深度的测量更加稳健。图 3.15 给出了 4 种换能器阵型结构。针对某一换能器阵型结构，需要设计好空间三维流速测量方法，这是实现多普勒测流必须要研究的问题。

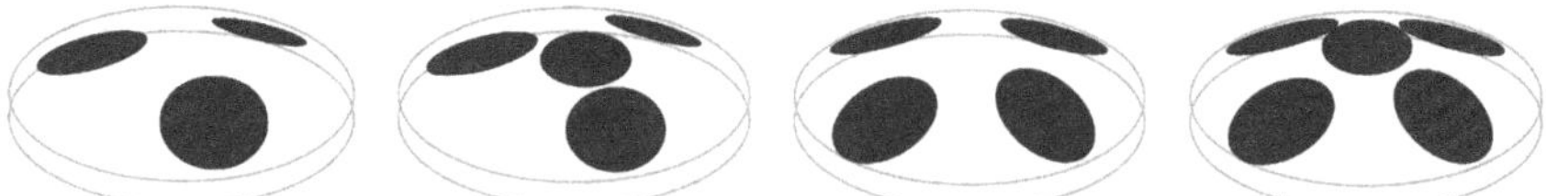

(a) 3波束Convex结构　(b) 4波束Cyclops结构　(c) 4波束Janus结构　(d) 5波束Janus结构

图 3.15　典型的 ADCP 换能器阵形结构

阵形结构设计还涉及阵列换能器技术的研究。阵列换能器只用一个平面阵同时进行多个信号的收发，与常规结构换能器相比，有以下优点：①阵列换能器表面的流线型结构不扰动流场，使得由换能器表面引入的噪声干扰得到了降低；②在 ADCP 回波信号处理过程中，应用阵列换能器可以自动消除声速变化对水平速度测量产生的影响，这是常规结构换能器无法做到的；③由于同时用一个平面换能器完成多个波束收发，阵列换能器的重量和体积大为减小，而这也是阵列换能器相比于常规结构换能器的最大优势[21,22]。

3.3.2 相关测速声呐关键技术

波形不变性原理为利用相关测速声呐进行载体速度估计提供了理论基础，空间相关函数理论公式为载体速度估计提供了匹配模型，但是如何利用声呐接收阵元接收到的回波数据，通过一定的数据处理方法估计出载体速度，是相关测速声呐走向实用首先需要解决的问题。

波形不变性原理表明，当船速和接收阵元的位置满足式(3.15)时，两个接收阵元获得的海底回波信号具有极大的相似性。考虑空间相关特性，即在式(3.15)中固定相关延时 τ ，通过估计空间相关函数值极大时的空间矢量位置来获得载体速度。由于在声呐设计时，接收阵元间的相对位置往往是固定的，要想直接观测得到回波空间相关函数极大值所对应的空间矢量点位置并不现实。目前普遍采用的替代方法是，在同一平面内遍布多个接收阵元，同时接收海底回波数据，并计算任意 2 个接收阵元之间的相关延时 τ 相关函数，组成空间相关函数矩阵。由于相关延时 τ 固定，计算出来的相关函数只包含接收阵元之间的空间矢量信息。结合回波空间相关函数理论模型公式可知，2 个接收阵元间的空间矢量与相关极大值对应的空间矢量位置越接近，二者在相关延时 τ 处的空间相关函数值越大。因此，可以充分利用相关延时 τ 处的空间相关函数矩阵，使用最优化方法搜索相关函数极大值点所对应的空间矢量位置，即对相关矢量 $\boldsymbol{d}$ 进行估计。将估计得到的 $\boldsymbol{d}$ 值代入式(3.15)，可计算出载体的速度[23,24]。

1. 数据时空相关函数计算

在 2 个接收阵元的前提下，设接收到的海底回波分别是 $\mathrm{BS}_1(t)$ 和 $\mathrm{BS}_2(t)$ ，二者数据时空相关函数定义为

$$R_{12}(\tau,\boldsymbol{d}_{12})=E\left\{\mathrm{BS}_1(t+\tau)\mathrm{BS}_2^*(t)\right\} \tag{3.31}$$

式中， $\boldsymbol{d}_{12}$ 为接收阵元 Re1 到 Re2 的三维空间矢量， $\boldsymbol{d}_{12}=(x_{12},y_{12},z_{12})$ ， $d=|\boldsymbol{d}_{12}|$ 。根据矢量的定义，显然有 $\boldsymbol{d}_{21}=-\boldsymbol{d}_{12}$ 。

当接收阵元的个数多于 2 个时，可以计算任意 2 个接收阵元之间的时空相关函数，构成数据时空相关函数矩阵：

$$R_{\mathrm{D}}(\tau,\boldsymbol{d})=\begin{bmatrix} R_{11}(\tau,\boldsymbol{d}_{11}) & R_{12}(\tau,\boldsymbol{d}_{12}) & \cdots & R_{1n}(\tau,\boldsymbol{d}_{1n}) \\ R_{21}(\tau,\boldsymbol{d}_{21}) & R_{22}(\tau,\boldsymbol{d}_{22}) & \cdots & R_{2n}(\tau,\boldsymbol{d}_{2n}) \\ \vdots & \vdots & & \vdots \\ R_{n1}(\tau,\boldsymbol{d}_{n1}) & R_{n2}(\tau,\boldsymbol{d}_{n2}) & \cdots & R_{nn}(\tau,\boldsymbol{d}_{nn}) \end{bmatrix} \tag{3.32}$$

式中，n 为接收阵元数；$\boldsymbol{d}$ 为 n 个接收阵元两两之间的空间矢量构成的矩阵，可以表示为

$$\boldsymbol{d}=\begin{bmatrix} \boldsymbol{d}_{11} & \boldsymbol{d}_{12} & \cdots & \boldsymbol{d}_{1n} \\ \boldsymbol{d}_{21} & \boldsymbol{d}_{22} & \cdots & \boldsymbol{d}_{2n} \\ \vdots & \vdots & & \vdots \\ \boldsymbol{d}_{n1} & \boldsymbol{d}_{n2} & \cdots & \boldsymbol{d}_{nn} \end{bmatrix} \tag{3.33}$$

同样有 $\boldsymbol{d}_{ij}=-\boldsymbol{d}_{ji}$, $1\leqslant i\leqslant n$, $1\leqslant j\leqslant n$, 且 $\boldsymbol{d}_{ii}=0$ 。

之所以计算散射回波的数据时空相关函数，是因为在数据时空相关函数中包含了载体速度信息，通过一定的理论指导和信号处理方法，可以将相应的信息提取出来，为水面以及水下载体导航提供速度信息。

2. 目标函数的提取

图 3.16 给出了相关测速声呐系统的信号处理流程图，其中空间相关函数矩阵的计算以及载体速度估计部分是信号处理工作的核心。在获得数据空间相关函数矩阵的基础上，利用最优化算法估计相关矢量 $\boldsymbol{d}$ 的位置，其中还包括目标函数的提出方法等。下面主要对目标函数的提出方法和最优化算法进行描述。

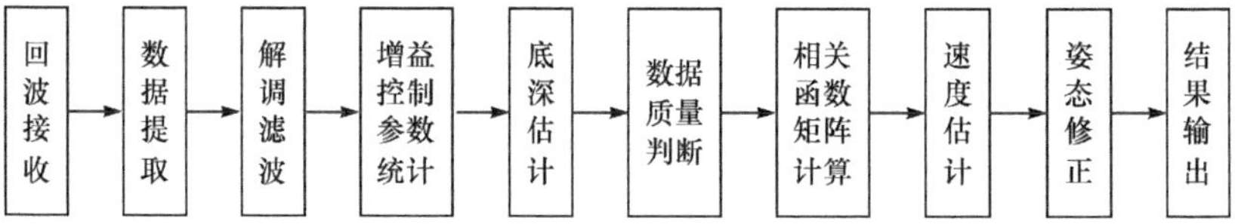

图 3.16　相关测速声呐系统的信号处理流程图

相关测速声呐进行速度估计的本质是模型匹配，即利用空间相关函数理论模型与数据空间相关函数矩阵进行匹配，通过对待估参数不断进行调整，在一定准则下获得最佳的匹配效果，此时的待估参数值即为估计结果。上述过程中，模型匹配准则至关重要，将直接影响参数估计的精度及计算的复杂度。

Dickey 等[9]提出了对相关延时 τ 处的数据空间相关函数进行插值、拟合从而获得速度的方法。Bradley 等[7]提出了利用最大似然函数为目标函数，然后进行最优化搜索估计速度的方法，其中最大似然函数是由理论和数据分别在延时 0 和相关延时 τ 的空间相关函数构成的。Boltryk 等[25]根据高冗余度阵形的特点，提出了最

高点法、最小二乘法等方法。中国科学院声学研究所目前在相关测速声呐的研制中使用的目标函数提取方法是以局域最小二乘法为核心的参数分步估计法（以下简称参数分步估计法），下面对参数分步估计法进行介绍。

载体的水平速度利用最优化方法进行估计，其中目标函数的提出使用局域最小二乘法，目标函数的形式为

$$P(\boldsymbol{\xi}) = \sum_{\boldsymbol{d}\in\boldsymbol{\Omega}} \left\| R_{\mathrm{T}}(\tau,\boldsymbol{d},\boldsymbol{\xi}) - | R_{\mathrm{D}}(\tau,\boldsymbol{d}) \right\|_{\mathrm{F}} \tag{3.34}$$

式中，$\boldsymbol{\Omega}$ 为数据空间相关函数峰值附近的局域化空间矢量范围；$\boldsymbol{\xi}$ 为待估参数集；$\|\bullet\|_{\mathrm{F}}$ 为 Frobenius 范数；$R_{\mathrm{T}}(\tau,\boldsymbol{d},\boldsymbol{\xi})$ 为延时 τ 处的理论空间相关函数矩阵；$R_{\mathrm{D}}(\tau,\boldsymbol{d})$ 为数据延时 τ 处的空间相关函数矩阵。对底回波来说，$\boldsymbol{\xi}$ 主要包括载体的水平速度信息及回波空间相关函数的宽度调节系数；对流回波来说，$\boldsymbol{\xi}$ 还包括水平速度的方差信息。相应地，最优化问题可以表示为

$$\begin{aligned} &\boldsymbol{\xi}^{*} = \min\{P(\boldsymbol{\xi})\} \\ &\text{s.t.} \quad \boldsymbol{\xi} \in \boldsymbol{\Theta} \end{aligned} \tag{3.35}$$

式中，$\boldsymbol{\Theta}$ 为待估参数的取值范围。

利用理论空间相关函数的简化模型式(3.23)，当只考虑各接收阵元接收回波的自相关函数时，$\boldsymbol{d}=0$，式(3.23)可以简化为

$$R_{11}(\tau,\boldsymbol{V}) = \kappa\boldsymbol{\Phi}(\tau)\exp\left[-\mathrm{j}\omega_0\left(\tau + \frac{2V_z\tau}{c_\varphi}\right)\right]\exp\left\{-\pi\left(\frac{\theta_{\mathrm{e}}}{\lambda}\right)^2\left[\left(2\tau V_x\right)^2 + \left(2\tau V_y\right)^2\right]\right\} \tag{3.36}$$

由于相关延时 τ 与发射编码设置有关，一般情况下，可以控制相关延时 τ 是振荡周期的整数倍，所以 $\omega_0\tau$ 是 2π 的整数倍。只取 R_{11} 的相位信息，可得

$$\arctan\frac{\mathrm{Im}\left(R_{11}\right)}{\mathrm{Re}\left(R_{11}\right)} = -\frac{2V_z\omega_0\tau}{c_\varphi} + 2n\pi, \quad n = 0, \pm1, \pm2, \cdots \tag{3.37}$$

式中，$\arctan x$ 表示 x 在整个坐标域的反正切函数（值域为 $(-\pi,\pi]$）；$2n\pi$ 是由相位模糊造成的；$\mathrm{Re}(y)$、$\mathrm{Im}(y)$ 分别表示复数 y 的实部和虚部。

由于一般情况下 $V_z \ll c_\varphi$，当 $\omega_0\tau$ 的值不太大时，可以不考虑相位模糊，取 $n=0$，则垂向速度 V_z 可以表示为

$$V_z = -\frac{c_\varphi}{2\omega_0\tau}\arctan\frac{\mathrm{Im}\left(R_{11}\right)}{\mathrm{Re}\left(R_{11}\right)} \tag{3.38}$$

下面分析 V_z 的取值范围。当不考虑相位模糊时，根据式(3.38)，有

$$\left|V_z\right| = \left|\frac{c_\varphi}{2\omega_0\tau}\arctan\frac{\operatorname{Im}\left(R_{11}\right)}{\operatorname{Re}\left(R_{11}\right)}\right| \leqslant \frac{c_\varphi}{4f_0\tau} \tag{3.39}$$

式中，c_φ 为相速度；f_0 为声信号的载波频率。当取 $f_0 = 23\text{kHz}$，收发综合开角 $\theta_e = 0.3$，水中声速 $c = 1500\text{m/s}$，相关延时 $\tau = 0.00557\text{s}$ 时，计算得到 $\left|V_z\right| \leqslant 2.970\text{m/s}$。对垂向速度来说，2.970m/s 是一个很大的值，因此一般情况下上面的不等式能够满足。

以上是以一个接收阵元为例，相关测速声呐一般使用多个接收阵元，可以对每个接收阵元接收到的海底回波进行处理，然后求均值，即可得到最终的垂向速度。与其他两种方法相比，以局域最小二乘法为核心的参数分步估计法，具有抗噪性好、运算量少、对不同底质状态下空间相关特性适用性强的特点，因此相关测速声呐可以采用该方法进行载体的三维速度估计。

3. 最优化算法

最优化算法或数学规划方法是应用数学的一个重要分支，能够为某些数学问题确定最优解或最佳方案。这些问题一般是客观存在现象的数学模型，它们为最优化算法提供了需要解决的目标函数。由于目标函数形式不同，最优化问题主要可以分为线性规划和非线性规划两类，其中非线性规划中最基本的是二次规划。如果目标函数中的待估参数是有条件约束的，那么可以称为约束最优化问题。

对相关测速声呐来说，在对各参数进行估计时，无论最大似然法、最小二乘法还是局域最小二乘法，都需要用到最优化算法。最大似然法和最小二乘法目标函数最多包含 7 个参数(三维速度、三维速度方差和宽度调节系数)，局域最小二乘法目标函数最多包含 5 个参数(二维速度、二维速度方差和宽度调节系数)，三种测速方法的待估参数都比较多。参数 ξ 的取值范围在简单边界内，即对于每个参数 ξ_i，有 $x_1<\xi_i<x_2$。对参数估计需要采用最优化算法解决，考虑到模型的非线性，在相关测速声呐中，参数估计问题属于简单边界约束的非线性规划解决的范畴。

Dickey 等[11]提出了在相关测速声呐中采用曲线拟合估计速度的思路。Bradley 等[7]具体提出了用单纯形方法来解决这个问题。中国科学院声学研究所在相关测速声呐的研究中提出将序列二次规划应用于相关测速声呐的参数估计。序列二次规划把非线性规划问题简化为逐次计算二次规划子问题，随着迭代的进行逐渐接近最优解。与单纯形法相比，序列二次规划法具有理论完备、迭代少、收敛快、估计精度高等优点，同时也存在算法复杂、存储量大等弊端，但是考虑到现有的软硬件条件已经可以很好地解决复杂编程和大量数据存储问题，基于二次模型的非线性规划是一种可应用于实际的最优化算法。

3.4 发展趋势

ADL/ACL 典型的应用领域有水面舰船、AUV、拖曳系统、水下潜艇以及 ROV。

利用 ADCP/ACCP 测量的海流速度信息在很多海洋应用领域中不可或缺。在深海，油气矿产开发、生物环境观察、洋流科学考察与水下潜艇作战都离不开海流速度信息的支持；在近海，波浪长期观测、渔业养殖管理、海上交通安全、水底管道铺设、海岸工程建设与近海环境监测同样需要以海流的速度作为参考信息。

ADCP 除了应用于海洋领域，还可测量河流湖泊的流速，从而可以满足内陆地区流速流量测量的需求。河流湖泊流速测量的具体应用主要在淡水渔业研究、河流水文研究、河流航道安全、水渠河道流量监测、桥梁冲刷测量以及洪水预警等方面。ADCP/ACCP 在水域生态等交叉学科中发挥着日益重要的作用，下面将简要介绍几个 ADCP/ACCP 在相关学科的应用。

1. 水域流态研究

ADCP/ACCP 主要用于各种水域流态的测量，由于其种类很多，不仅可对近岸、浅海、深海的海流速度剖面进行测量，而且可对江、河、湖泊的水流速度剖面进行测量。

随着科学技术发展对海流测量要求的不断提高，快速、准确、实时、大范围测量海流是海洋测流技术发展的主要方向。ADCP/ACCP 使得对大尺度水域的流态研究更加快捷和准确，它在大范围海洋、河流剖面流速测量，研究海浪、海潮的变化，河口地区水流的混合特征，营养物转运与潮流特征的关系等领域得到了广泛的应用。ADCP/ACCP 是目前观测上层海流剖面最有效的方法，根据浅海地区座底 ADCP 所测数据，还能够估计海平面的波浪幅度谱和风向谱。

湍流是自然界十分普遍的流动现象，在天然河流和海滨水域普遍存在，它在水动力学方面和决定水的特性方面起着重要作用。大振幅非线性内波，也称为孤立内波，常常产生在触发海洋内潮波的大陆架、海底山脊的区域，对海洋动物的摄食习性有着重要的影响。在对湍流和孤立内波、漩涡等进行测量的过程中，由于 ADCP/ACCP 流速测量的快速、准确和遥远感知等优点，它能发现一些传统流速测量方法不能发现的新特征。ADCP/ACCP 的使用无疑将会使得这些对水域生态过程有重要影响的复杂流态的研究更加深入。

2. 鱼类运动研究

采用声学多普勒原理研究鱼类行为的尝试已经有 30 多年的历史，并且取得了一定的成果。为了测量出从表层到底层各个水层的三维流速，ADCP 在测量过程中要求其各个换能器发射的声波能够同时穿透各水层，如果换能器发射的声波遇到了运动的鱼群，就能根据多普勒原理计算出鱼群的三维速度分量(东向、北向、垂向)。研究表明，多普勒频移效应与鱼群的运动速度、鱼的长度、鱼的尾部摆动的幅度和频率都有关系，从游动速度的研究过程中还能估计单个鱼的个体大小、短期或长期的能量消耗，甚至估计鱼的种类。

ADCP 除可用于研究鱼群的运动行为外，对一些个体较大的单个鱼体也具有一定的适用性。张辉等[26]曾利用 ADCP 在对葛洲坝下游中华鲟自然繁殖期间流速场的测量过程中发现，测流数据中若干部位流速异常变化伴随着回波强度的异常增大，从流速异常信号出现的时间、水层、推算的鱼体大小来看，很可能就是由中华鲟的运动造成的。如果能够采用其他手段(如采用鱼探仪)确定确实是由中华鲟造成的，那么对于评估中华鲟产卵数量以及研究中华鲟产卵期间的行为都将具有十分重要的意义。

3. 温跃层研究

由于太阳辐射的作用，在较深的水域中经常会出现温跃层。在南黄海的温跃层声散射实验表明，我国浅海(如温跃层)中的物理不均匀性是引起声散射的主要机制。水域生态系统的基本物理因子(如水温、溶氧、盐度等)在温跃层有别于其他层位，进而对水生生物(如鱼类等)的行为产生影响。因此，温跃层的研究对海洋、湖泊渔业以及水域生态环境的监测等都具有重要意义。利用 ADCP/ACCP 数据能够反映出温跃层的位置(指温度梯度最大的位置)，至于是否能够提取出精确的温跃层信息，有待于进一步的研究。

4. 悬浮物研究

水体中的悬浮物(细颗粒有机物、砂等)具有很强的吸附能力，往往是氮、磷和重金属等污染物的载体，是影响水域初级生产力的重要因素之一。在浅水湖泊生态系统研究中，悬浮颗粒有机物由于风浪扰动和底流作用从底泥进入水体，在适当条件下释放营养盐，能从很大程度上影响水环境的变化，从而导致水华的发生。在河口和近岸地区，以悬浮形式输运的沉积物数量巨大，通常是底质的数倍以上，沉积物再悬浮和输运是底质重新分布以及增加水体与底质物质交换的重要原因。因此，悬浮沉积物的循环和输运是研究水域生态系统物质循环不可或缺的一个重要组成部分。

传统的悬浮物浓度测定方法往往采用过滤与称重的方法，难以在短时间内取得大量数据，而且数据的时空分辨率都较低，在计算悬浮物浓度(suspended solids concentration, SSC)随时间的变化率时难以得到较为准确的结果。如果要研究悬浮物的输运量，还要在断面上用多船同步、沿水深按层次采集水样或用浊度计单点测量等，具有工作量大、在剖面上的同步性差、数据的空间分辨率较低等局限性。目前国内外能连续进行时间序列的 SSC 数据采集的仪器主要分为两类：一类基于光学原理，如浊度仪、光学后散射探测器等；另一类基于声学后散射原理，如声学后散射探测器。

相比而言，ADCP 可以连续同时测量整个水体垂直断面的流速及回波强度，这不仅提高了测量的时空解析度，而且使得利用单一设备获得多个悬浮沉积物动力学特性继而推算出悬浮沉积物输运量成为可能。因此，近年来，利用 ADCP 进行 SSC 测量逐渐成为 SSC 声学测量研究中的一个热点。用 ADCP 测量 SSC 主要是基于声波的反向散射信号正比于 SSC 的理论，通过现场采集水样标定 ADCP 声学浊度数据，其测量结果可以达到专用 SSC 测量仪器的精度。

测流测速作为水声技术的一个典型应用，融合了水声物理、水声换能器设计、电子技术和信号处理等多个相关学科的知识。ADCP/ACCP 为这些相关学科提供了一个良好的综合应用平台，以用于观察新现象、尝试新方法和验证新理论。ADCP/ACCP 技术的深入研究和有关问题的逐步解决，最终会使得这些相关学科加快发展步伐，进一步走向成熟。

参 考 文 献

[1] Bradley S E, Deines K L, Rowe F D. Acoustic correlation current profiler[J]. IEEE Journal of Oceanic Engineering, 1991, 16(4): 408-414.

[2] Koczy F F, Kronengold M, Loewenstein J M. A Doppler Current Meter[M]. New York: Plenum Press, 1963.

[3] Urick R J. Principles of Underwater Sound[M]. 3rd ed. New York: McGraw-Hill Book Company, 1983.

[4] Pinkel R. On estimating the quality of Doppler sonar data[C]//Proceedings of the 1982 IEEE Second Working Conference on Current Measurement, Hilton Head, 1982: 113-116.

[5] Pinkel R . Acoustic Doppler Techniques[M]//Dobson F, Hasse L, Davis R. Air-Sea Interaction: Instruments and Methods. Boston: Springer, 1980: 171-199.

[6] Griffiths G, Bradley S E, Watson G, et al. Acoustic correlation sonar for vertical profiling of ocean currents to a range of 1km[J]. IEEE Proceedings-Radar, Sonar and Navigation, 1996, 143(3): 177-183.

[7] Bradley S E, Kuo S Y. Long range acoustic correlation current profiler[C]//OCEANS' 92 Mastering the Oceans Through Technology, Newport, 1992: 648-653.

[8] Brumley B H, Cabrera R G, Deines K L, et al. Performance of a broad-band acoustic Doppler current profiler[J]. IEEE Journal of Oceanic Engineering, 1991, 16(4): 402-407.

[9] 张道平. 宽带多普勒测流仪(BBADCP)信号特性分析[J]. 海洋技术, 2001, 20(1): 78-82.

[10] Hole S K, Woodward B, Forsythe W. Design constraints and error analysis of the temporal correlation log[J]. IEEE Journal of Oceanic Engineering, 1992, 17(3): 269-279.

[11] Dickey F R, Edward J A. Velocity measurement using correlation sonar[C]//Proceedings of the IEEE Conference on

Position Location and Navigation, San Diego, 1978: 264.

[12] Doisy Y. General motion estimation from correlation sonar[J]. IEEE Journal of Oceanic Engineering, 1998, 23(2): 127-140.

[13] 田坦. 水下定位与导航技术[M]. 北京: 国防工业出版社, 2007.

[14] 朱维庆, 冯雷, 王长红, 等. 声相关载体速度测量理论和信号处理方法[J]. 声学学报, 2006, 31(4): 289-296.

[15] 朱维庆, 冯雷, 王长红, 等. 声相关流体速度测量理论和信号处理方法[J]. 声学学报, 2007, 32(2): 144-150.

[16] 冯雷. 相关测速声纳理论、信号处理研究及海试验证[D]. 北京: 中国科学院声学研究所, 2005.

[17] 朱敏. 船用多功能声学多普勒海流剖面测量仪软硬件系统设计[D]. 北京: 中国科学院声学研究所, 2001.

[18] 黄雄飞, 苑秉成. 宽带多普勒声呐信号波形设计[J]. 兵工学报, 2010, 31(9):1193-1199.

[19] 朱维庆, 王长红, 潘锋, 等. 宽带运动介质反向散射声信号的谱矩估计[J]. 声学学报, 1996, 21(4): 731-738.

[20] 朱维庆. 独立脉冲对谱矩估计方法[J]. 声学学报, 1988, 13(1): 45-52.

[21] 刘德铸. 声学多普勒流速测量关键技术研究[D]. 哈尔滨: 哈尔滨工程大学，2010.

[22] 胡华烜. 声学多普勒测速设备系统误差分析及室内标定方法研究[D]. 北京: 中国科学院声学研究所, 2008.

[23] 蒯多杰. 相关测速声呐系统仿真及处理算法研究[D]. 北京: 中国科学院声学研究所, 2009.

[24] 龚丽辉, 冯雷, 王长红, 等. 利用声相关流速剖面仪观测深水散射层[J]. 声学技术, 2008, 27(6): 807-811.

[25] Boltryk P, Hill M, Keary A, et al. Improvement of velocity estimate resolution for a correlation velocity log using surface fitting methods[C]// Proceedings of IEEE Conference Oceans' 2002, 2002: 1841-1849.

[26] 张辉, 危起伟, 杨德国, 等. 葛洲坝下中华鲟自然繁殖流速场的初步观测[J]. 中国水产科学, 2007, 14(2): 183-191.

4 侧扫声呐技术

侧扫声呐是侧视声呐的一种，是地貌测量的主要设备。侧扫声呐有三个突出的特点：①分辨力高；②能得到连续的二维海底图像；③价格较低。侧扫声呐被广泛应用于以下领域[1,2]：

(1) 海洋测绘。侧扫声呐可以显示微地貌形态和分布，可以得到连续的有一定宽度的二维海底声图，而且还能做到全覆盖不漏测，这是测深仪和条带测深仪所不能替代的，所以港口、重要航道、重要海区都要经过侧扫声呐测量。

(2) 海洋地质调查。侧扫声呐的海底声图可以显示出地质形态构造和底质的大概分类，尤其是巨型侧扫声呐如 GLORIA，可以显示出洋脊和海底火山，是研究地球大构造和板块运动的有力手段。

(3) 海洋工程勘探。利用侧扫声呐可以分析海底地貌、海底构造、大概底质，可以分析海床迁移和稳定性。因此，侧扫声呐也广泛应用于海洋工程勘探，如海底电缆、海底输油管线的路由调查等。

(4) 水下沉船沉物寻找。侧扫声呐分辨力高，可以发现沉船，并能显示沉船的坐卧海底姿态和破损情况。这是其他探测设备不可替代的。

侧扫声呐也可用于其他方面的研究，如渔业研究、水下考古等。本章主要介绍侧扫声呐的工作原理和相关技术。

4.1 基本原理

4.1.1 侧扫声呐换能器的指向性

侧扫声呐左右各安装一条换能器线阵，具有如图 4.1 所示的指向性。一般 $\theta_{垂直}$ 在 40°以上，$\theta_{水平}$ 在 0.2°～1°。$\theta_{垂直}$ 较大，使有效角度内的响应差别不是太大，改

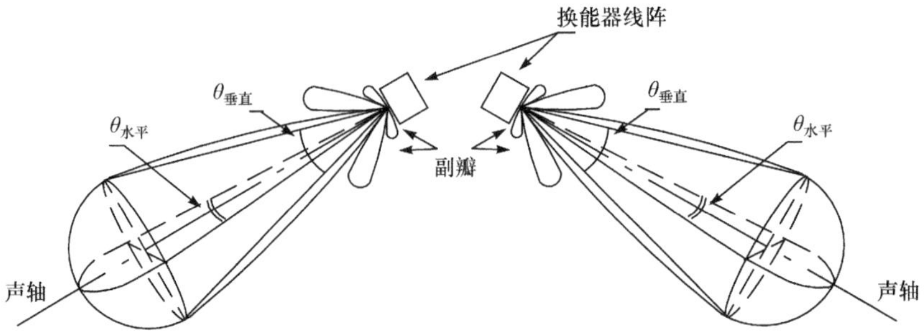

图 4.1　侧扫声呐换能器指向性示意图

善信号动态；$\theta_{水平}$ 较小，可以提高航行方向的分辨力[3]。

除主瓣外，还会存在副瓣，副瓣同样会起作用，瓣和瓣之间是响应的极小值，这些方向的回波信号很弱。

侧扫声呐换能器一般是向下倾斜安装，一般倾斜 10°～20°，原则是在经常使用的拖鱼高度使换能器声轴和海底在最大作用距离处相交。

以前有些侧扫声呐为了达到最佳角度，将换能器做成遥控可调的。

4.1.2　海底对侧扫声呐发射波的反射和散射

侧扫声呐的换能器阵首先发射一个短促的声脉冲，声波按球面波方式向外传播，碰到海底或水中物体会产生散射，其中的反向散射波(也叫回波)会按原传播路线返回换能器从而被换能器接收，转换成电信号，并输送给接收机的前置放大器。

一般情况下，正下方的海底距换能器最近，所以声波先到达正下方海底，然后按距离远近，海底回波陆续返回换能器，经换能器转换成一系列电脉冲。

一般情况下，硬的、粗糙的、凸起的海底回波强，软的、平滑的、凹陷的海底回波弱，被遮挡的海底不产生回波，距离越远，回波越弱。如图 4.2 所示，1 点是发射脉冲，正下方海底为 2 点，因回波点垂直入射，回波是正反射，回波很强，海底从 4 点开始向上突起，6 点为顶点，所以 4、5、6 点间的回波转强，但是这三点到换能器的距离是 6 点最近、4 点最远，所以回波返回到换能器的顺序是 6→5→4，这也充分表现出了斜距和平距的不同。6、7 点间海底是没有回波的，这是被凸起海底遮挡的影区。8、9 点间海底是下凹的，也是被遮挡的，没有回波，也是影区[4]。10 是海底凸起引起的强回波，11 是相对一个弱起伏点的回波。

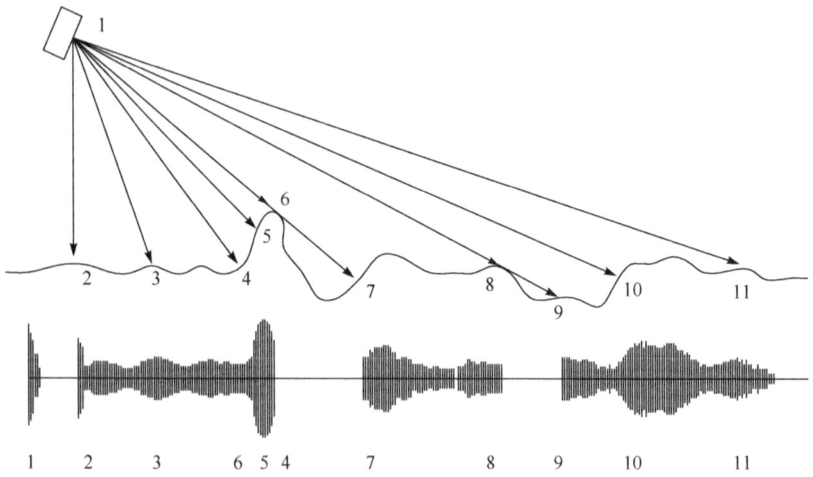

图 4.2 海面粗糙程度与回波强弱的关系

4.1.3 侧扫声呐的工作流程

无论是拖曳式侧扫声呐还是舷挂式侧扫声呐，换能器都是随工作船运动的。当船前进时，每隔一定时间，侧扫声呐的换能器向两侧发射一次声脉冲，声波按球面波规律传播。一般情况下，声波先到达海底，因为是正入射，所以正下方产生一个很强的反射波，然后声脉冲波由近及远地扫过海底，海底产生的反向散射波陆续传回换能器。因为不同距离处海底的回波在不同的时刻到达换能器，所以换能器输出一个和不同距离海底对应的电脉冲串，其幅度和海底特性有关。

利用接收机和计算机对这一脉冲串进行处理，最后变成数字量，并显示在显示器上，每一次发射的回波数据显示在显示器的一条横线上，每一点显示的位置和回波到达的时刻对应，每一点的亮度和回波幅度有关。

设备将每一发射周期的接收数据一线接一线地纵向排列，显示在显示器上，就构成了二维海底地貌声图。声图平面和海底平面呈逐点映射关系，声图的亮度包含了海底的特征。

4.1.4 侧扫声呐回波信号的幅度动态和动态压缩

侧扫声呐一次发射后的回波信号的幅度是起伏变化的，其大小与发射声波的能量、距离远近、海底散射系数、换能器指向性等因素有关[5-7]。

一般情况下，侧扫声呐回波信号大小（信号动态）相差 80～120dB（10^4~10^6 倍），如此大的动态范围不但接收机不能适应，显示器也不好显示。接收电路的动态范围在 40～80dB，一般为 50dB，这样就必须压缩信号动态。为了使信号不被限幅

（保留最多的信息），动态压缩单元应设置在接收机前放端，有困难时也可设置在前放电路板以后。即使这样也很难使信号在收/发转换电路和前放电路板中不限幅，但由于被限幅的多是近场信号，损失不大。

前面已讲到影响回波信号强弱的 4 个因素，从分析这 4 个因素入手来讨论信号的动态压缩。

1）发射声波的能量

发射声波的能量由发射功率及换能器发射灵敏度决定。现在大部分侧扫声呐的发射声波能量是固定的，个别侧扫声呐根据作用距离改变发射功率。如果发射功率固定，则不影响信号动态。

2）距离远近

距离影响信号强弱表现在两个方面：与距离平方的 2 倍成正比的传播扩散衰减和与距离成正比的吸收衰减，吸收系数又与水文条件有关。

因为距离是时间的函数：$r = TC$，T 为传播时间，C 为声速。所以也可以说，信号强弱与传播时间有关，如果对接收的信号按时间规律进行补偿，称为时间增益控制（time gain control，TGC），也称为时变增益（time varied gain，TVG）。

3）海底反向散射系数

海底反向散射系数与海底底质类型、声波掠射角有关。关于声波掠射角的影响，一般情况是正入射（90°）反射很强，随掠射角的减小，回波逐渐减弱，当减小到 20°以后衰减加剧，到 10°以后衰减进一步加剧。掠射角和“鱼高”、海底倾斜有关，所以这一项补偿起来较困难。一般只是认为距离越远，掠射角越小，回波越弱。

海底底质和粗糙度密切相关。一般情况下是软底、平滑海底回波弱，硬底、粗糙海底回波强，这一动态可达 40dB（100 倍）左右。但海底是随机的，很难用固定的规律去补偿。海底反向散射系数随机成分大，不便用固定的办法补偿，但可以用自动增益控制（auto gain control, AGC）的办法去补偿。

4）换能器指向性

前面述及，换能器声轴方向指向最远距离的海底，所以远处灵敏度高，近处灵敏度低，正好和距离的影响趋势相反，可以部分抵消距离的影响。换能器的指向性影响还和鱼高有关，鱼高变化会引起声波入射海底角度的变化。换能器指向性对回波信号的影响没有固定规律，不能用 TGC 进行严格的补偿。

为了更好地进行动态压缩，现在的侧扫声呐还设置了人工干预的环节，称为手动增益控制（manual gain control, MGC），可以在界面上实现，也可以设置自动增益控制，使声图质量更好。

通常 TGC 设置动态约 100dB，MGC 设置调节范围为−40～+40dB。一般侧扫声呐中将 MGC 分成两部分：一部分是不随时间变化的手调固定增益；另一部分是以曲线形式设置的时变增益(图 4.3)。根据经验，固定增益设置为 0～10dB 即可，时变部分要根据声图设置。一般情况下，时变增益曲线远场较平坦，近场变化大，要设置细一些，可以多设置几个点。手动增益设置对声图质量影响很大，设置是否合适，要以声图灰度远近是否一致为准。近场要仔细调节，最好调出海底线。

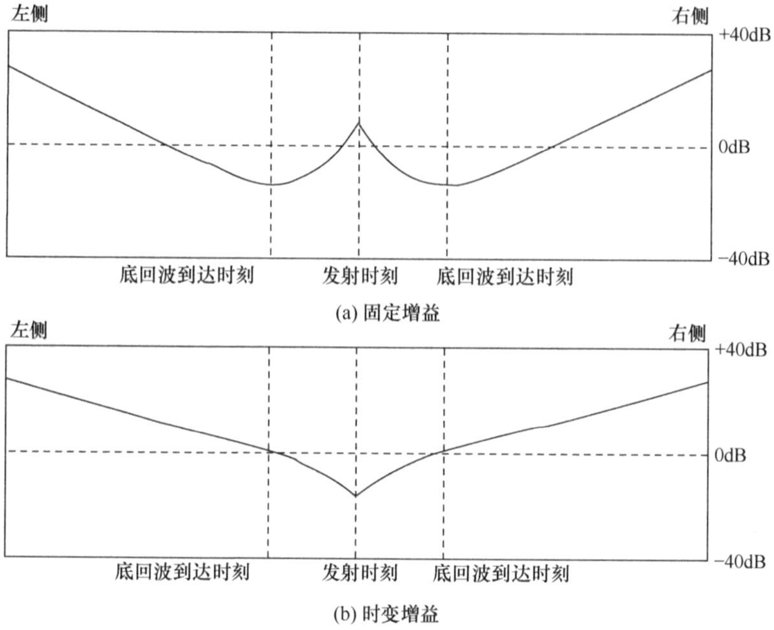

图 4.3　两侧 MGC 设置曲线形状

4.2　声图

侧扫声呐的输出以二维图像的方式显示在显示器上，或打印在记录纸上，显示器或记录纸上的图像称为海底声图。以下主要以显示器上的声图来进行说明。

4.2.1　声图的形成

侧扫声呐每次发射/接收都得到正横方向左右两侧一条海底的回波，显示在显示器最上方一条横线上，中间是“0 线”，也叫发射线、航迹线，“0 线”左右两侧是左右换能器接收的左右两侧海底的回波，当下一个发射/接收也显示在最上方的一条横线上，同时把以前的历史数据全部下滚一行，这就是“瀑布”式显示。显示器上显示出一幅海底声图，显示器最上方永远是当前一行的数据情况。

4.2.2 海底声图构成

图 4.4 是工作频率 500kHz、作用距离 150m 挡(只显示到 120m)的声图，中间线是 0 线，所显示的是“发射头”。0 线左右两侧有两条以 0 线为对称轴的线，称为海底线，显示的是海底回波，海底线到 0 线的距离对应换能器到海底的高度，即代表拖鱼高度，即“鱼高”。0 线和海底线之间的小黑点是水体中零星鱼群的声图。左右海底外侧是拖鱼左右两侧的海底声图。最上方的标尺表示作用距离。靠近海底线处的声图是靠近换能器正下方侧的海底声图，外侧远离海底线的声图是正横方向远离换能器处的海底声图。在图中部的深色图形是海底礁石的声图，从海底线起伏的情况看，礁石露出海底不高，约 10m，在礁石周围有不太密集的鱼群声图。

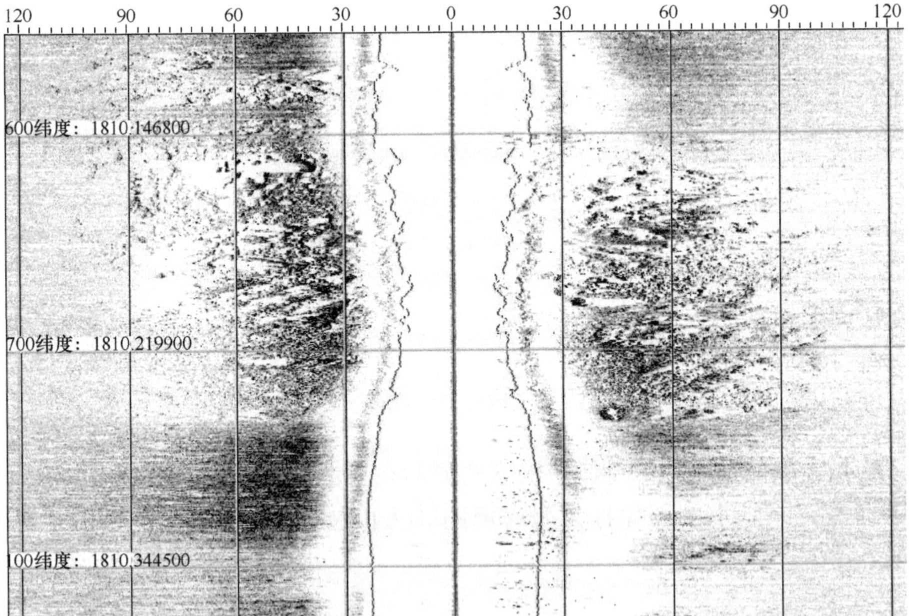

图 4.4　500kHz 侧扫声呐某次试验获得的声图

图中纬度为北纬

图 4.5 为工作频率 100kHz、作用距离 750m 挡的声图。由于作用距离远，比例尺小，海底线到 0 线的距离很短，鱼高不能准确读取。左右两侧是珊瑚地貌的声图，左右 450m 以远处的淡灰底色是噪声的声图。

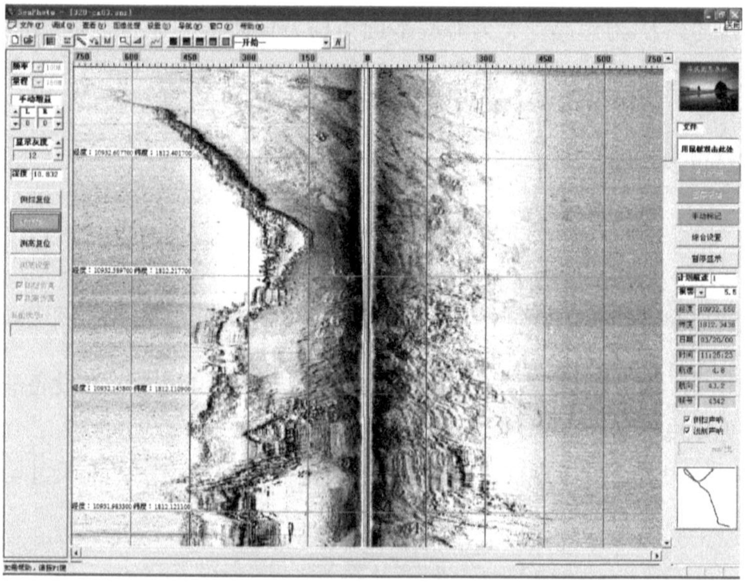

图 4.5　100kHz 侧扫声呐某次试验获得的声图

图中纬度为北纬

4.2.3　海底平面和声图平面的比例关系

设海底平面中，拖鱼或工作船航行方向为 y 方向，正横方向为 x 方向，则海底平面可表示为如下复平面[8]：

$$z = x + \mathrm{i}y \tag{4.1}$$

式中，z 为海底平面；x 为正横方向距离；y 为航行方向距离。

我们可以把海底声图平面看成海底平面的逐点映射，则海底声图平面可表示为如下复平面：

$$w = r + \mathrm{i}p \tag{4.2}$$

式中，w 为海底声图平面；r 为声图中水平方向(横向)距离；p 为声图中垂直方向(纵向)距离。

分析得出

$$r = \frac{W}{R_{\mathrm{m}}}\sqrt{H^2 + x^2} \tag{4.3}$$

$$p = \frac{d}{VT}y \tag{4.4}$$

式中，$\sqrt{H^2 + x^2}$ 为换能器到海底的斜距；R_{m} 为量程；W 为声图中每侧代表 R_{m} 距

离的显示宽度；H 为鱼高；x 为海底平面正横方向距离；y 为海底平面航行方向距离；d 为显示器水平扫描线间距；T 为侧扫声呐脉冲发射周期；V 为拖鱼或工作船航行速度。

式(4.2)可表示为

$$w = \frac{W}{R_{\mathrm{m}}}\sqrt{H^2 + x^2} + \mathrm{i}\frac{d}{TV}y \tag{4.5}$$

可以看出，斜距 $R = \sqrt{H^2 + x^2}$，$\frac{W}{R_{\mathrm{m}}}$ 为声图横向比例尺，$\frac{d}{TV}$ 为声图纵向比例尺。

横向比例尺和声呐量程、显示尺寸有关，而纵向比例尺不仅和设备有关，而且和航行速度有关。

利用式(4.3)和式(4.4)就可以把海底平面尺寸转换成声图平面尺寸。从 w 到 z 平面的反变换函数为

$$z(w) = \frac{R_{\mathrm{m}}}{W}\sqrt{r^2 - \left(\frac{W}{R_{\mathrm{m}}}\right)^2 H^2} + \mathrm{i}\frac{VT}{d}p \tag{4.6}$$

$$x = \frac{R_{\mathrm{m}}}{W}\sqrt{r^2 - \left(\frac{W}{R_{\mathrm{m}}}\right)^2 H^2} \tag{4.7}$$

$$y = \frac{VT}{d}p \tag{4.8}$$

利用式(4.3)、式(4.4)、式(4.7)、式(4.8)就可以把两个平面的尺寸互相转换。

一个由铁管焊成的三脚架 ABC 平放在海底，如图 4.6 所示。工作船沿 y 轴方向航行，航行速度 $V = 2\mathrm{m/s}$ (4 节)，鱼高 $H = 20$，侧扫声呐置 $R_{\mathrm{m}} = 100\mathrm{m}$ 挡，发射周期 $T = 0.25\mathrm{s}$，显示器显示宽度 $2\times 15\mathrm{cm}$，每侧宽度 $W = 15\mathrm{cm} = 0.15\mathrm{m}$，显示器线间距 $d = 0.25\mathrm{mm} = 2.5\times 10^{-4}\mathrm{m}$，画出声图平面上三脚架图形。

为了便于观察，将三脚架每边等分为 8 段，并用数字 1～21 和 A、B、C 标注，如图 4.6 所示。利用式(4.3)和式(4.4)分别计算出各点在平面上的对应点坐标，新坐标用数字 1′～21′ 和 A'、B'、C' 表示。目标形成的声图如图 4.7 所示，距离对应关系如表 4.1 所示。

$$r = \frac{W}{R_{\mathrm{m}}}\sqrt{H^2 + x^2} = 1.5\times 10^{-3}\sqrt{400 + x^2} \tag{4.9}$$

$$p = \frac{d}{TV}y = \frac{2.5\times 10^{-4}}{0.25\times 2}y = 5\times 10^{-4}y \tag{4.10}$$

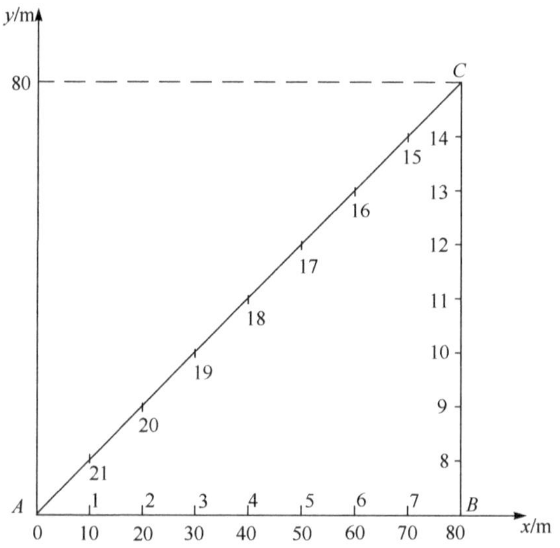

图 4.6　海底平面上三脚架图形

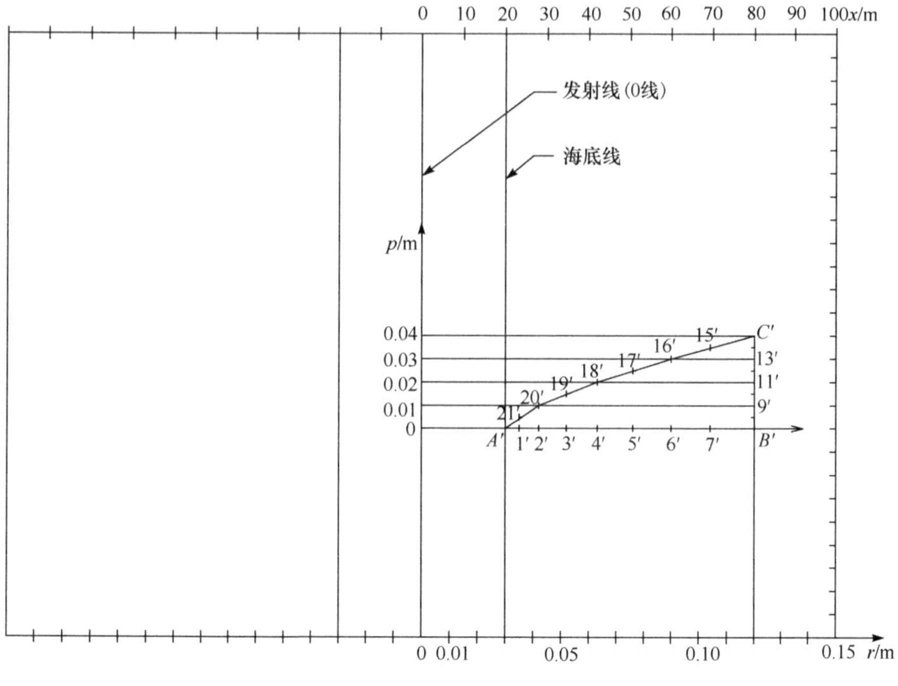

图 4.7　声图平面

表 4.1　距离对应关系表

序号		海底平面/m	显示器平面/m	坐标	
A	*x*	0	0.030	*r*	*A*′
	y	0	0	*p*	
B	*x*	80	0.124	*r*	*B*′
	y	0	0	*p*	
C	*x*	80	0.124	*r*	*C*′
	y	80	0.040	*p*	
1	*x*	10	0.034	*r*	1′
	y	0	0	*p*	
2	*x*	20	0.042	*r*	2′
	y	0	0	*p*	
3	*x*	30	0.054	*r*	3′
	y	0	0	*p*	
4	*x*	40	0.067	*r*	4′
	y	0	0	*p*	
5	*x*	50	0.081	*r*	5′
	y	0	0	*p*	
6	*x*	60	0.095	*r*	6′
	y	0	0	*p*	
7	*x*	70	0.109	*r*	7′
	y	0	0	*p*	
15	*x*	70	0.109	*r*	15′
	y	70	0.035	*p*	
16	*x*	60	0.095	*r*	16′
	y	60	0.030	*p*	
17	*x*	50	0.081	*r*	17′
	y	50	0.025	*p*	
18	*x*	40	0.067	*r*	18′
	y	40	0.020	*p*	
19	*x*	30	0.054	*r*	19′
	y	30	0.015	*p*	
20	*x*	20	0.042	*r*	20′
	y	20	0.010	*p*	
21	*x*	10	0.034	*r*	21′
	y	10	0.005	*p*	

对比分析图 4.6 和图 4.7 可以看到，图 4.7(声图平面)中有明显的畸变，p 轴方向的畸变是线性的，仅是比例变化；r 轴方向的畸变是非线性的。在海底平面上 AC 是一条直线，而在声图平面上 $A'C'$ 是一条曲线，具体来说是一条双曲线。

当 AC 是一条倾斜 45°的直线时，设 $x = y = t$，在海底复平面上方程为

$$AC = x + \mathrm{i}y = (1+\mathrm{i})t \tag{4.11}$$

$$r = \frac{W}{R_{\mathrm{m}}}\sqrt{H^2 + t^2} \tag{4.12}$$

$$p = \frac{d}{TV}t \tag{4.13}$$

$$t = \frac{TV}{d}p \tag{4.14}$$

将式(4.14)代入式(4.12)可得

$$r = \frac{W}{R_{\mathrm{m}}}\sqrt{H^2 + \left(\frac{TV}{d}\right)^2 p^2} \tag{4.15}$$

整理可得

$$\frac{r^2}{\left(\frac{WH}{R_{\mathrm{m}}}\right)^2} - \frac{p^2}{\left(\frac{dH}{TV}\right)^2} = 1 \tag{4.16}$$

可见 $A'C'$ 服从双曲线分布。

4.2.4 换能器水平指向角引起的失真

前面讨论中假定换能器指向性是一条射线，但实际上它是有角度的。例如，在侧扫声呐中，100kHz 换能器水平开角 $\theta_{\mathrm{H}} = 1°$，500kHz 时水平开角 $\theta_{\mathrm{H}} = 0.2°$，这样每次发射照射海底的三角形如图 4.8 所示。

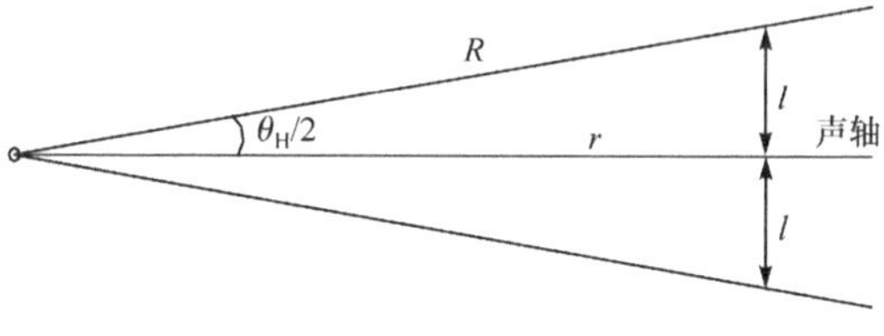

图 4.8 侧扫声呐波束覆盖示意图

由图 4.8 可知，$r = R\cos(\theta_{\mathrm{H}}/2)$，其中 $R = \sqrt{r^2 + l^2}$，则有

$$R-r=R-R\cos\frac{\theta_{\mathrm{H}}}{2}=R\left(1-\cos\frac{\theta_{\mathrm{H}}}{2}\right) \tag{4.17}$$

$$l=\sqrt{R^2-r^2}=R\sin\frac{\theta_{\mathrm{H}}}{2} \tag{4.18}$$

假如海底存在一杆状目标和拖鱼航行方向平行，如图 4.9 所示。

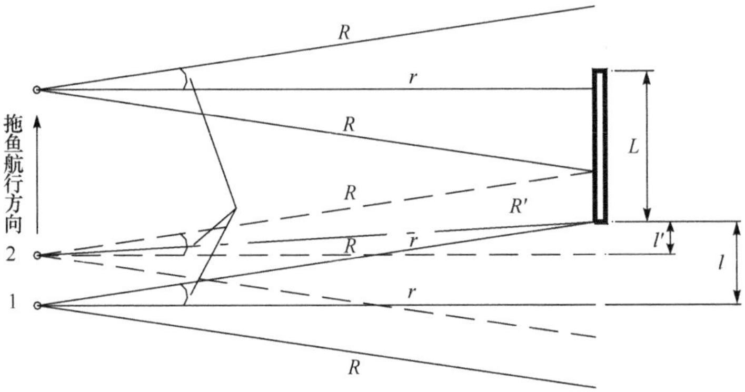

图 4.9　侧扫声呐移动波束对目标覆盖示意图

当拖鱼到达 1 点时，由于指向性角的原因，提前 l 距离已能发现杆状目标，这时换能器到目标的距离为 R 。当拖鱼航行到 2 点时，又一次发射，这次又提前 l' 距离发现了目标，这时换能器目标的距离为 R' 。当声轴照射到目标后，换能器到目标的距离为 r 。这样在显示器上的声图如图 4.10 所示。

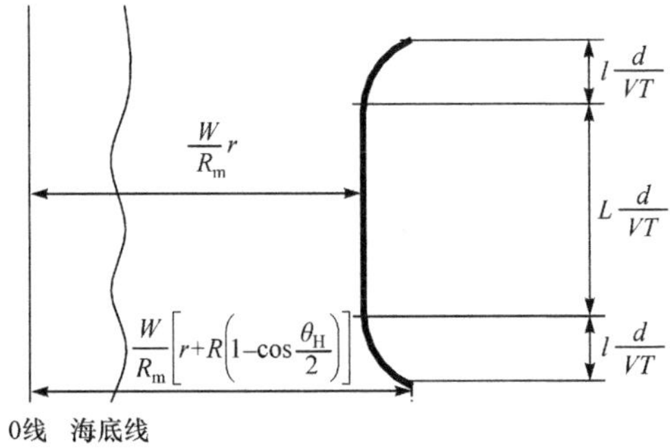

图 4.10　侧扫声呐目标在显示器上的声图示意图

声图上目标两端呈余弦形状，所以也把这种失真称为余弦失真。总长度为 $\frac{d}{VT}(L+2l)$ ，增加量为 $\frac{2ld}{VT}$ ，中间斜距为 $\frac{W}{R_{\mathrm{m}}}r$ ，两端点斜距为 $\frac{W}{R_{\mathrm{m}}}\times\left[r+R\left(1-\cos\frac{\theta_{\mathrm{H}}}{2}\right)\right]$。

前面已提到$l = R\sin\frac{\theta_H}{2}$，因$\frac{\theta_H}{2}$很小，100kHz时$\frac{\theta_H}{2}=0.5°$，500kHz时$\frac{\theta_H}{2}=0.1°$，则 100kHz 时，有$l = 0.0087R$，500kHz 时，有$l = 0.0018R$。因此，距离近时$\frac{\theta_H}{2}$小，$l$就很小，声图上的畸变是很小的。早期的侧扫声呐水平开角较大，所以早期的声图上这种变形更明显。

由于存在余弦失真，目标在声图航行方向上显示的尺寸有所增大，而且这个增大和斜距 R 成正比，距离越远，增加越多。因此，用上述方法在声图上测量换算出目标的实际尺寸时，在航行方向上都增大很多，这对发现小目标有好处。以侧扫声呐为例，增加的尺寸和斜距的关系如表 4.2 所示。

表 4.2 侧扫声呐增加的尺寸和斜距的关系

R/m	50	100	150	200	250	300	500	750
增加的尺寸/m	0.87	1.75	2.62	3.49	4.36	5.24	8.73	13.09

以上数据只是理论计算值，实际上增加的尺寸会有出入。

4.2.5 特殊海洋环境形成的干扰声图

1. 海面波浪形成的声图

当拖鱼入水较浅，航行方向和波浪方向接近垂直时，可能形成如图 4.11 所示的海面波浪声图。

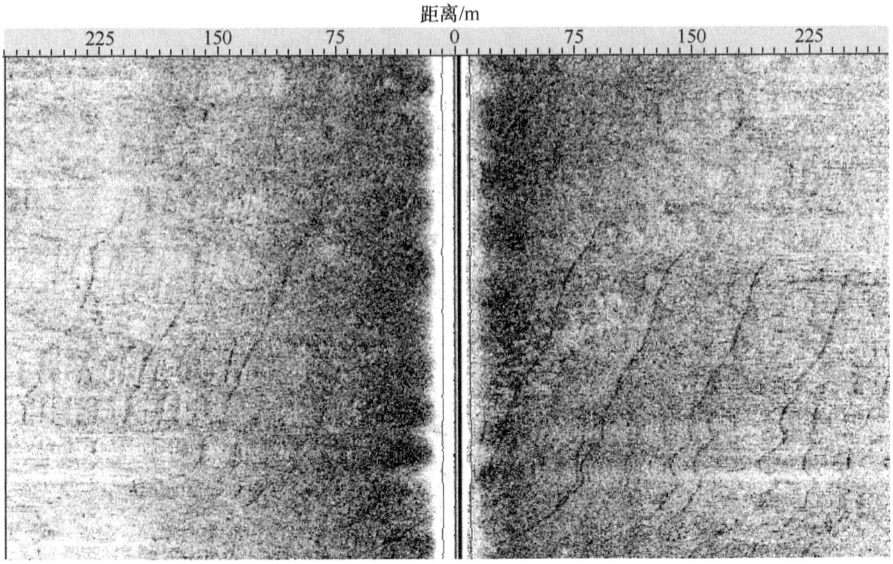

图 4.11 海面波浪声图

2. 镜像干涉形成的声图

图 4.12 为实测的镜像干涉声图。平行航向的黑白相间的条纹是干涉条纹，条纹的宽度随距离的增大而变大。

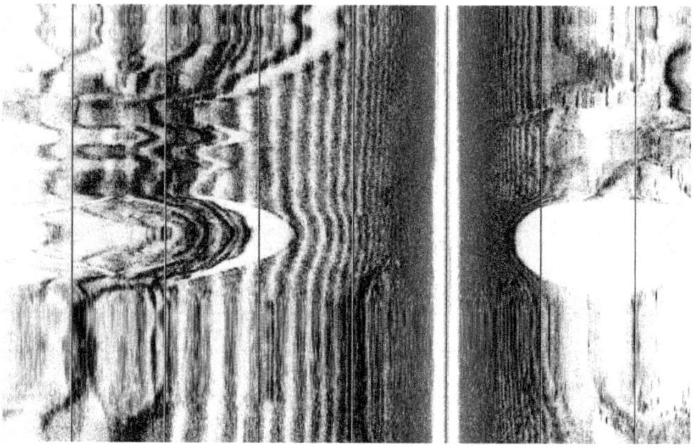

图 4.12　镜像干涉声图

3. 声速负梯度形成的声图

声速负梯度会导致声线弯曲，不稳定的声速负梯度可在声图上形成不规则弯曲条纹状的干扰图形。

图 4.13 为在我国某海区实测的负梯度干扰声图。该海区水深 55m，平坦泥砂底。水深 14m 以浅存在声速负梯度(有跃变层)，14m 以深为等温层。声图上

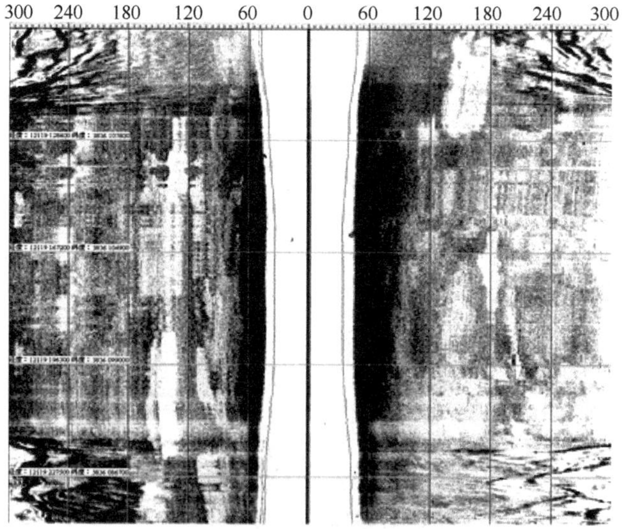

图 4.13　负梯度干扰声图

部左右两角的黑色不规则条纹是跃变层不稳定造成的折射干扰条纹。声图中间部分，拖鱼(换能器)入水深度从 7m 下降到 14m 以深，当拖鱼下沉到 14m 以深时折射干扰条纹消失，这时可以清晰地看到平坦泥砂海底上的拖网作业留下的痕迹(与航行方向平行的白色条状图形)。声图下面部分，拖鱼又上升到 14m 以浅后折射干扰条纹又出现在声图左右两边。折射干扰图形出现的地方，已使地貌声图完全不能辨认。

可以看出，只要将换能器下降到负梯度层以下，就可以完全避免负梯度的影响。需要指出的是，如果从水面到水底都存在负梯度，则下放换能器只能减小而不能消除负梯度的影响。

4.3 关键技术

4.3.1 图像处理技术

1. 侧扫声呐图像插值

1) 图像缝隙产生原因

侧扫声呐在探测过程中，航速的不稳定会导致图像产生一定的变形失真，为了提高图像的显示效果，需要对声图进行相应的处理[9]。直接利用图像的位置信息进行显示的方法虽然可以避免图像的纵向变形，但是载体在航行过程或者转向过程中，姿态的不稳定导致换能器无法及时接收到反射的回波信号，会造成图像出现缝隙或者部分区域重合[10,11]。

侧扫声呐航速的变化会直接影响图像的显示效果，速度较快时，航迹点比较稀疏，速度较慢时，航迹点稍微密集，如图 4.14 所示。图 4.14(a)是侧扫声呐的航迹线，可以看到，由于速度不稳定等原因，航迹线出现缝隙或者交叉，导致图像不连续。图 4.14(b)是对图像数据成像的结果，可以清晰地看到图像中的缝隙，图像的显示效果较差。可以通过对侧扫声呐图像进行插值处理，填补图像缝隙，提高图像的清晰度，从而提高图像拼接的准确性[12]。

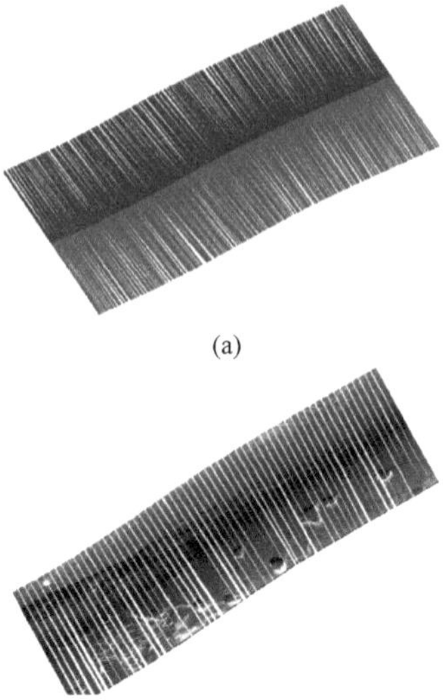

(a)

(b)

图 4.14 侧扫声呐图像缝隙

(见书后彩图)

2) 图像插值方法

图像的插值是指通过一种方法，利用一幅清晰度较低的图像再生出一幅高清晰度图像的过程。新图像的像素点是通过对原始数据进行一系列计算得到的。常用的插值方法可以分为最邻近插值法、双线性插值法和双立方插值法三种[13-15]。

假设待求像素值为 $f(u_0,v_0)$ ，已知像素值为 $f(u_1,v_1), f(u_2,v_2), \cdots, f(u_n,v_n)$ ，则待求像素值可表示为

$$f(u_0,v_0)=\sum_{i=1}^{n} f(u_i,v_i)h(u_i-u_0,v_i-v_0) \tag{4.19}$$

式中，h 代表相应的处理方法；f 代表图像的数据。

(1) 最邻近插值法。

最邻近插值法不需要进行计算，而是直接对图像进行赋值，基本表达式为

$$f(u_0,v_0)=f(u_k,v_k), \quad \begin{cases} u_k-1/2<u_0<u_k+1/2 \\ v_k-1/2<v_0<v_k+1/2 \end{cases} \tag{4.20}$$

对于一幅二维图像，要求像素点的灰度值，可根据该点周围四个相邻像素点中距离最近点的像素值对其直接进行赋值。该方法比较简单，计算量也比较小，但是效果不理想，可能会造成图像灰度值的不连续。

(2) 双线性插值法。

双线性插值法的基本思想是，利用待求像素点周围的像素值进行一阶线性插值得到该点的灰度值，该方法的示意图如图 4.15 所示。

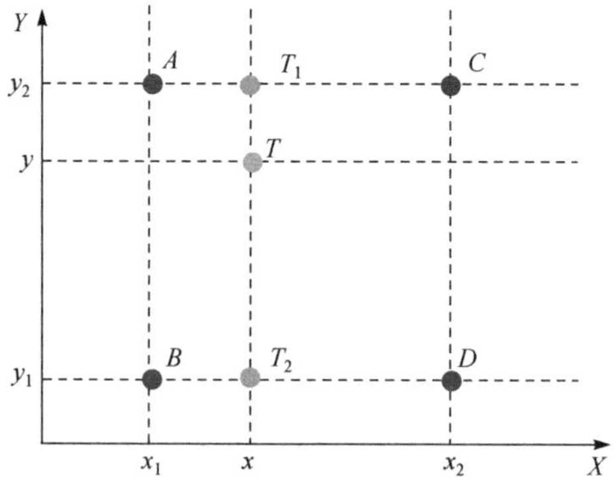

图 4.15　双线性插值法示意图

双线性插值法实现过程是，首先对水平方向的 A、C 和 B、D 位置上的像素值进行一阶线性插值得到 T_1、T_2 位置的像素值，之后再对插值之后的像素值在垂直方向上进行一阶线性插值，得到待求点的像素值 T。该方法利用了周围 4 个像素

点进行相应的处理工作，效果比较好，但是计算比较复杂。

(3) 双立方插值法。

双立方插值法的基本思想是，利用待求像素点周围更大范围的像素值计算得到该点的灰度值，该方法的示意图如图 4.16 所示。

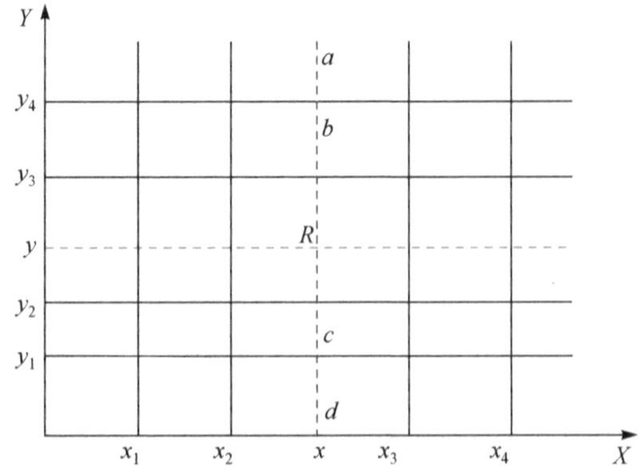

图 4.16　双立方插值法示意图

双立方插值法的实现过程为，首先在水平方向利用三次多项式积分，计算出 a、b、c、d 各处的灰度值；之后，对 a、b、c、d 点的像素值再利用三次多项式积分计算出点 R 处的像素值。该插值方法利用了待求像素点周围 16 个像素的值进行计算，效果是三种方法中最好的，但是计算量也最大。

3) 插值结果分析

相对于最邻近插值法和双立方插值法，双线性插值法得到的图像效果比较好，计算量也相对较小，因此本章选择双线性插值法对图像进行插值处理，具体实现过程如图 4.17 所示。

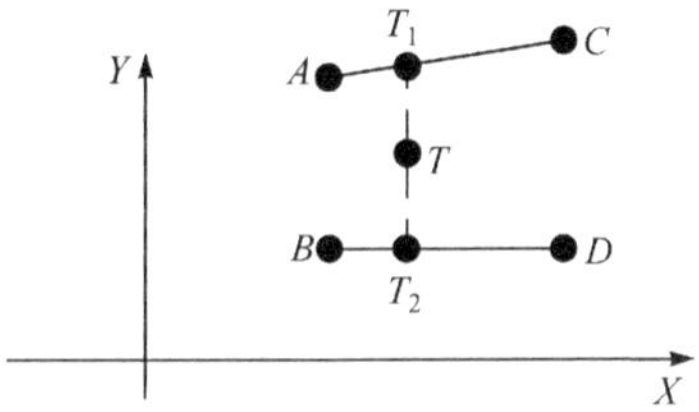

图 4.17　双线性插值法

图中 A、B、C、D 是四个像素点，坐标分别为 (x_1, y_1)、(x_2, y_2)、(x_3, y_3)、(x_4, y_4)，其值用 $f(A)$、$f(B)$、$f(C)$、$f(D)$ 表示，需要计算的是声图点 $T(T_x, T_y)$。首先计算 AC 连线上与 T 点横坐标相等的点 $T_1(T_{x1}, T_{y1})$ 的值：

$$f(T_1) = \frac{T_x - x_1}{x_3 - x_1} f(A) + \frac{x_3 - T_x}{x_3 - x_1} f(C) \tag{4.21}$$

T_1 点的纵坐标为

$$T_{y1} = y_1 + \frac{T_x - x_1}{x_3 - x_1}(y_3 - y_1) \tag{4.22}$$

同样，可以求出 BD 连线与 T 点横坐标相等的点 $T_2(T_{x2},T_{y2})$ 的值：

$$f(T_2)=\frac{T_x-x_2}{x_4-x_2}f(B)+\frac{x_4-T_x}{x_4-x_2}f(D) \tag{4.23}$$

T_2 点的纵坐标为

$$T_{y2}=y_2+\frac{T_x-x_2}{x_4-x_2}(y_4-y_2) \tag{4.24}$$

因此根据 T_1 点和 T_2 点的位置和像素值可以求出 T 点的像素值为

$$f(T)=\frac{T_x-y_2}{y_1-y_2}f(T_1)+\frac{y_1-T_y}{y_1-y_2}f(T_2) \tag{4.25}$$

图 4.18(a)为原始图像，图 4.18(b)为对图像进行相应缩放和插值处理之后的结果。可以看出，通过双线性插值处理填补图像中的缝隙，可以实现图像的连续显示，提高图像的清晰度。原始图像由于图像缝隙的存在，地貌不连续，难以判断海底的地貌情况，从处理之后的图像中可以直观地看清海底的山脉、沟壑等地貌信息。

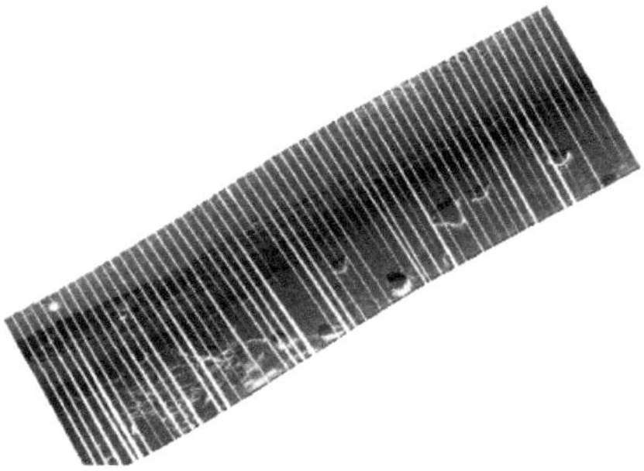

(a) 原始图像

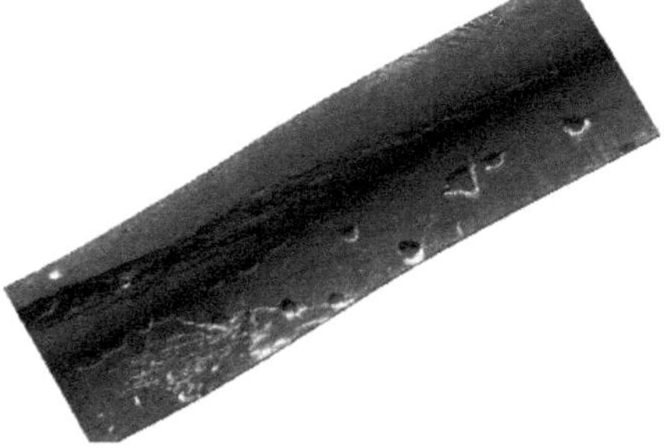

(b) 处理后图像

图 4.18　处理前后对比图(见书后彩图)

2. 侧扫声呐图像灰度校正

1) 灰度失真原因

利用换能器接收到的回波强度可以计算得到侧扫声呐图像的灰度值，但是声波在传播过程中的能量损失以及波束指向性畸变等会导致声呐图像产生灰度失真。

声波能量损失的主要原因在于，侧扫声呐系统两侧换能器发射的是球面波，随着海底与换能器之间距离的不同，声波入射角度不同，导致产生不同强度的散射波。除此之外，声波在传播过程中，由于海水温度、盐度等不确定因素的影响，声波能量产生衰减，从而影响回波的强度，造成图像失真。

波束的指向性畸变是因为载体在前行过程中姿态难以保持稳定，尤其是横摇的影响，或者是人为进行调整等原因，声呐两侧换能器接收到不同强度的回波。换能器接收到的回波幅值产生失真，从而影响根据回波幅值计算得到的图像灰度值的准确性，导致图像产生失真[16-19]。

2) 灰度变换函数

图像的灰度变换是一种空间域的处理方法，该方法通过使用灰度变换函数，直接对图像的像素值进行处理。灰度变换函数的基本表达式为

$$g(x,y)=T[f(x,y)] \tag{4.26}$$

式中，f 为待处理图像的灰度值；g 为处理之后图像的灰度值；T 代表一种映射关系。

为了表达方便，式(4.26)可以简单写为

$$s=T(r) \tag{4.27}$$

式中，r 和 s 为灰度值。

图像增强中常用的变换函数基本可以分为两种：线性变换函数和非线性变换函数。能实现图像像素灰度值线性变换的函数为线性变换函数，常用的变换有反转变换、恒等变换和分段线性变换。非线性变换函数能够实现图像像素灰度值的非线性变换，常用的有对数变换、指数变换和幂次变换。下面介绍几种常用的变换。

(1) 分段线性变换。

分段线性变换在不同的取值范围内会有不同的变换函数。分段线性变换的基本表达式为

$$f(x)=\begin{cases}\dfrac{y_1}{x_1}x, & x<x_1\\ \dfrac{y_2-y_1}{x_2-x_1}(x-x_1)+y_1, & x_1\leqslant x\leqslant x_2\\ \dfrac{255-y_2}{255-y_1}(x-x_2)+y_2, & x>x_2\end{cases} \tag{4.28}$$

式中，x 为图像灰度值的取值范围，可以根据 y 值调整直线的斜率。

图 4.19 为分段线性变换函数示意图，图中 $L/4$、$L/2$、$3L/4$、L 为标尺。可以看出，通过调整参数的值，可以改变直线的斜率和拐点的位置。该方法比较灵活，可以在任意区间实现任意变换，从而对图像进行针对性的抑制或者增强。

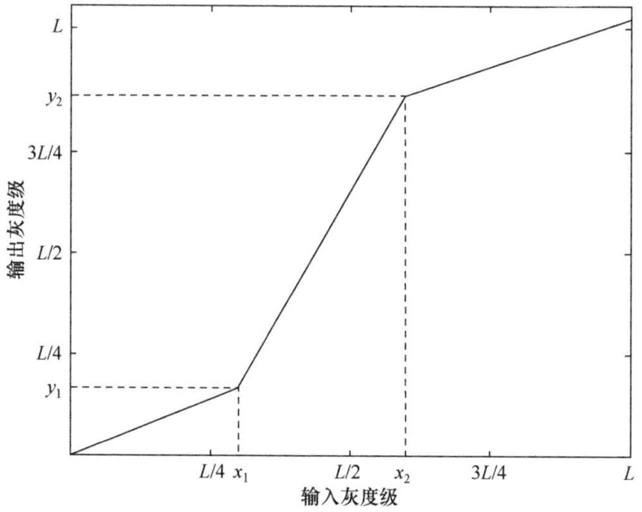

图 4.19　分段线性变换函数

(2) 对数变换。

对数变换可以实现图像的非线性变换，变换规则与对数函数曲线相似，实现图像灰度值的压缩或者扩展。对数变换的基本表达式为

$$g(x,y)=c\lg[1+f(x,y)] \tag{4.29}$$

式中，c 为一个常数。

图 4.20 是输入灰度级大于 0 时对数变换函数曲线。根据变换曲线可以看出，对数变换函数可以压缩高灰度值，扩展低灰度值，因此经过对数变换之后，图像灰度值的分布会更加均匀。

(3) 指数变换。

指数变换实现的是图像的非线性变换，变换规则与指数函数曲线一致，可以实现对图像灰度值的压缩或者扩展，变换结果与对数变换刚好相反。指数变换的基本表达式为

$$g(x,y)=b^{c[f(x,y)-a]}-1 \tag{4.30}$$

通过改变 a 、b 、c 的值来调整曲线的形状和位置。

图 4.21 为指数变换函数曲线。从图中可以看到，指数变换函数和对数变换函数刚好互补，对图像灰度值的改变刚好相反。在对数函数实现拉伸的灰度值区域，

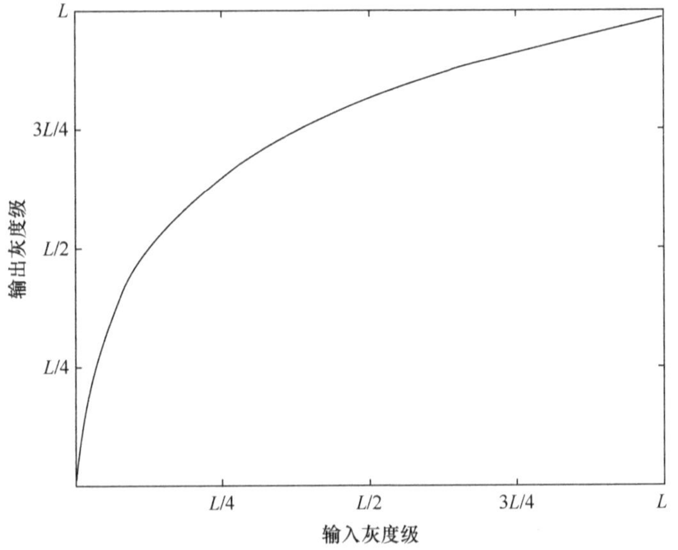

图 4.20 对数变换函数曲线

指数函数可以实现压缩；在指数函数实现拉伸的灰度值区域，对数函数可以实现压缩。幂次函数可以将两种方法结合起来。

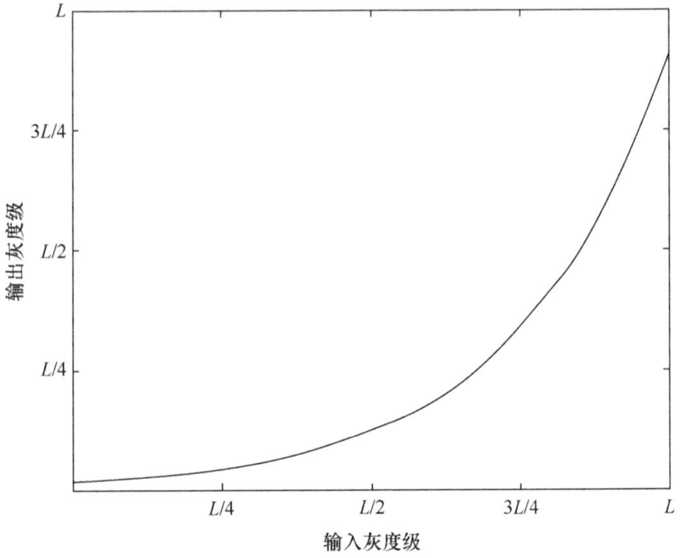

图 4.21 指数变换函数曲线

(4)幂次变换。

幂次变换是一种非线性变换，通过调整参数可以实现图像的指数变换或者对

数变换。幂次变换的基本表达式为

$$g(x,y)=c[f(x,y)]^{r}+b \tag{4.31}$$

式中，c、r、b 均为正数，可以通过选择不同的参数值调整幂次变换函数曲线。

图 4.22 为幂次变换函数曲线。可以看到，部分 r 值的幂次变换函数曲线与对数变换类似，部分 r 值的幂次变换函数曲线与指数变换类似。例如，$r>1$ 时的幂次变换函数曲线与指数变换函数曲线类似，$r<1$ 时的幂次变换函数曲线与对数变换函数曲线类似。两者对图像的处理效果可以互补，不同的是，幂次变换函数能够调整的灰度值的动态范围相对较小。当 $r=1$ 时，幂次变换简化成了恒等变换。

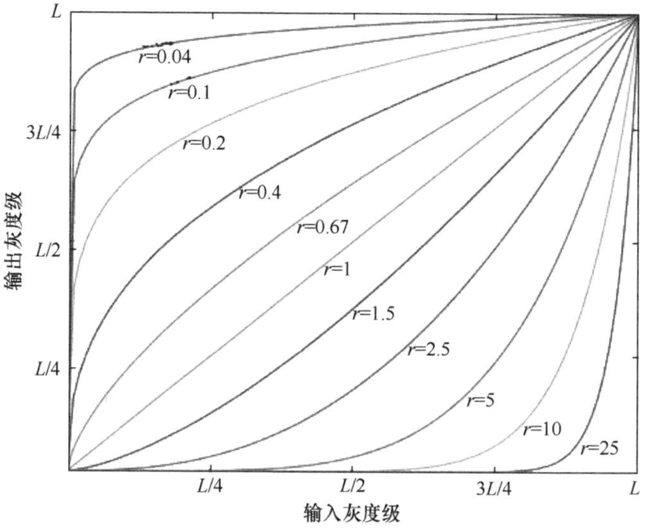

图 4.22　幂次变换函数曲线

3) 灰度校正结果分析

通过对几种变换函数的分析可知，幂次变换通过调整参数，可以实现对比度增强或者图像平滑的效果，对图像的变换更加灵活，图 4.23(a)表明侧扫声呐图像灰度值的变化范围比较小。综合考虑各方面，选用幂次变换实现对图像灰度值的调整。

选择参数 $c=1$，$b=0$，r 分别为 0.8、0.9、1.1，对侧扫声呐图像进行处理，处理结果如图 4.23(b)～(d)所示。结果表明，$r<1$ 时，图像两侧回波比较强区域的灰度值得到了很好的抑制，校正之后的图像得到了很好的均衡，图像也比较平滑。与 $r>1$ 的图像相比，$r<1$ 的图像更加清晰，因此对于侧扫声呐图像，选用 $r<1$ 的幂指数效果更好。

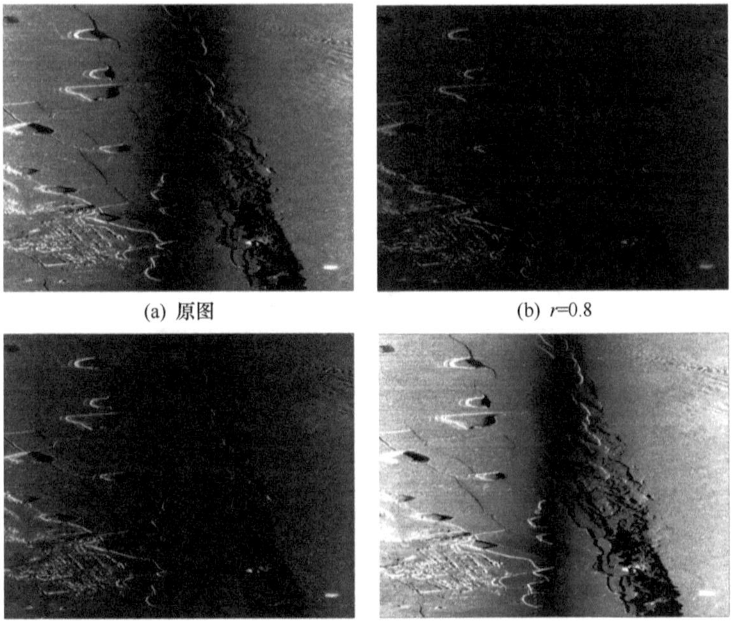

(a) 原图　(b) r=0.8

(c) r=0.9　(d) r=1.1

图 4.23　灰度校正结果与原图对比（见书后彩图）

4.3.2　图像拼接技术

1. 侧扫声呐图像位置校正

侧扫声呐图像的准确位置信息是基于地理位置的侧扫声呐图像拼接技术的基础。通过地理编码，可以实现图像数据与地理位置信息相关联，但是在航行过程中，载体的姿态难以保持稳定，导致图像位置产生一定的偏移。为了提高位置信息的准确性，需要根据图像的姿态信息，对载体的姿态进行校正处理[20-22]。

1) 侧扫声呐图像地理编码

原始的侧扫声呐图像以“瀑布”图的形式进行显示，是不具有位置信息的序列图，但是图像拼接的前提是需要根据每个像素点的坐标值将图像显示到对应的位置。地理编码就是将图像数据和地理位置相关联，实现在确定位置上显示图像的过程[23,24]。

图 4.24 是以载体为纵轴建立的载体坐标系，Y 轴是航行方向，X 轴是波束方向。其中 Z 轴的坐标为 0，在水平面内，扫描线上每个像素点的坐标可以根据换能器的长度、采样点数、探测量程、拖鱼高度等信息计算得到，计算过程如下。

对于多波束的侧扫声呐，假设声呐左右舷每帧具有 N 个波束，声呐的长度是 SonarLength，那么波束之间的间距，即图像的纵向分辨率为

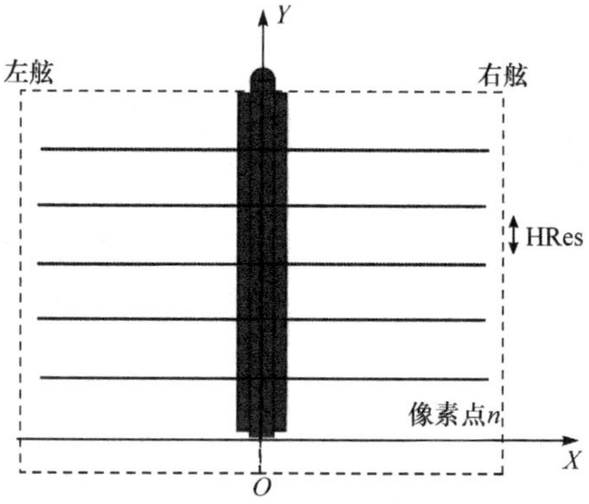

图 4.24　载体坐标系

$$\text{HRes} = \text{SonarLength} / N \tag{4.32}$$

根据采样点数 NumSamples 和横向距离 PlaneRange 计算得到每个波束的横向分辨率为

$$\text{Res} = \text{PlaneRange} / \text{NumSamples} \tag{4.33}$$

在载体坐标系下,像素点X轴坐标的取值范围为$-\text{PlaneRange} < X < \text{PlaneRange}$，分辨率为Res，$Y$轴坐标的取值范围为$0 < Y < \text{SonarLength}$，分辨率为HRes。

像素点在载体坐标系下的坐标是指像素点在扫描线中的位置，载体坐标系以载体为纵轴,换能器安装在拖鱼的两侧,因此计算过程中需要考虑左右舷的区别。侧扫声呐系统根据接收到信号的先后顺序进行数据存储，左舷的像素点是从右向左排列,右舷的像素点是从左向右排列。在载体坐标系统中,横轴坐标是从左向右依次递增,因此在计算像素点的坐标之前,需要先将左舷的像素点重新排列,再计算每个像素点的坐标，计算方法如下。

对于左舷数据，根据横向分辨率与采样点数，可以计算得到像素点的坐标为

$$\begin{aligned} X_n &= -\text{Res} \times i \\ &= -\sqrt{\text{SlantRange}^2 - \text{Altitude}^2} / \text{NumSamples} \times i, \quad 0 < i \leqslant \text{NumSamples} \\ Y_n &= \text{HRes} \times (n + k \times N) \\ &= \text{SonarLength} / N \times n + k \times \text{SonarLength} \end{aligned} \tag{4.34}$$

对于右舷数据，像素点的坐标为

$$\begin{aligned} X_n &= \text{Res} \times i \\ &= \sqrt{\text{SlantRange}^2 - \text{Altitude}^2} / \text{NumSamples} \times i, \quad 0 < i \leqslant \text{NumSamples} \\ Y_n &= \text{HRes} \times (n + k \times N) \\ &= \text{SonarLength} / N \times n + k \times \text{SonarLength} \end{aligned} \tag{4.35}$$

式中，n 为扫描线的位置；k 为当前帧数。

计算像素点在载体坐标系中坐标值的过程中，假设坐标原点的坐标是(0,0,0)。但是在参考坐标系下，坐标原点的坐标值并不为 0，因此需要根据坐标原点的坐标值对坐标进行整体平移。由此得到像素点在参考坐标系下的坐标为

$$\begin{bmatrix} X \\ Y \\ Z \end{bmatrix} = \begin{bmatrix} x \\ y \\ z \end{bmatrix} + \begin{bmatrix} X_n \\ Y_n \\ Z_n \end{bmatrix} \tag{4.36}$$

式中，(X,Y,Z) 和 (X_n,Y_n,Z_n) 分别代表像素点在参考坐标系下和载体坐标系下的坐标值；(x,y,z) 为坐标原点在参考坐标系下的坐标值。

根据计算得到的侧扫声呐图像每个像素点在参考坐标系下的坐标值，通过将图像数据与图像坐标相关联，将侧扫声呐图像显示到确定位置上。图 4.25 是侧扫声呐图像地理编码结果，图 4.25(a)是原始的序列图显示，横向是距离向，纵向是时间向。横轴的分辨率可以根据量程和采样率计算得到，纵轴的分辨率根据图像的行驶距离和数据帧数计算得到，因此横轴分辨率和纵轴分辨率并不固定，也不一定相等。

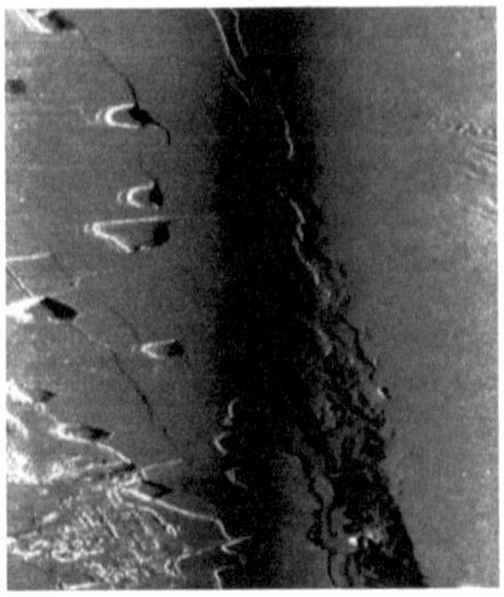

(a)

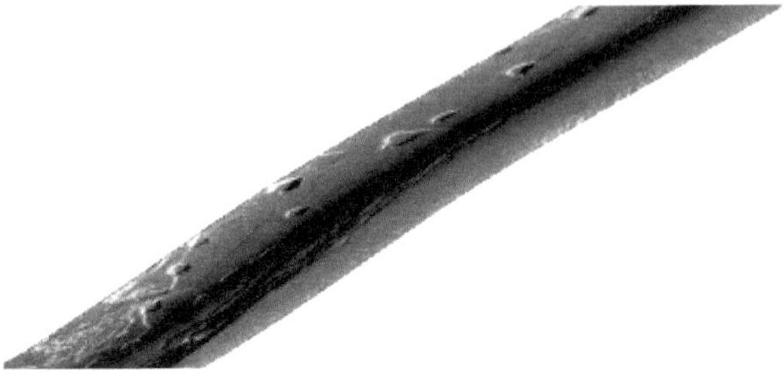

(b)

图 4.25　图像地理编码结果(见书后彩图)

图 4.25(b)是添加了坐标位置信息之后的图像，横坐标和纵坐标代表的是侧扫

声呐图像在阵心北向坐标系下的位置，横轴和纵轴具有相同的分辨率。经过地理编码之后的图像能够反映真实的空间位置，而且根据具有地理位置特性的图像，可以判断出载体的航行轨迹。

2)侧扫声呐图像姿态校正

由于海洋环境的影响，载体航行过程中会产生摇摆晃动、转向或者由其他原因引起航向角的变化，水下姿态难以保持稳定。载体姿态的不稳定会导致图像坐标产生一定的偏差，通过对姿态进行校正，可以提高航迹的准确性。

图 4.26 为载体姿态变化情况。载体的姿态是指声呐基阵相对于水平面的转动情况，主要有航向、横摇、纵摇，变化的角度分别用航向角(θ)、横摇角(r)、纵摇角(p)来表示。

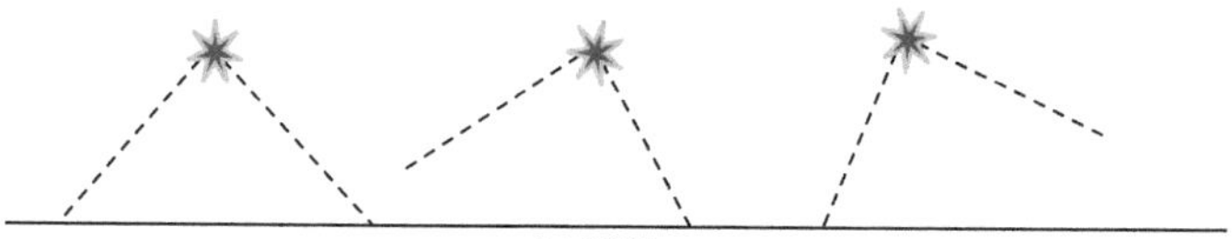

(a) 横摇

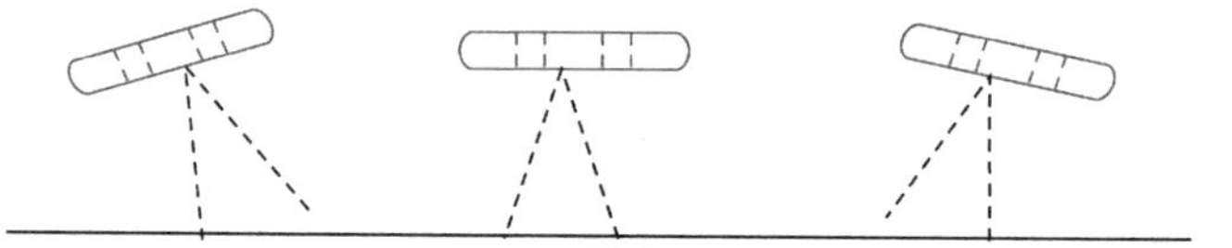

(b) 纵摇

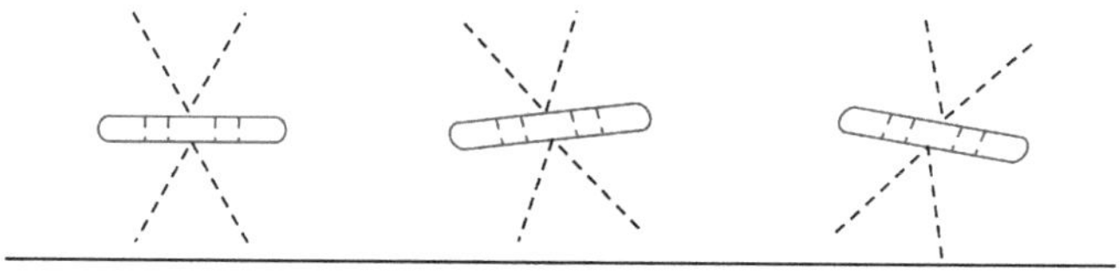

(c) 航向

图 4.26　载体姿态变化情况

横摇角是指载体横向与水平面的夹角，根据建立的载体坐标系可以得到，横摇角是载体绕 Y 轴转动的角度，定义左舷抬起的方向为正方向，取值范围为 $-\pi < r < \pi$ 。

纵摇代表的是载体纵向围绕水平面的转动情况。纵摇角是载体绕 X 轴转动的角度，定义载体头部抬起的方向为正方向，取值范围为 $-\pi < p < \pi$ 。

航向代表的是载体与地球北极之间的关系。航向角是载体绕 Z 轴旋转的角度，即 XOY 平面整体移动的情况，定义绕正北方向旋转过程中顺时针旋转的方向为正方向，取值范围为 $0 < \theta < 2\pi$ [25,26]。

载体在参考坐标系下显示的航行轨迹代表的是载体坐标系原点的移动过程。载体姿态的不稳定会导致载体坐标系原点产生一定的误差，从而导致像素点在参考坐标系下的坐标位置发生改变。准确的坐标位置是侧扫声呐图像拼接的基础，因此需要根据载体姿态的变化情况，对每个像素点的坐标进行校正，提高图像显示的准确性。图 4.27(a)是不进行航向角校正的像素点坐标，图 4.27(b)是航向角校正之后的像素点坐标。

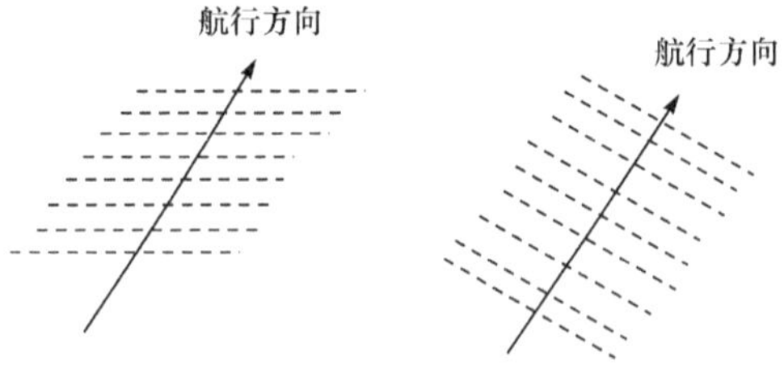

(a) (b)

图 4.27 姿态的影响

姿态校正是指将各像素点在理想载体坐标系下的坐标值转换成实际坐标系下坐标值的过程。本节以阵心北向坐标系为参考坐标系，假设载体坐标系(*O-XYZ*)是载体姿态稳定时的坐标系，参考坐标系(*O-ENU*)是载体姿态不稳定，坐标发生一定偏移后的实际坐标系。两个空间直角坐标系之间的转换只涉及旋转角度，因此本节介绍这两个坐标系之间的旋转模型。

首先对航向角进行校正，推导其旋转模型。图 4.28 是对应的两个空间直角坐标系，图(a)表示的是载体坐标系在空间的位置，图(b)表示的是坐标系中的 *XOY* 平面。航向角是载体围绕 *Z* 轴旋转的角度，因此 *Z* 轴的坐标保持不变，只是 *XOY* 平面发生移动，如图 4.28(b)所示。

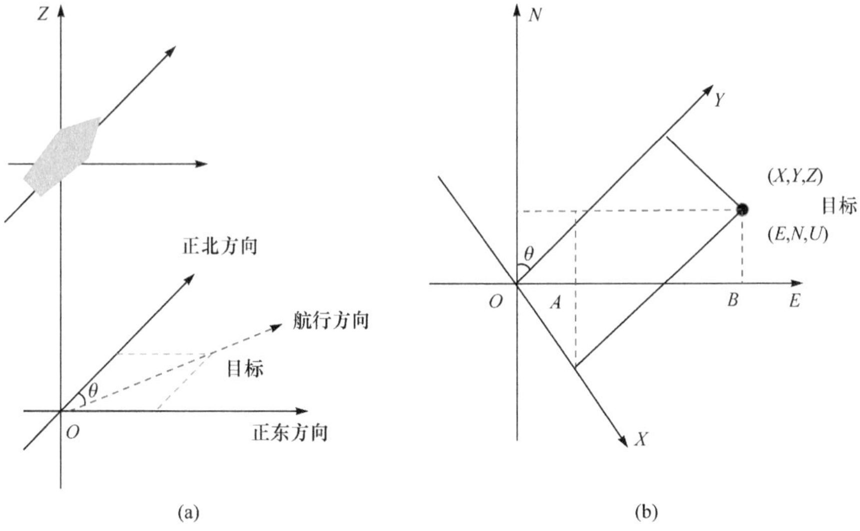

(a) (b)

图 4.28 坐标旋转模型

假设目标在载体坐标系下的坐标是 (X,Y,Z)，在参考坐标系下的坐标是 (E,N,U)，载体与正北方向的夹角为θ。那么，根据图中的几何关系可以得到

$$\begin{aligned} E &= X\cos\theta + Y\sin\theta \\ N &= -X\sin\theta + Y\cos\theta \\ U &= Z \end{aligned} \tag{4.37}$$

也可表示为

$$\begin{bmatrix} E \\ N \\ U \end{bmatrix} = \boldsymbol{R}(\theta)\begin{bmatrix} X \\ Y \\ Z \end{bmatrix} \tag{4.38}$$

式中，$\boldsymbol{R}(\theta)$ 为关于航向角的旋转矩阵，表达式为

$$\boldsymbol{R}(\theta) = \begin{bmatrix} \cos\theta & \sin\theta & 0 \\ -\sin\theta & \cos\theta & 0 \\ 0 & 0 & 1 \end{bmatrix} \tag{4.39}$$

横摇角是载体绕 Y 轴的旋转角度，是 XOZ 平面的一个旋转变换，根据上述方法，可以得到关于横摇角的旋转矩阵为

$$\boldsymbol{R}(r) = \begin{bmatrix} \cos r & 0 & \sin r \\ 0 & 1 & 0 \\ -\sin r & 0 & \cos r \end{bmatrix} \tag{4.40}$$

纵摇角是载体绕 X 轴的旋转角度，是 YOZ 平面的一个旋转变换，同理可以得到关于纵摇角的旋转矩阵为

$$\boldsymbol{R}(p) = \begin{bmatrix} 1 & 0 & 0 \\ 0 & \cos p & -\sin p \\ 0 & \sin p & \cos p \end{bmatrix} \tag{4.41}$$

如果首先进行航向角校正，再进行横摇角校正和纵摇角校正，可以得到由载体坐标系到参考坐标系的旋转矩阵为

$$\begin{aligned} \boldsymbol{R} &= \boldsymbol{R}(\theta)\boldsymbol{R}(r)\boldsymbol{R}(p) \\ &= \begin{bmatrix} \cos\theta & \sin\theta & 0 \\ -\sin\theta & \cos\theta & 0 \\ 0 & 0 & 1 \end{bmatrix}\begin{bmatrix} \cos r & 0 & \sin r \\ 0 & 1 & 0 \\ -\sin r & 0 & \cos r \end{bmatrix}\begin{bmatrix} 1 & 0 & 0 \\ 0 & \cos p & -\sin p \\ 0 & \sin p & \cos p \end{bmatrix} \\ &= \begin{bmatrix} \cos\theta\cos r & \sin\theta\cos p + \cos\theta\sin r\sin p & -\sin\theta\sin p + \cos\theta\sin r\cos p \\ -\sin\theta\cos r & \cos\theta\cos p - \sin\theta\sin r\sin p & -\cos\theta\sin p - \sin\theta\sin r\sin p \\ -\sin r & \cos r\sin p & \cos r\cos p \end{bmatrix} \end{aligned} \tag{4.42}$$

在校正过程中，由于坐标耦合的原因，校正顺序不同会导致结果出现一定的偏差，因此需要考虑三个姿态的校正顺序。通过变换旋转矩阵相乘的顺序可以得到不同校正顺序下的旋转矩阵。

根据得到的航向角、横摇角和纵摇角的旋转矩阵，可以进行载体坐标系和参考坐标系之间的转换，从而实现载体姿态的校正。本节对载体三个姿态角的校正结果进行理论仿真，分析校正前后坐标的变化情况。

(1)航向角校正。

假设其他姿态都稳定，只考虑航向不稳定的情况，得到关于航向角校正的基本表达式为

$$\begin{bmatrix} X \\ Y \\ Z \end{bmatrix} = \boldsymbol{R}(\theta)\begin{bmatrix} X_n \\ Y_n \\ Z_n \end{bmatrix} + \begin{bmatrix} x \\ y \\ z \end{bmatrix} = \begin{bmatrix} \cos\theta & \sin\theta & 0 \\ -\sin\theta & \cos\theta & 0 \\ 0 & 0 & 1 \end{bmatrix}\begin{bmatrix} X_n \\ Y_n \\ Z_n \end{bmatrix} + \begin{bmatrix} x \\ y \\ z \end{bmatrix} \tag{4.43}$$

式中，$\boldsymbol{R}(\theta)$ 为航向角的旋转矩阵；(X,Y,Z) 是校正之后像素点在参考坐标系下的坐标值；(X_n,Y_n,Z_n) 是校正之前像素点在载体坐标系下的坐标值；(x,y,z) 是坐标原点在参考坐标系下的坐标值。

航向角指的是载体绕 Z 轴旋转的角度，即 Z 轴的坐标不变，因此只对 X 轴和 Y 轴的坐标进行仿真。根据式(4.43)的校正方法，对航向角校正前后每个像素点的坐标值进行仿真，结果如图 4.29 所示。

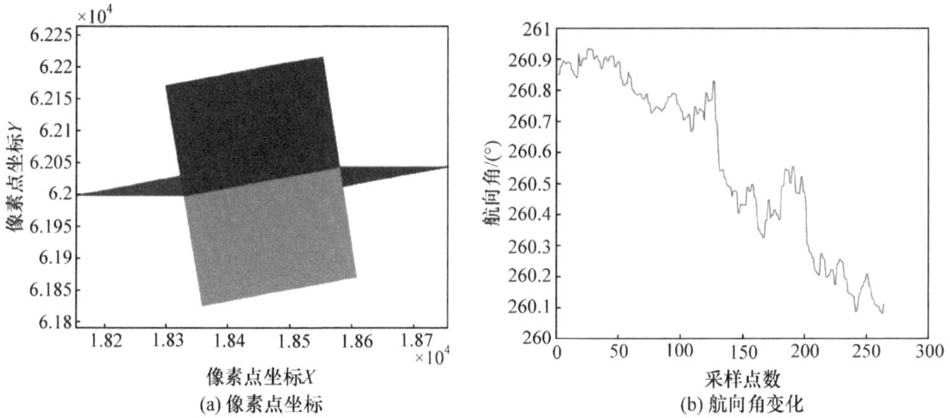

(a) 像素点坐标　　(b) 航向角变化

图 4.29　航向角校正

从图 4.29(b)可以看到，航向角在 260.0800°～260.9304°变化，变化范围小于1°，波动比较小。根据校正前后的坐标对比可以看到，坐标值围绕 Z 轴顺时针旋转了 260°，与理论相符。

(2)横摇角校正。

假设其他姿态稳定，只考虑横摇不稳定的情况，根据横摇角校正的旋转矩阵，得到关于横摇角校正的基本表达式为

$$\begin{bmatrix} X \\ Y \\ Z \end{bmatrix} = \boldsymbol{R}(r)\begin{bmatrix} X_n \\ Y_n \\ Z_n \end{bmatrix} + \begin{bmatrix} x \\ y \\ z \end{bmatrix} = \begin{bmatrix} \cos r & 0 & \sin r \\ 0 & 1 & 0 \\ -\sin r & 0 & \cos r \end{bmatrix}\begin{bmatrix} X_n \\ Y_n \\ Z_n \end{bmatrix} + \begin{bmatrix} x \\ y \\ z \end{bmatrix} \tag{4.44}$$

式中，$\boldsymbol{R}(r)$ 为横摇角的旋转矩阵；(X,Y,Z) 为校正之后像素点在参考坐标系下的坐标值；(X_n,Y_n,Z_n) 为校正之前像素点在载体坐标系下的坐标值；(x,y,z) 为坐标原点在参考坐标系下的坐标值。

横摇角指的是载体绕 Y 轴旋转的角度，即 Y 轴的坐标不变，因此只对 X 轴和 Z 轴的坐标进行仿真。根据式(4.44)的校正方法，对横摇角校正前后每个像素点的坐标值进行仿真，结果如图 4.30 所示。图 4.30(a)是像素点的坐标，红色是横摇角校正之前的坐标仿真图，蓝色是横摇角校正之后的坐标仿真图。

图 4.30(b)是横摇角的变化情况，可以看到，横摇角在−0.7820°～−0.5170°变化，变化范围在 0.3°以内，横摇角比较小而且波动也比较小。根据仿真结果可以得到，由于横摇角的影响，图像有一定的偏移，但是角度比较小，所以校正前后坐标的变化不明显。

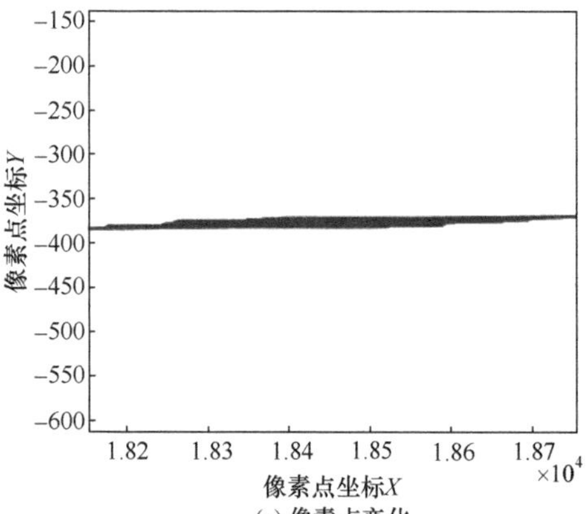

(a) 像素点变化

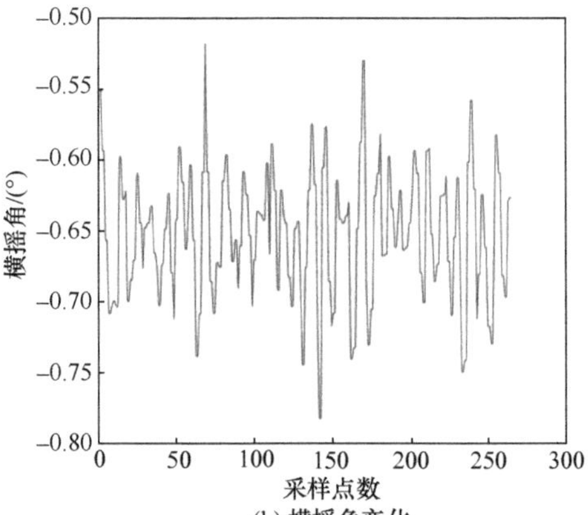

(b) 横摇角变化

图 4.30　横摇角校正(见书后彩图)

(3)纵摇角校正。

假设其他姿态稳定，只考虑纵摇不稳定的情况，根据纵摇角校正的旋转矩阵，得到关于纵摇角校正的基本表达式为

$$\begin{bmatrix} X \\ Y \\ Z \end{bmatrix} = \boldsymbol{R}(p)\begin{bmatrix} X_n \\ Y_n \\ Z_n \end{bmatrix} + \begin{bmatrix} x \\ y \\ z \end{bmatrix} = \begin{bmatrix} 1 & 0 & 0 \\ 0 & \cos p & -\sin p \\ 0 & \sin p & \cos p \end{bmatrix}\begin{bmatrix} X_n \\ Y_n \\ Z_n \end{bmatrix} + \begin{bmatrix} x \\ y \\ z \end{bmatrix} \tag{4.45}$$

式中，$\boldsymbol{R}(p)$ 为纵摇角的旋转矩阵；(X,Y,Z) 为校正之后像素点在参考坐标系下的坐标值；(X_n,Y_n,Z_n) 为校正之前像素点在载体坐标系下的坐标值；(x,y,z) 为坐标原点在参考坐标系下的坐标值。

航向角的校正代表的是 XOY 平面的移动，横摇角和纵摇角的校正代表的是坐标系在水平面内的移动。校正过程中，如果先考虑横摇角或者纵摇角的校正，无法保证 Z 轴仍在铅垂面内。而且航向角是载体航行方向与正北方向的夹角，航向角的改变是由于载体姿态不稳定或者转向而产生的，横摇角和纵摇角的改变是由于载体姿态不稳定而产生的，相对较小。因此航向角校正的顺序必须正确，横摇角和纵摇角的影响较小，但是也需考虑顺序。本节选择先进行横摇角的校正，后进行纵摇角校正的顺序。

可以计算得到每个像素点在载体坐标系下的 X 轴坐标和 Y 轴坐标。载体坐标系是以载体为坐标原点，因此 Z 轴坐标为 0。由此可以得到左舷数据像素点的坐标值为

$$\begin{cases} X_n = -\mathrm{Res}\times i, \quad 0 < i \leqslant \mathrm{NumSamples} \\ Y_n = \mathrm{SonarLength}/N \times n + k \times \mathrm{SonarLength} \\ Z_n = 0 \end{cases} \tag{4.46}$$

载体右舷数据像素点的坐标值为

$$\begin{cases} X_n = \mathrm{Res}\times i, \quad 0 < i \leqslant \mathrm{NumSamples} \\ Y_n = \mathrm{SonarLength}/N \times n + k \times \mathrm{SonarLength} \\ Z_n = 0 \end{cases} \tag{4.47}$$

式中，i 为像素点位置；N 为波束的个数；n 为波束的位置；k 为当前帧数。

如果要将每个像素点在载体坐标系下的坐标值转换到参考坐标系下，首先需要根据旋转模型，对载体的每个姿态角进行校正，得到姿态校正之后的坐标，然后根据计算得到的坐标原点的坐标值，进行坐标原点的平移。由此，可以得到像素点在参考坐标系下的坐标值，计算方法为

$$\begin{bmatrix} x_i \\ y_i \\ z_i \end{bmatrix} = \boldsymbol{R}\begin{bmatrix} X_n \\ Y_n \\ Z_n \end{bmatrix} + \begin{bmatrix} x \\ y \\ z \end{bmatrix} \tag{4.48}$$

式中，$\boldsymbol{R}$ 为旋转矩阵，根据不同的旋转顺序可以得到不同旋转矩阵的表达式；

(X_n,Y_n,Z_n) 为每个像素点在载体坐标系下的坐标值；(x,y,z) 为坐标原点的坐标值，即载体在阵心北向坐标系下的坐标值，计算方法为

$$\begin{bmatrix} x \\ y \\ z \end{bmatrix} = \begin{bmatrix} -\sin B_0 \cos L_0 & -\sin B_0 \sin L_0 & \cos B_0 \\ -\sin L_0 & \cos L_0 & 0 \\ \cos B_0 \cos L_0 & 0 & \sin B_0 \end{bmatrix} \begin{bmatrix} X - X_0 \\ Y - Y_0 \\ Z - Z_0 \end{bmatrix} \tag{4.49}$$

其中，(X,Y,Z) 为载体的大地坐标；(X_0,Y_0,Z_0) 为 GPS 所在测量站的大地坐标。

首先对侧扫声呐的航向角进行校正，然后进行横摇角的校正，最后进行纵摇角的校正，因此得到的旋转矩阵如式(4.42)所示。根据式(4.42)对侧扫声呐图像的位置进行校正，校正结果如图 4.31 所示。

图 4.31　姿态校正图像(见书后彩图)

从图 4.31 可以看出，经过姿态校正之后，图像显示得更加清晰。对于海底的山脉，姿态校正之后显示得更加清楚，而且可以根据图像判断山脉的位置及周围的环境等。

校正之后的声呐不仅具有位置信息，还具有姿态信息，能够更加准确地反映声呐的姿态变化情况。对比姿态校正前后的图像可以看到，姿态校正之前图像的左侧数据和校正之后图像的右侧数据对应，由此可以知道，载体的航向角大于 180°，与前面的航向角刚好对应。

当航向发生改变时，不经校正的图像，其扫描线仍然保持为一条横线，经过航向角校正之后的图像，其扫描线的坐标会随着航向角的改变而改变，可能是一条横线，也可能是一条倾斜的直线。因此，经过姿态校正之后，图像的位置信息更加准确。

2. 侧扫声呐图像匹配与融合

1) 侧扫声呐图像匹配技术

基于图像特征的匹配方法，利用相应的变换模型将待匹配图像中提取到的特征映射到参考图像中，实现图像之间的匹配。理论上，如果提取的图像特征较好，并且能够完成精确匹配，则可以匹配任何复杂的图像，但是该方法依赖于图像特征提取的准确性，适用于特征明显的图像。

基于灰度值的图像匹配方法，通过分析图像的灰度值，寻找得到不同图像灰度值相似度最大的区域，实现图像的匹配。该方法不需要考虑图像的特征，但是如果图像噪声较多或者两个区域的灰度值匹配度相似，就容易出现误匹配。

侧扫声呐图像特征不明显，噪声较多，但是在显示过程中，每个像素值具有准确的位置信息。综合考虑侧扫声呐图像的特点，本节提出一种基于地理坐标的匹配方法。该方法通过找到不同图像之间坐标相同的像素点，实现图像的匹配，然后直接对相应的像素点进行处理。这种方法不需要考虑图像特征和灰度值，只要坐标准确，便可以实现图像匹配，不会出现特征误判，匹配更加快速和准确。

基于地理坐标匹配方法的关键在于根据为图像像素点添加的位置信息，寻找得到两幅图像坐标相同的区域，从而实现图像的匹配。假设图像 1 是待匹配图像，坐标数组是$(\boldsymbol{X}_{x1},\boldsymbol{Y}_{y1})$，图像 2 是参考图像，坐标数组是$(\boldsymbol{X}_{x2},\boldsymbol{Y}_{y2})$，则

$$
\begin{aligned}
&\boldsymbol{X}_{x1}=\begin{bmatrix} x_{11} & x_{12} & \cdots & x_{1n} \\ x_{21} & x_{22} & \cdots & x_{2n} \\ \vdots & \vdots & & \vdots \\ x_{m1} & x_{m2} & \cdots & x_{mn} \end{bmatrix},\quad \boldsymbol{Y}_{y1}=\begin{bmatrix} y_{11} & y_{12} & \cdots & y_{1n} \\ y_{21} & y_{22} & \cdots & y_{2n} \\ \vdots & \vdots & & \vdots \\ y_{m1} & y_{m2} & \cdots & y_{mn} \end{bmatrix} \\
&\boldsymbol{X}_{x2}=\begin{bmatrix} x'_{11} & x'_{12} & \cdots & x'_{1n} \\ x'_{21} & x'_{22} & \cdots & x'_{2n} \\ \vdots & \vdots & & \vdots \\ x'_{m1} & x'_{m2} & \cdots & x'_{mn} \end{bmatrix},\quad \boldsymbol{Y}_{y2}=\begin{bmatrix} y'_{11} & y'_{12} & \cdots & y'_{1n} \\ y'_{21} & y'_{22} & \cdots & y'_{2n} \\ \vdots & \vdots & & \vdots \\ y'_{m1} & y'_{m2} & \cdots & y'_{mn} \end{bmatrix}
\end{aligned}
\tag{4.50}
$$

式中，n 代表采样点数；m 表示图像的帧数。

如果两幅图像有重合区域，那么重合区域的地理坐标，即横坐标和纵坐标应该分别相等，简单理解为 $\boldsymbol{X}_{x1}=\boldsymbol{X}_{x2}$ 且 $\boldsymbol{Y}_{y1}=\boldsymbol{Y}_{y2}$。

对于不同的图像，无法保证重合区域在两幅图像中所处的位置一样。假设像素点 A 在图像 1 中是第 N 帧的某一个位置点，但是像素点 A 可能是图像 2 中第 M 帧的某一个位置点，因此在寻找相同坐标点的过程中，需要使用嵌套循环，进行两次遍历。该方法具体实现过程如下。

为了便于计算，首先将声呐图像的横坐标和纵坐标合并为一个数据，假设

$n=4$，$m=2$，那么图像 1 的坐标可以表示为

$$\mathbf{img}_1=\begin{bmatrix} x_{11} & y_{11} & x_{12} & y_{12} & x_{13} & y_{13} & x_{14} & y_{14} \\ x_{21} & y_{21} & x_{22} & y_{22} & x_{23} & y_{23} & x_{24} & y_{24} \end{bmatrix} \tag{4.51}$$

同理，图像 2 的坐标可表示为

$$\mathbf{img}_2=\begin{bmatrix} x'_{11} & y'_{11} & x'_{12} & y'_{12} & x'_{13} & y'_{13} & x'_{14} & y'_{14} \\ x'_{21} & y'_{21} & x'_{22} & y'_{22} & x'_{23} & y'_{23} & x'_{24} & y'_{24} \end{bmatrix} \tag{4.52}$$

确定参考图像的一个坐标之后，就可以对待匹配图像进行搜索，如果两幅图像的坐标相同，那么 x 的值相同，并且 x 之后的第一个 y 值也相同，记录此时的坐标值。然后，对参考图像的下一个坐标进行搜索，直到两幅图像中每个像素点都查找一遍，最终确定两幅图像中相同的坐标点。最后，通过坐标点找到对应的像素点，对图像进行融合处理。

图 4.32 是根据图像地理坐标匹配的结果，图中的黑色区域表示两幅图像坐标相同的位置。从图中可以看到，经过匹配之后的图像基本可以确定重合区域。该方法不需要考虑图像的特征或者图像的灰度值，只要侧扫声呐的姿态稳定，经过地理编码之后图像像素点的位置准确，那么该方法就可以实现图像的准确匹配。

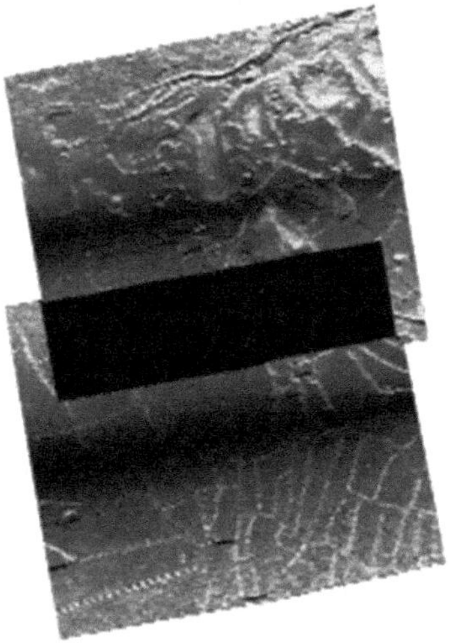

图 4.32　图像匹配结果(见书后彩图)

2) 侧扫声呐图像融合方法

侧扫声呐图像融合是图像拼接中的关键环节之一，通过图像的匹配得到图像之间的关系，利用融合技术对图像进行处理，最终实现图像的拼接。

由于像素级图像融合方法直接对原始数据进行处理，不需要考虑图像特征，

而且该方法对原始信息保留得最好，能够很好地降低信息损失，具有较高的准确性，因此本节选择的是像素级融合方法对侧扫声呐图像进行融合处理。根据图像融合方法的作用域不同，侧扫声呐图像融合方法大致可以分为两种，即基于变换域的图像融合方法和基于空间域的图像融合方法。

（1）基于变换域的图像融合方法。

基于变换域的图像融合是将待处理的图像映射到变换域，然后在变换域上根据一定的方法对图像进行处理，该方法融合精度高，但是计算复杂。常用的基于变换域的图像融合方法有塔形分解法和小波变换法。

塔形分解法是一种多尺度融合方法，该方法可以表现不同尺度上图像的细节信息，融合过程也是在不同尺度、不同分解层上进行的。不同分解层上得到的信息可以用于分析不同的物体，该方法可以得到较好的融合效果。

小波变换法是随着小波理论的发展而出现的一种新的融合方法。该方法的基本思想是使用滤波理论对图像进行处理，小波变换的本质是一种高通滤波，最终处理的效果取决于小波基的选择，该方法具有较好的时频局部分析特性。

（2）基于空间域的图像融合方法。

空间域的融合是对图像的灰度值进行处理，不对图像整体特征进行分析，相对简单。基于空间域的图像融合方法有像素灰度值选大法、像素灰度值选小法、加权平均法和覆盖法等。

① 像素灰度值选大法。

像素灰度值选大法的基本思想是，对于图像某一位置，直接对图像像素点的灰度值进行比较，选择较大的灰度值作为该位置融合处理之后的像素值。该方法的基本表达式为

$$F(m,n)=\max\{A(m,n),B(m,n)\} \tag{4.53}$$

式中，A 、B 为待处理的图像；F 为处理之后的图像；(m,n) 代表的是待处理像素点的位置。

② 像素灰度值选小法。

像素灰度值选小法的思想与选大法的思想刚好相反，它是在图像处理过程中对于图像的某一位置，比较两幅图像像素点灰度值的大小，选择较小的灰度值作为该位置融合处理之后的像素值。该方法的基本表达式为

$$F(m,n)=\min\{A(m,n),B(m,n)\} \tag{4.54}$$

式中，各变量的含义同式(4.53)。

③ 加权平均法。

加权平均法的基本思想是对图像像素值进行加权处理。该方法结合了两幅图像的灰度值特征，根据图像的特点可以选择不同的参数，得到融合处理之后的灰

度值。该方法的基本表达式为

$$F(m,n)=\omega_1 A(m,n)+\omega_2 B(m,n) \tag{4.55}$$

式中，ω_1 、ω_2 为加权系数，$\omega_1+\omega_2=1$；其余变量的含义同式(4.53)。当 ω_1 、ω_2 分别取 0.5 时，融合的结果为两幅图像的平均值。

④ 覆盖法。

覆盖法的基本思想是用当前时刻的像素值覆盖前一时刻的像素值。该方法主要是为了保存新的数据，对于重合的区域，直接记录后来的像素信息，丢弃原有的数据信息。该方法不需要对图像像素值进行处理，而是直接显示。该方法的基本表达式为

$$F(m,n)=A(m,n) \quad 或 \quad F(m,n)=B(m,n) \tag{4.56}$$

式中，变量的含义同式(4.53)。经过该方法处理之后的图像像素值直接等于原有图像的像素值。

综合上述几种方法可知，像素灰度值选大法或者选小法可以有效地保证图像突出目标物的显示，但是容易丢失阴影信息或者高亮目标物的信息；加权平均法综合了每个数据的信息，可以保留两幅图像中重合区域的图像特征，但是容易造成图像特征的模糊；覆盖法直接记录后来的像素信息，但是只能保留一次数据，无法保存前一刻的信息，造成信息的丢失。

综合考虑几种图像融合方法的特点，本节选择基于空间域的图像融合方法，分别使用平均值法和覆盖法对数据进行处理，平均值法即加权平均法中 ω_1 、ω_2 分别取 0.5 时的一种特例，分别对两种方法的处理结果进行分析。图 4.33 是两幅待融合处理的图像。

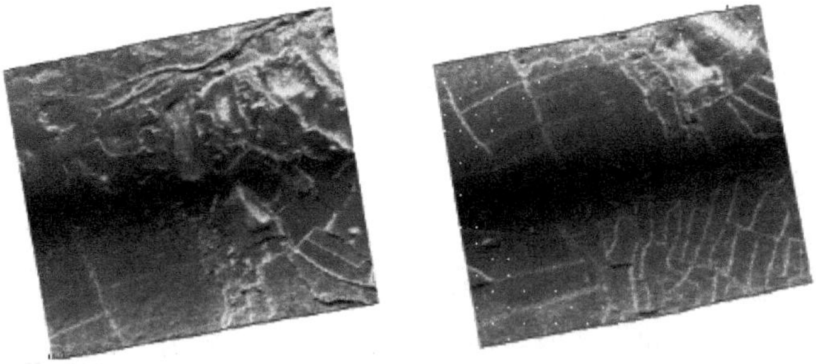

图 4.33　待融合处理的图像

覆盖法是当两幅图像正常显示时，如果有重合的区域，第二幅图会对第一幅图直接覆盖，因此对两幅图像直接显示即可。平均值法需要找到两幅图像的重合区域，以及重合区域中每个点对应的像素值，然后对两幅图像的像素值取平均。融合结果如图 4.34 所示。

(a) 覆盖法

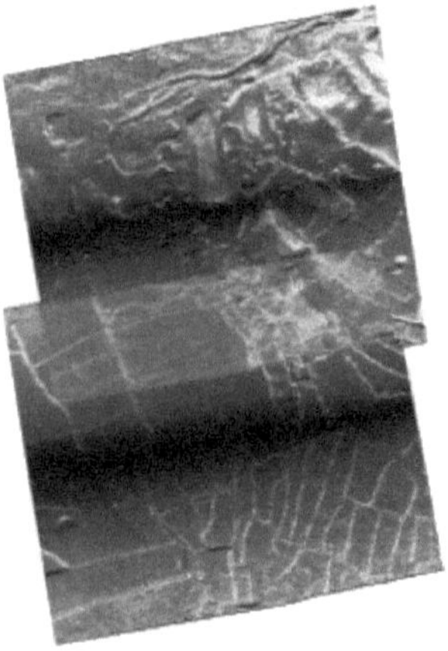

(b) 平均值法

图 4.34 融合结果(见书后彩图)

3. 侧扫声呐试验数据拼接处理

1)水下无人航行器载体拖曳

将侧扫声呐换能器安装在水下无人航行器的两侧，对某水域的湖底进行扫测。在试验过程中，侧扫声呐在水下 3m 的状态，以不大于 4 节的速度在水下航行，航行器在某一个区域进行重复扫测。

本次试验共完成了 6 次有效航路的测量，每条航路的路线一致，选择其中 2 条航路进行拼接处理。对侧扫声呐采集到的数据直接使用瀑布图显示，结果如图 4.35 所示。

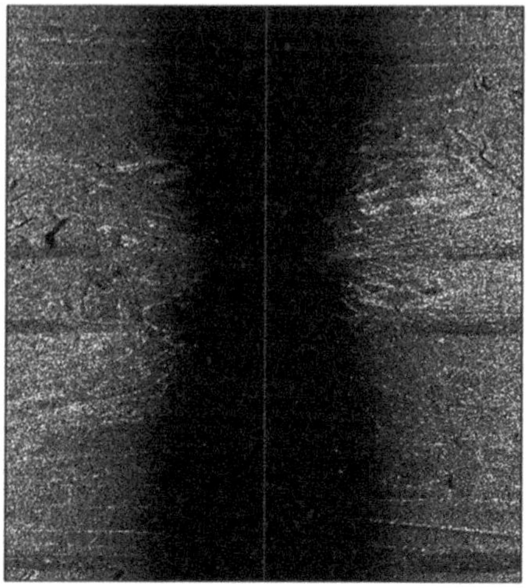

图 4.35 原始序列图 1

可以看出，如果直接使用 MATLAB 显示侧扫声呐的原始图像，中间水体区域明显、地貌不清晰，效果较差，因此在拼接之前必须对图像进行相应的处理。

利用本节的处理方法，得到如图 4.36 所示的拼接结果。拼接结果表明，经过插值、灰度校正和斜距校正处理的图像显示效果得到了明显提升。经过坐标转换和姿态校正之后的图像不仅可以显示地貌信息，还可以显示载体的航行轨迹。在拼接过程中，侧扫声呐图像根据地理坐标显示在相应的位置上，从而实现自动拼接，拼接的结果基本满足要求。根据全局图可以更加准确地判断地貌信息，例如，从图 4.36 可以看到海底的一些凸起及其周围的地貌情况。

载体在转向过程中，由于姿态不稳定、拖鱼高度改变等因素的影响，图像会出现严重变形，拼接得到的图像出现一定的错位现象，如图 4.36 左下角的位置。

图 4.36　图像拼接结果 1（见书后彩图）

2）水面船只拖曳

将侧扫声呐换能器安装在拖鱼两侧，由水面的船只拖曳，对某水域的湖底地貌进行扫测。对图 4.37 所示的区域进行了扫测，共完成 5 条平行测线。对试验过程中采集到的数据进行处理，选择其中一条航迹的数据进行拼接处理。

图 4.38 是使用本节处理方法得到的图像拼接结果。从拼接结果可以看出，拼接之后的图像对地貌显示得更加清晰准确。根据拼接得到的地貌全局图可以更加清晰地判断地貌情况，由图 4.38 可以看到，该区域有高低起伏比较明显的山峰，也有一些地势比较平坦的村庄、梯田等。

通过对侧扫声呐不同工作方式下得到的试验数据处理结果的分析可知，利用本节的处理方法可以得到比较理想的拼接效果，验证了本节处理方法的有效性。

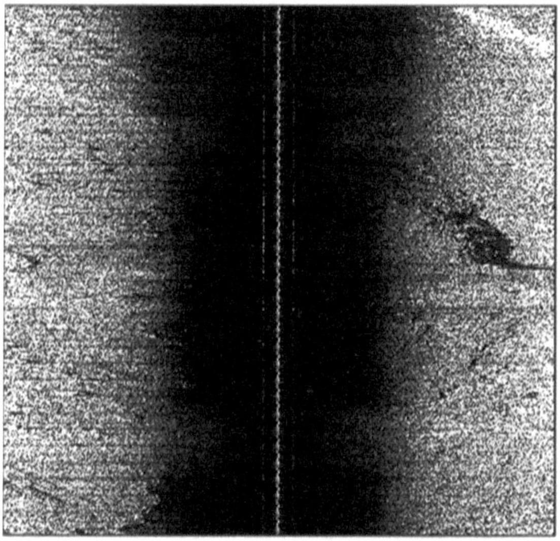

图 4.37　原始序列图 2

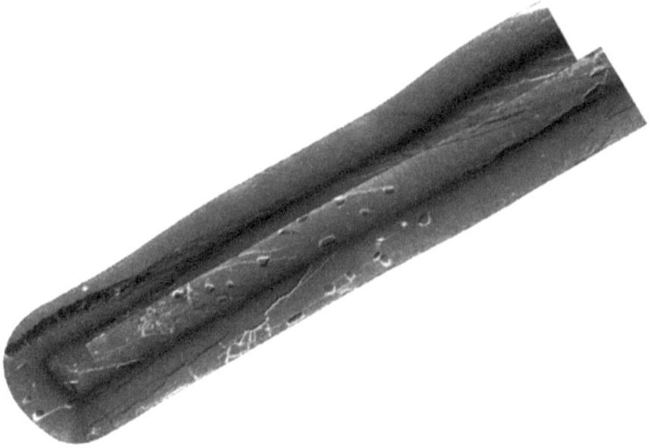

图 4.38　图像拼接结果 2

4.3.3　图像三维重构技术

侧扫声呐对海底地貌和海底目标的探测结果以图像的形式展现，因此一幅清晰、准确、信息全面的图像能够直观地反映海底地形的起伏、海底目标的大小、形状以及高度等特征，这些信息的获取对海洋探测起着至关重要的作用。然而，侧扫声呐图像只能显示海底的二维空间状态，不能直接反映海底和水下目标的高度信息。但侧扫声呐二维图像的明暗变化隐含着空间的第三维信息，可以反映图像的高低起伏，因此可以通过二维的声图来重构三维的海底地形和目标的高度信息。三维重构后的声图具有了海底的三维空间信息，能够获取三维的特征，从而直观、全面地展现海底的真实空间，能快速、有效地掌握目标信息，为目标的探测、分类和识别等后续处理提供了铺垫，并提高了分类、识别的准确度[27]。三维重构技术是计算机视觉领域的重要技术，三维重构算法是基于明暗恢复形状(shape from shading, SFS)的三维重构方法，本节结合侧扫声呐的成像机理和图像处理技术，研究侧扫声呐图像的三维重构方法。三维重构后的图像具有高分辨率的特点，又具有高度信息，能够更好地展现水下真实的空间状态。随着海洋科技的不断发展，侧扫声呐三维重构技术会拥有更加广阔的发展前景。

1. 基于 SFS 方法的图像三维重构

SFS 方法的本质是利用图像的明暗变化(即灰度信息)来恢复图像中各像素点的相对高度，获得高度图，进一步得到三维重构图像。该方法基于 Lambert 法则建立散射模型，形成图像灰度与高度之间的关系方程，在此基础上加入约束条件进行图像高度的求解。SFS 方法共有四种方法，各个方法均在能量方程的基础上加入了不同的约束条件，从而得到高度图，最终实现物体表面的三维重构。侧扫声呐图像的明暗变化与海底地形起伏变化有关，因此该方法对于声图有较好的适应性。

鉴于侧扫声呐图像的特点，并非所有的 SFS 方法都适用于侧扫声呐图像的三维重构，选择合适的算法是侧扫声呐图像三维重构研究的关键环节。本章根据侧扫声呐的成像原理建立算法模型，基于 SFS 方法进行单幅侧扫声呐图像的三维重构。选取线性化 SFS 方法和最小化 SFS 方法，分别对两种方法进行介绍，并提出方法的评价指标，选择性能较好的方法。

侧扫声呐图像的三维重构包括海底微地貌和水下目标形状的三维重构。在 SFS 方法重构的初始三维形状基础上，加入高度约束，获得准确的高度值。针对海底地貌的三维重构，加入拖鱼高度数据变化作为约束；针对水下目标的三维重构，通过声图阴影区域的长度来估计高度。初始三维图像经过高度约束后，可获得最终的三维图像。基于 SFS 方法的三维重构流程如图 4.39 所示。

1) 线性化 SFS 方法

SFS 方法是以 Lambert 漫反射规律为基础，若物体表面粗糙，则漫反射强度与声波入射方向、物体表面梯度等相关。根据给出的 Lambert 漫反射模型，侧扫声呐的声能反射方程为

$$\begin{aligned} E(x,y) &= R(p,q) \\ &= \frac{1+pp_s+qq_s}{\sqrt{1+p^2+q^2}\sqrt{1+p_s^2+q_s^2}} \\ &= \frac{\cos\varphi+p\cos\tau\sin\varphi+q\sin\tau\sin\varphi}{\sqrt{1+p^2+q^2}} \end{aligned} \tag{4.57}$$

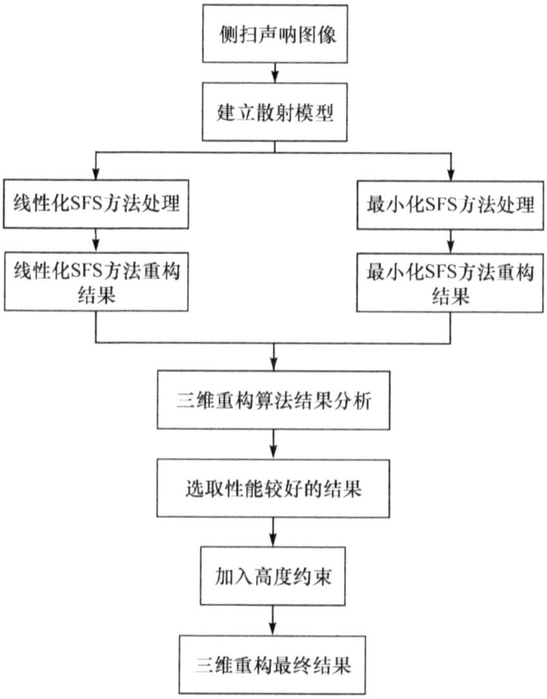

图 4.39　基于 SFS 方法的三维重构流程

式中，$E(x,y)$ 为图像强度；(x,y) 为像素点；p 和 q 分别为 x 、y 方向的高度梯度；p_s 和 q_s 为入射方向的法向量。

设 Z 为高度值，则

$$p=\frac{\partial Z}{\partial x}=Z(x,y)-Z(x-1,y) \tag{4.58}$$

$$q=\frac{\partial Z}{\partial y}=Z(x,y)-Z(x,y-1) \tag{4.59}$$

将反射方程(4.57)进行有限差分，得到新的离散化反射方程为

$$\begin{aligned}0&=f(E(x,y),Z(x,y),Z(x-1,y),Z(x,y-1))\\&=E(x,y)-R(Z(x,y)-Z(x-1,y),Z(x,y)-Z(x,y-1))\end{aligned} \tag{4.60}$$

将式(4.60)进行泰勒级数展开得到

$$\begin{aligned}0&=f(Z(x,y))\\&\approx f(Z^{n-1}(x,y))+(Z(x,y)-Z^{n-1}(x,y))\frac{\mathrm{d}}{\mathrm{d}Z(x,y)}f(Z^{n-1}(x,y))\end{aligned} \tag{4.61}$$

假设每个像素点第 n 次迭代的高度值为 $Z^n(x,y)$，利用雅可比迭代法可得

$$Z^n(x,y)=Z^{n-1}(x,y)+\frac{-f(Z^{n-1}(x,y))}{\dfrac{\mathrm{d}}{\mathrm{d}Z(x,y)}f(Z^{n-1}(x,y))} \tag{4.62}$$

式中，

$$\frac{\mathrm{d}f(Z^{n-1}(x,y))}{\mathrm{d}Z(x,y)}=-1\times\left(\frac{p_s+q_s}{\sqrt{p^2+q^2+1}\sqrt{p_s^2+q_s^2+1}}-\frac{(p+q)(pp_s+qq_s+1)}{\sqrt{(p^2+q^2+1)^3}\sqrt{p_s^2+q_s^2+1}}\right) \tag{4.63}$$

设定迭代的终止条件为

$$Z^n(x,y)-Z^{n-1}(x,y)\leqslant\varepsilon \tag{4.64}$$

通过上述算法的迭代过程，可以得到图像每个像素点的高度值 Z。图像中每个像素点的高度由上一次迭代值与高度差计算求得，如图 4.40 所示。

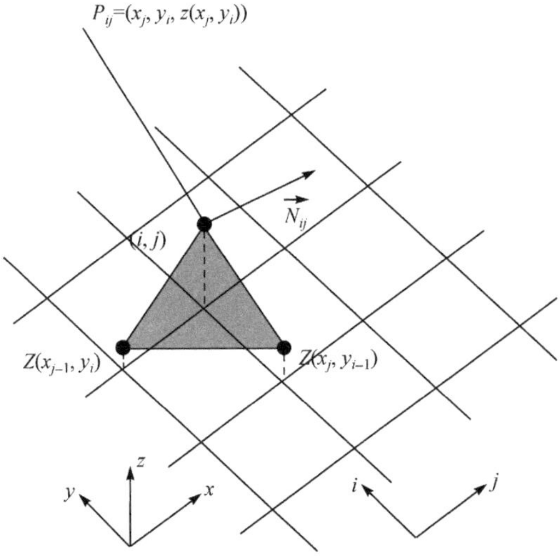

图 4.40　算法迭代示意图

声波的入射方向表达式为

$$S_{ij}=\left(\frac{\cos\tau_{ij}\sin\theta_{ij}}{\cos\theta_{ij}},\frac{\sin\tau_{ij}\sin\theta_{ij}}{\cos\theta_{ij}},-1\right) \tag{4.65}$$

$$\theta_{ij}=\arccos(\mathrm{sqrt}(I_s)) \tag{4.66}$$

式中，τ_{ij} 为声波入射方向的偏角；当侧扫声呐的航迹线与 y 轴方向一致时，$\tau_{ij}=0$；θ_{ij} 为声波入射方向的倾角；I_s 为反向散射强度。

根据上述线性化 SFS 方法的推导公式，可以设计如下算法实现流程，以最终求得图像的高度。

(1) 根据散射强度与入射角的关系，求出每个像素点对应的入射角度估计值，计算各像素点对应的波束大概入射方向。

(2) 利用该算法在图像的每一个像素点求 p 、q 值，并给边界处的 p 、q 赋值。通过迭代，计算出每个像素点的高度 Z 。

(3) 设立迭代阈值和误差矩阵，重复上述 3 个步骤，直到相近两次的高度误差小于迭代阈值。

(4) 退出循环，得到图像的相对高度。

(5) 将求得的相对高度进行高度约束，求出最终高度，并将高度图三维可视化。

2) 最小化 SFS 方法

(1) 最小化 SFS 方法的原理。

最小化 SFS 方法的原理是把图像的反射函数方程和物体表面的模型均等价为能量函数的形式，将二者结合转变为泛函极值的求解问题。这里采用 Zheng 和 Chellappa 提出的最小化 SFS 方法。

最小化 SFS 方法的模型建立依旧采用 Lambert 法则。侧扫声呐在作业过程中的发射频率是固定的，因此在声源的入射强度固定不变的情况下，反向散射的回波强度只与波束的入射方向和物体表面法线所成的夹角 θ 有关。海底表面反射模型如图 4.41 所示。

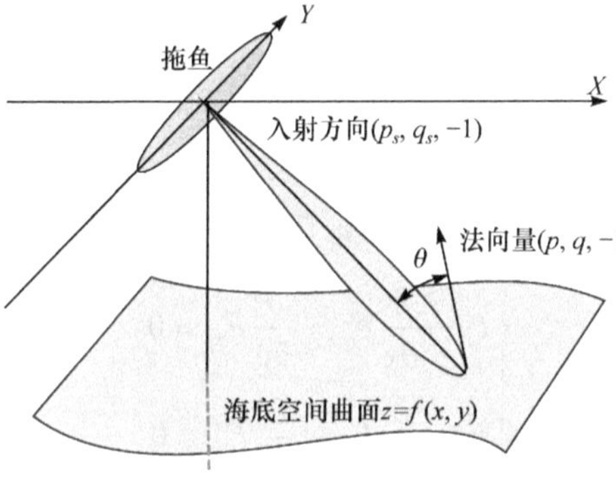

图 4.41　海底表面反射模型

海底表面高度可用空间曲面函数 $z = f(x,y)$ 表示，海底表面的法向量可用 (n_x,n_y,n_z) 表示，每个像素点高度的梯度用 $(p,q,-1)$ 表示，根据反射模型可得到声波在海底表面的反射函数方程为

$$
\begin{aligned}
I(x,y) &= R(p(x,y),q(x,y)) = I_0 \cos\theta \\
&= I_0 \frac{pp_s + qq_s + 1}{\sqrt{p^2 + q^2 + 1}\sqrt{p_s^2 + q_s^2 + 1}}
\end{aligned}
\tag{4.67}
$$

假设给定每个像素点梯度的函数形式为$(z_x,z_y,-1)$，则每个像素点的梯度为

$$p(x,y)=\frac{\partial z(x,y)}{\partial x}=z_x \tag{4.68}$$

$$q(x,y)=\frac{\partial z(x,y)}{\partial y}=z_y \tag{4.69}$$

在声呐图像中，能量入射强度I_0、能量入射方向$(p_s,p_s,-1)$、图像I的每个像素灰度值$I(x,y)$均已知。根据(p,q)与z的关系式可求出重构物体的表面高度$z(x,y)$。Zheng 和 Chellappa 改进的 SFS 方法整合了亮度约束、梯度强度约束和可积性约束，获得的最小化能量方程为泛函极小值方程，表达式为

$$\begin{aligned}J=\iint F(p,q,z)=\iint_{\Omega}\Big\{&(I-R)^2+(R_x-I_x)^2\\&+(R_y-I_y)^2+\mu[(z_x-p)^2+(z_y-q)^2]\Big\}\mathrm{d}x\mathrm{d}y=\min\end{aligned} \tag{4.70}$$

式中，I表示图像的灰度强度；R表示重构图像的强度。第一项$(I-R)^2$为亮度约束，它代表的是重构后图像的亮度与输入图像亮度的差值；第二项$(R_x-I_x)^2$和第三项$(R_y-I_y)^2$为强度梯度约束，它要求在x、y两个方向上，重构后图像的强度梯度近似于输入图像的强度梯度；第四项$(z_x-p)^2+(z_y-q)^2$为可积性约束，保证重构图像表面具有有效性。

通过变分法将式(4.70)泛函极小值求解转换为欧拉方程：

$$\begin{cases}F_p-\dfrac{\partial}{\partial x}F_{p_x}-\dfrac{\partial}{\partial y}F_{p_y}=0\\F_q-\dfrac{\partial}{\partial x}F_{q_x}-\dfrac{\partial}{\partial y}F_{q_y}=0\\F_z-\dfrac{\partial}{\partial x}F_{z_x}-\dfrac{\partial}{\partial y}F_{z_y}=0\end{cases} \tag{4.71}$$

为了简化式(4.71)，将$R(p,q)$在(p,q)方向上进行一级泰勒级数展开，去掉高阶项部分，然后将结果代入$F(p,q,z)$的方程中，再求解得到如下矩阵形式的表达式：

$$\begin{bmatrix}5R_p^2+u & 5R_pR_q & u\\5R_pR_q & 5R_p^2+u & u\\-1 & -1 & u\end{bmatrix}\begin{bmatrix}\delta_p\\\delta_q\\\delta_z\end{bmatrix}=\begin{bmatrix}C_1\\C_2\\C_3\end{bmatrix} \tag{4.72}$$

式中，

$$C_1=(-R+I+R_p p_{xx}+R_q q_{xx}-I_{xx}+R_p p_{yy}+R_q q_{yy}-I_{yy})R_p-u(p-Z_x) \tag{4.73}$$

$$C_2=(-R+I+R_p p_{xx}+R_q q_{xx}-I_{xx}+R_p p_{yy}+R_q q_{yy}-I_{yy})R_p-u(p-Z_y) \tag{4.74}$$

$$C_3=-p_x+Z_{xx}-q_y-I_{xx}+Z_{yy} \tag{4.75}$$

$(\delta_p,\delta_q,\delta_z)$为$(p,q,z)$对应的每一次迭代的增量；$u$为权重系数。采用有限差分法求解式(4.70)得到每个增量的表达式，通过建立迭代过程同时更新高度和梯度，表达式为

$$\begin{cases}\delta_p=\dfrac{4}{\Delta}\left[\left(c_1-\dfrac{1}{4}uc_3\right)\left(5R_q^2+\dfrac{5}{4}u\right)-\left(c_2-\dfrac{1}{4}uc_3\right)\left(5R_pR_q+\dfrac{1}{4}u\right)\right]\\ \delta_q=\dfrac{4}{\Delta}\left[\left(c_2-\dfrac{1}{4}uc_3\right)\left(5R_p^2+\dfrac{5}{4}u\right)-\left(c_1-\dfrac{1}{4}uc_3\right)\left(5R_pR_q+\dfrac{1}{4}u\right)\right]\\ \delta_q=c_3+\delta_p+\delta_q\end{cases} \tag{4.76}$$

式中，Δ的表达式为

$$\begin{aligned}\Delta&=4\left[\left(5R_q^2+\frac{5}{4}u\right)\left(5R_p^2+\frac{5}{4}u\right)-\left(5R_pR_q+\frac{1}{4}u\right)^2\right]\\&=4\left\{5u\left[R_p^2+R_q^2+\frac{1}{4}(R_p+R_q)^2\right]+1.5u^2\right\}>0\end{aligned} \tag{4.77}$$

由式(4.77)可知，矩阵保持正定，可以保证算法的迭代稳定。

(2)最小化 SFS 方法的实现流程。

① 设置控制参数，包括声波入射方向等参数。

② 将待处理的声呐处理为标准化图像，使得图像的尺寸为最低分辨率层的尺寸。设置p、q、z的初始值为 0。

③ 采用迭代方法计算增量，$(\delta_p,\delta_q,\delta_z)$为$(p,q,z)$每一次迭代的增量变化，则公式为

$$\begin{cases}\delta_p=(C_1A_{22}-C_2A_{12})/\Delta\\ \delta_q=(C_2A_{11}-C_1A_{12})/\Delta\\ \delta_z=(C_3+\delta_p+\delta_q)/4\end{cases} \tag{4.78}$$

$$\begin{cases} p^{k+1} = p^k + \delta_p \\ q^{k+1} = q^k + \delta_q \\ z^{k+1} = z^k + \delta_z \end{cases} \tag{4.79}$$

其中，

$$A_{11} = 5R_p^2 + 1.25u \tag{4.80}$$

$$A_{12} = 5R_p R_q + 0.25u \tag{4.81}$$

$$A_{22} = 5R_q^2 + 1.25u \tag{4.82}$$

$$C_3 = -p_x - p_y + z_{xx} + z_{yy} \tag{4.83}$$

$$C_1 = (\varepsilon - \in)R_q - u(p^k - z_x) - 0.25uC_3 \tag{4.84}$$

$$C_2 = (\varepsilon - \in)R_q - u(q^k - z_y) - 0.25uC_3 \tag{4.85}$$

$$R = R(p_{(x,y)}^k, q_{(x,y)}^k) \tag{4.86}$$

$$R_p = R_p(p_{(x,y)}^k, q_{(x,y)}^k) \tag{4.87}$$

$$R_q = R_q(p_{(x,y)}^k, q_{(x,y)}^k) \tag{4.88}$$

$$\xi = R - \hat{I}_{(x,y)} \tag{4.89}$$

$$\Delta = A_{11}A_{22} - A_{12}^2 \tag{4.90}$$

$$\varepsilon = R_p(p_{xx} + p_{yy}) + R_q(q_{xx} + q_{yy}) - \hat{I}_{xx} - \hat{I}_{yy} \tag{4.91}$$

并且

$$p_x = p_{(x+1,y)}^k - p_{(x,y)}^k \tag{4.92}$$

$$p_{xx} = p_{(x+1,y)}^k + p_{(x-1,y)}^k - 2p_{(x,y)}^k \tag{4.93}$$

$$p_{yy} = p_{(x,y+1)}^k + p_{(x,y-1)}^k - 2p_{(x,y)}^k \tag{4.94}$$

$$q_y = q_{(x,y+1)}^k - q_{(x,y)}^k \tag{4.95}$$

$$q_{xx} = q_{(x+1,y)}^k + q_{(x-1,y)}^k - 2q_{(x,y)}^k \tag{4.96}$$

$$q_{yy} = q_{(x,y+1)}^k + q_{(x,y-1)}^k - 2q_{(x,y)}^k \tag{4.97}$$

$$Z_x = Z^k_{(x+1,y)} - Z^k_{(x,y)} \tag{4.98}$$

$$Z_{xx} = Z^k_{(x+1,y)} + Z^k_{(x-1,y)} - 2Z^k_{(x,y)} \tag{4.99}$$

$$Z_y = Z^k_{(x,y+1)} - Z^k_{(x,y)} \tag{4.100}$$

$$Z_{yy} = Z^k_{(x,y+1)} + Z^k_{(x,y-1)} - 2Z^k_{(x,y)} \tag{4.101}$$

$$\hat{I}_{xx} = \hat{I}_{(x+1,y)} + \hat{I}_{(x-1,y)} - 2\hat{I}_{(x,y)} \tag{4.102}$$

式中，p_x、p_y、p_{xx}、p_{yy} 分别是梯度 p 在 x、y 方向上的一阶导数和二阶导数；q_x、q_y、q_{xx}、q_{yy} 分别是梯度 q 在 x、y 方向上的一阶导数和二阶导数。如果算法的迭代结果满足要求，则继续进行第④步；否则，重复第③步。

④ 如果当前重构图像迭代结果误差低于阈值，则输出结果；否则，增加图像的尺寸，扩展待重构的图像形状到邻近较高分辨率的层。然后，将标准化的待重构图像降低到目前所在的分辨率，继续执行第③步。

(3) 最小化 SFS 方法分层结构。

最小化 SFS 方法的实现采用分层结构，能够很有效地降低图像计算的复杂度。在本分层的最小化 SFS 方法中，邻近层之间的分辨率系数为 2。不同分辨率层的输入图像是由给定的最高分辨率层将低分辨率层每个单元的灰度值进行平均求得，在求解的过程中，必须归一化输入图像的灰度值。分层结构的核心是将计算出的结果在不同的分辨率层进行传输，而且在不同的分辨率层中物体表面的形状应该是一致的，有以下两种情况。

① 较高分辨率层两个方向的梯度和高度分别用 $\bar{p}$、$\bar{q}$、$\bar{Z}$ 表示，是由相邻的低分辨率层两个方向的梯度和高度插值得到，其计算公式为

$$(\bar{p},\bar{q},\bar{Z}) = \begin{cases} (p,q,2Z)_{\frac{i}{2},\frac{j}{2}}, & i,j \text{ 均为偶数} \\ \frac{1}{2}\left[(p,q,2Z)_{\frac{i+1}{2},\frac{j}{2}} + (p,q,2Z)_{\frac{i-1}{2},\frac{j}{2}}\right], & i \text{ 为奇数}, j \text{ 为偶数} \\ \frac{1}{2}\left[(p,q,2Z)_{\frac{i}{2},\frac{j+1}{2}} + (p,q,2Z)_{\frac{i}{2},\frac{j-1}{2}}\right], & i \text{ 为偶数}, j \text{ 为奇数} \\ \frac{1}{4}\left[(p,q,2Z)_{\frac{i+1}{2},\frac{j+1}{2}} + (p,q,2Z)_{\frac{i+1}{2},\frac{j-1}{2}} + (p,q,2Z)_{\frac{i-1}{2},\frac{j+1}{2}} + (p,q,2Z)_{\frac{i-1}{2},\frac{j-1}{2}}\right], & i,j \text{ 均为奇数} \end{cases} \tag{4.103}$$

② 边界条件是指边界像素的梯度值是由边界上的像素点插值得到，假设边界上一个像素点的横纵坐标分别为$i=1, j=1$，则边界像素点的高度值计算规则为

$$\begin{cases}(\bar{p},\bar{q})_{1,j}=2(\bar{p},\bar{q})_{2,j}-(\bar{p},\bar{q})_{3,j},\ \ \bar{Z}_{1,j}=\bar{Z}_{2,j}-\bar{p}_{1,j1}, & j\geqslant 2\\ (\bar{p},\bar{q})_{i,1}=2(\bar{p},\bar{q})_{i,2}-(\bar{p},\bar{q})_{i,3},\ \ \bar{Z}_{i,1}=\bar{Z}_{i,2}-\bar{p}_{i,11}, & i\geqslant 2\\ (\bar{p},\bar{q})_{1,1}=2(\bar{p},\bar{q})_{2,2}-(\bar{p},\bar{q})_{3,3},\ \ \bar{Z}_{1,1}=\bar{Z}_{2,2}-\bar{p}_{1,1}+\bar{q}_{1,1} & \end{cases} \tag{4.104}$$

SFS 方法在计算合成图像的三维恢复中可以重构出满意的目标形状，而在实际的声学图像中却不可能得到如同合成图像的效果。合成图像能够满足 SFS 方法的所有假设条件，而声学图像却不能满足这些假设，因此三维重构出的结果会有一定的误差。声学图像的弊端在于三维重构后的高度信息不够精确，运行结果不可靠，因此需要在高度约束方面做进一步的研究。

2. 高度约束

SFS 方法求得的高度为图像中各像素点的相对高度，可以获得各像素点的高度比例，然而不能够推算出目标的真实高度。为了获得重构图像的真实高度，可通过外加的真实高度数据来进行约束。针对海底地貌的高度，采用侧扫声呐拖鱼高度数据变化进行约束；针对目标的高度，利用目标阴影推算的目标高度进行约束。在 SFS 方法求得的相对高度基础上，加上真实高度的约束，以获得准确的高度值。

1)地貌的高度约束

对于微地貌的三维重构，采用拖鱼高度数据概略估计高度的起伏值，将此值作为高度约束，高度约束范围为拖鱼最高点与最低点的差值上下浮动 20%。选取一段声呐数据，该区域内的拖鱼高度变化曲线如图 4.42 所示。

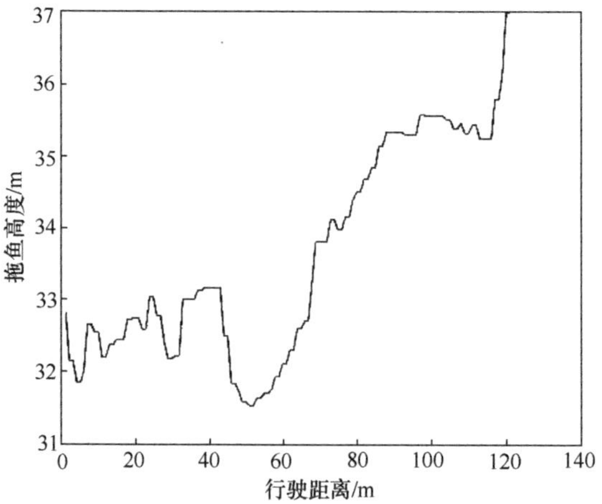

图 4.42 拖鱼高度变化曲线

2) 目标的高度约束

本节的海底目标只限于坐落在海底表面的人造物体，如沉船、管线、电缆水雷等。这种目标大多具有规律的形状，并且声呐图像会伴随相应的阴影区域。一般高出海底的目标都会产生目标阴影，阴影是衡量声图中目标高度最重要的因素，是目标高度唯一的测量依据。在 SFS 方法进行三维重构的基础上，结合声图阴影区域的尺寸来估计目标高度。

侧扫声呐向两侧发射声波，侧扫声呐是斜距成像，可直观地看出，当声波扫描到目标时，会产生强的回波，在声图中相应地出现亮点，目标的后壁没有被声波扫描到，因此回波较弱或者没有回波，会产生阴影区。

对于未进行斜距校正的声图，目标高度计算如图 4.43 所示，假设 R_s 是斜距，L_s 是阴影的长度，H_t 是目标高度，H_f 是拖鱼高度。目标高度的计算公式为

$$\frac{H_t}{H_f}=\frac{L_s}{R_s+L_s} \tag{4.105}$$

$$H_t=\frac{H_f L_s}{R_s+L_s} \tag{4.106}$$

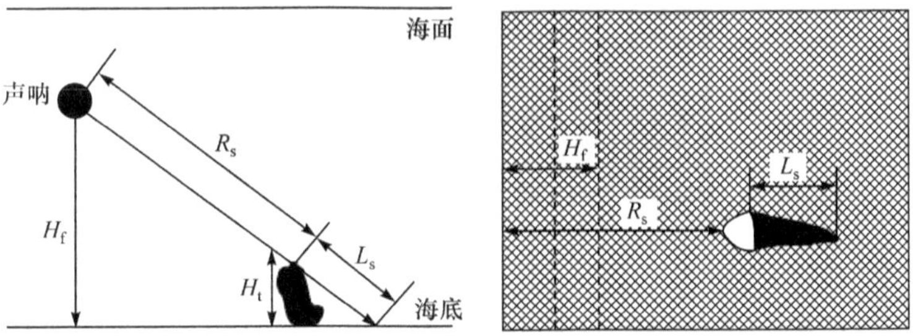

图 4.43　未校正声图的目标高度计算

对于斜距校正后的声图，目标在声图上的显示就是真实位置。目标高度计算如图 4.44 所示。假设 R 表示水平距离，L 表示阴影的水平长度，H_t 是目标高度，H_f 是拖鱼高度，可根据相似三角形定理求出目标的高度。

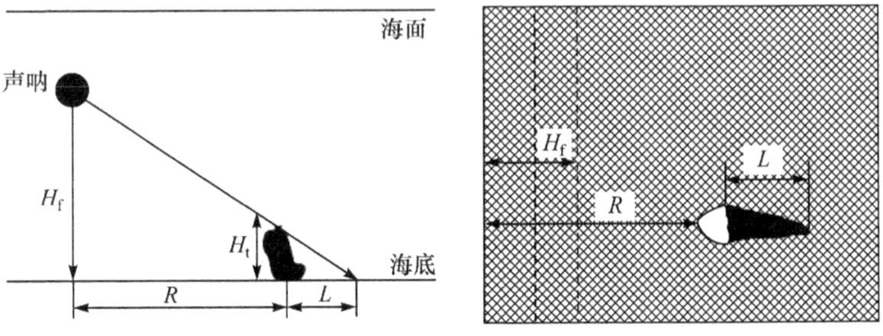

图 4.44　校正后声图的目标高度计算

目标高度的计算公式为

$$\frac{H_t}{H_f}=\frac{L}{R+L} \tag{4.107}$$

$$H_t=\frac{H_f L}{R+L} \tag{4.108}$$

若已知拖鱼高度，从声图中量出阴影长度，就可以计算出物体的高度。

以图 4.45 所示的目标为例，已知拖鱼高度 H_f =52m，R =83.5m，L =1.2m，则

$$H_t=\frac{H_f L}{R+L}=\frac{52\times1.2}{83.5+1.2}=0.74(\text{m}) \tag{4.109}$$

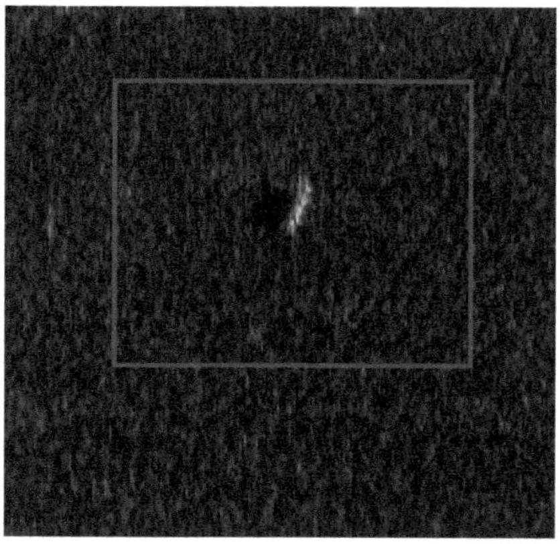

图 4.45　目标声图

声呐图像虽然经过了前期的预处理，但是目标和背景灰度分布不均匀的问题依然存在，会导致图像的边缘出现模糊，阴影不明显，为了准确地计算目标的真实高度，采用 Canny 算子边缘检测方法进行阴影的检测，更准确地量取目标阴影的长度。

3. 三维重构算法评价指标

为了验证三维重构算法对于侧扫声呐海底地貌和目标重构的性能，引入客观的评价指标来衡量两种算法的性能，主要从相关系数、信息熵、相对误差和算法运行时间四个方面来衡量。

1）相关系数

声图中地貌和目标的形状特征是进行后续分类、识别的重要依据，因此原始声图和三维重构后图像的形状相似性是衡量三维重构算法的一个重要指标。选择二维的相关系数对两种算法的相似程度进行计算。图像相关系数的表达式为

$$r=\frac{\sum_{i=1}^{M}\sum_{j=1}^{N}[X(i,j)-\bar{X}(i,j)][Y(i,j)-\bar{Y}(i,j)]}{\sqrt{\sum_{i=1}^{M}\sum_{j=1}^{N}[X(i,j)-\bar{X}(i,j)]^2\times\sum_{i=1}^{M}\sum_{j=1}^{N}[Y(i,j)-\bar{Y}(i,j)]^2}} \tag{4.110}$$

式中，$\bar{X}(i,j)$ 和 $\bar{Y}(i,j)$ 分别表示原始声图和三维重构后图像的平均灰度值。

相关系数的取值为–1～1，相关系数的绝对值越大，表示相关程度越高，三维重构后的图像与原始声图越相似；相关系数的绝对值越小，表示相关程度越低，三维重构后的图像失真越大。

2) 信息熵

侧扫声呐三维重构图像的信息熵可以反映含有的平均信息量的大小，其表达式为

$$E=-\sum_{i=0}^{L}p(l)\log_2 p(l) \tag{4.111}$$

式中，L 表示图像的灰度级；$p(l)$ 为灰度值 l 出现的概率。

信息熵越大，表明三维重构后的图像含有的原始图像信息量越大，重构效果越好；信息熵越小，则反之。

3) 相对误差

相对误差用来衡量两种三维重构算法对声图的重构高度及形状的准确性，相对误差的表达式为

$$\text{relative\_error}=\sum_{i=1}^{M}\sum_{j=1}^{N}\frac{\frac{Y(i,j)-X(i,j)}{X(i,j)}}{MN}\times 100\% \tag{4.112}$$

式中，$X(i,j)$ 和 $Y(i,j)$ 分别表示原始声图和三维重构后图像的灰度值；M、N 为图像的尺寸。

相对误差越小，说明算法的准确度越高；相对误差越大，则反之。

4) 算法的运行时间

算法的运行时间用来表示两种三维重构算法对声图重构的效率。

通过综合上述各项指标来衡量三维重构算法的性能，并选择最合适的声图三维重构算法。

4. 实际应用

侧扫声呐三维重构的图像主要分为海底地貌图像和目标图像两大类。通过实测声呐数据对 SFS 方法进行验证，分别利用线性化 SFS 方法和最小化 SFS 方法对

侧扫声呐图像进行三维重构，通过主观和客观相结合的方式来评价两种算法的三维重构效果，分析两种算法的性能，并选择最适合声呐图像三维重构的方法。最后，阐述声呐图像三维重构技术在各个领域的应用及前景。

1)三维重构结果

(1)海底地貌图像的三维重构结果。

为验证上述两种算法对于声图三维重构的性能，选取实测声呐数据进行验证，该试验区域地形特征变化明显，为梯田地貌。图 4.46(a)为实测侧扫声呐图像，图像分辨率为 246×246，已经过畸变改正、灰度均衡等处理。图 4.46(b)为经过线性化 SFS 方法重构后的三维图像，图 4.46(c)为经过最小化 SFS 方法重构后的三维图像。

从图 4.46(b)可以看出，线性化 SFS 方法能够较好地重构出海底地貌的轮廓及细节特征，能够明显地看到梯田的层次，但因为约束条件单一，三维重构结果主要依赖于声图的灰度信息，因此海底地貌中灰度值较低的区域重构效果不明显，特别是阴影区域重构后会出现凹陷的形态，对边缘区域不能够很好地处理。从图 4.46(c)可以看出，最小化SFS方法重构的梯田不仅地貌轮廓明显，而且细节特征也很明显，并且地形的高低起伏过度较为自然，地貌细腻，视觉效果较好。

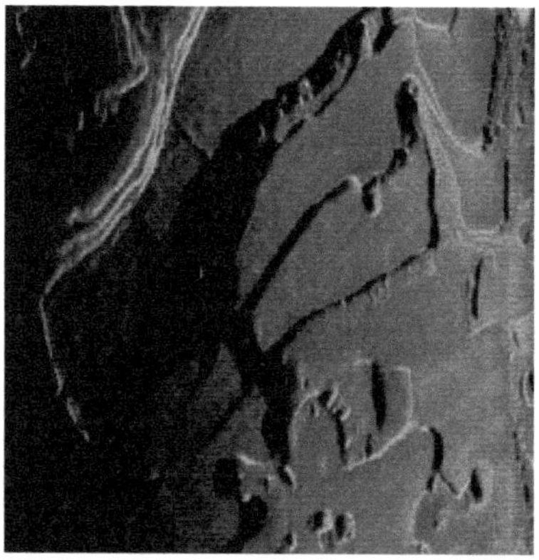

(a) 梯田图像

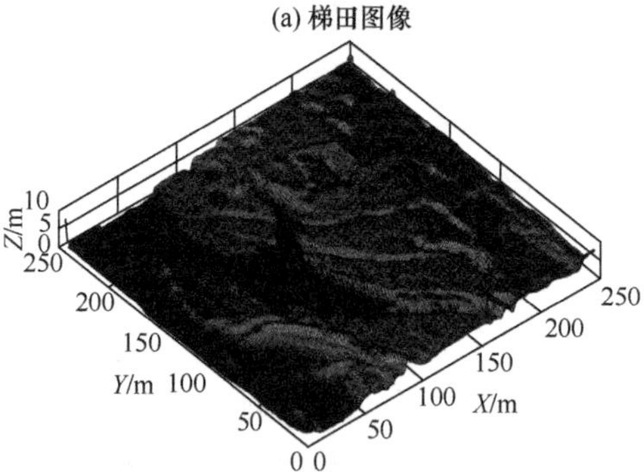

(b) 线性化SFS方法重构图像

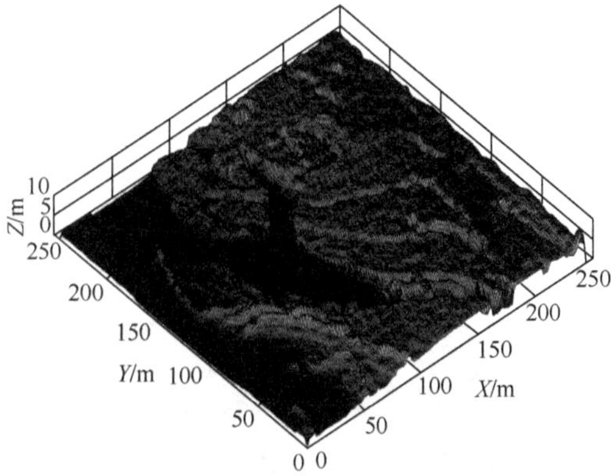

(c) 最小化SFS方法重构图像

图 4.46　海底地貌的三维重构结果对比(见书后彩图)

三维重构方法的评价指标如表 4.3 所示。可以看出：①线性化 SFS 方法和最小化 SFS 方法的相关系数均高于 0.98，说明两种方法重构出的图像基本包含原图像所有的特征，与原图像相似性较高，且最小化 SFS 方法的相关系数高于线性化 SFS 方法；②两种方法的信息熵数值近似，说明两种方法包含的平均信息量近似；③最小化 SFS 方法的相对误差明显低于线性化 SFS 方法，说明最小化 SFS 方法的误差较小，准确度较高；④线性化 SFS 方法运行时间少于最小化 SFS 方法，方法复杂度较低。综合上述指标，并结合实际的三维重构效果，说明两种方法均具有较高的性能，相对而言，最小化 SFS 方法更适合侧扫声呐图像的三维重构。

表 4.3　三维重构方法的评价指标

三维重构方法	相关系数	信息熵	相对误差/%	运行时间/s
线性化 SFS 方法	0.988	7.66	32	22
最小化 SFS 方法	0.996	7.65	23	550

(2) 目标图像的三维重构结果。

选取侧扫声呐扫测到的目标图像进行三维重构，该目标为直径 0.55m 的铁质圆柱体，三维重构的结果如图 4.47 所示。声图的重构部分为图 4.47(a) 中的标注区域，图 4.47(b) 为三维重构后得到的高度图，将高度图进行三维可视化显示，得到三维图像。图 4.47(c) 是从视角一(方位角−20°、仰角 86°) 显示的三维图像，可观察到目标顶部、背声波面的形状和特征；图 4.47(d) 是从视角二(方位角 150°、仰角 87°) 显示的三维图像，可得到目标迎声波面的形状和特征。重构得到的三维图像可以从不同的角度观察目标，以全方位地了解目标的特征，并且能够得到目标的高度。求得的目标高度为 0.73m，与目标的真实高度基本一致，因为量取的阴影长度受到各种因素的影响，所以会引起一定的误差。

图 4.48 显示了另外一组目标的三维重构效果，重构后目标的三维特征明显，可获得目标在海底的形态，图 4.48(c)为图像中部的剖面高度变化曲线，可以看出，目标高度的变化范围为 0.1～0.7，目标的底部在 0.1 附近，目标的顶部在 0.7 左右，目标的高度值为 0.6m。

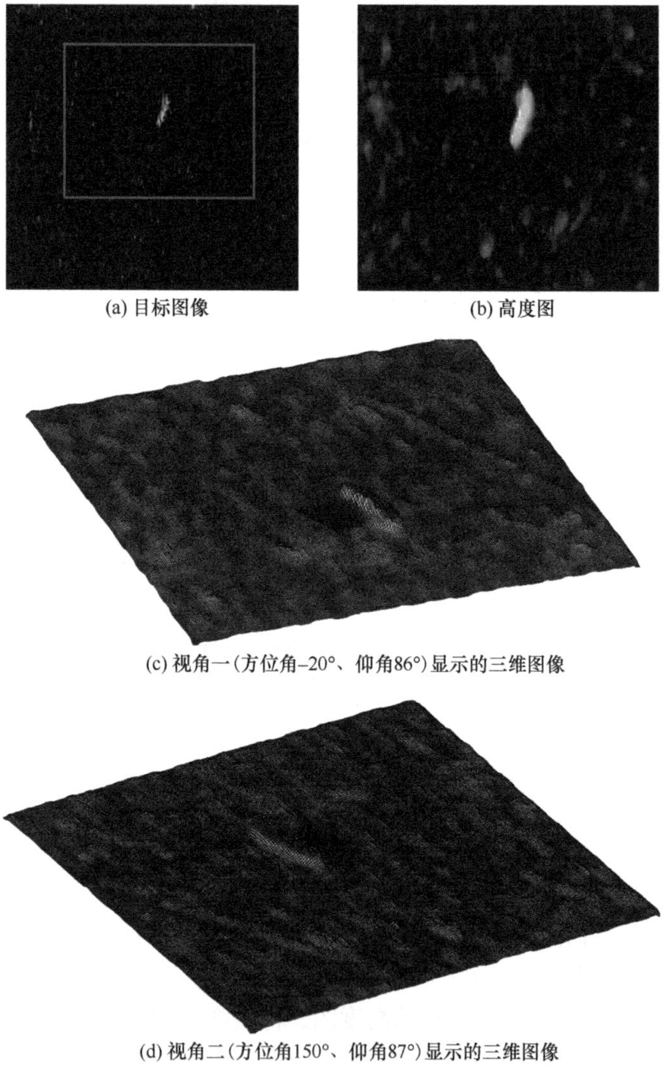

(a) 目标图像

(b) 高度图

(c) 视角一(方位角-20°、仰角86°)显示的三维图像

(d) 视角二(方位角150°、仰角87°)显示的三维图像

图 4.47　海底小目标的三维重构结果(见书后彩图)

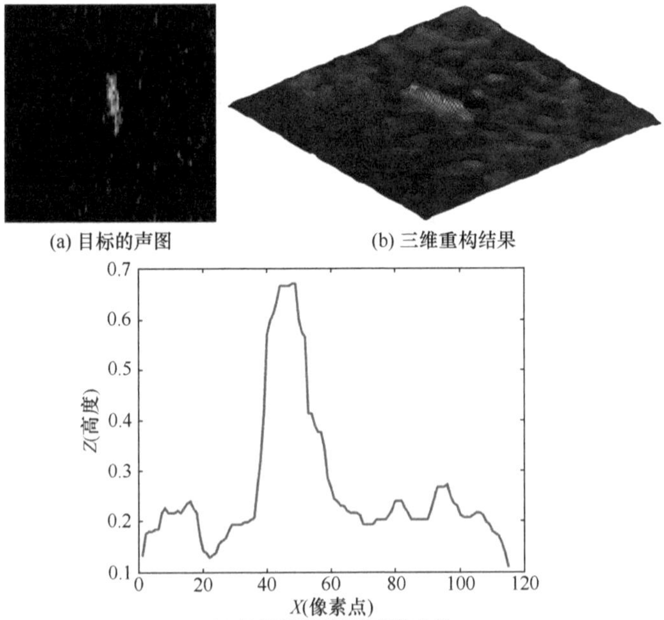

(a) 目标的声图
(b) 三维重构结果
(c) 目标的剖面高度变化曲线

图 4.48　目标的三维重构结果及剖面高度变化曲线

2) 侧扫声呐三维重构技术的应用

侧扫声呐应用领域广泛，主要应用于海底地貌探测和海底沉物探测。三维重构后的声图延续了二维声图高精度、高分辨率的特点，不仅保留了二维图像原来的所有特征，还具有了高度特征，丰富了图像细节的特征，边缘特征也更加明显。因此，重构后的声图能够 360°展现海底地貌和海底目标的三维立体空间形态，有利于对水下目标的分类、识别与跟踪。此外，三维重构后的声图可以利用 3D 打印设备进行海底地貌或者目标的实物打印，通过立体直观的实物模型分析海底地貌和目标的特征。

对于海底地貌的三维重构，重构出的图像能够反映地貌的高低起伏，获得海底地形特征，对海洋测绘、海洋地质调查和海洋工程勘探有重要的意义。根据三维重构后的地貌，可以分析地貌和地形特征、海底地质的形态构造和大概的底质类型，可观察地貌的态势变化，分析海床的迁移变化，也可以调查与检测海底电缆和海底输油管线等。

对于海底沉物的三维重构，高精度的三维图像能够呈现出目标的形状、大小、高度等特征，可以更容易发现沉雷等小目标，并对其进行识别。在沉船探测方面，三维图像能够更好地反映其坐卧姿态及破损情况；在桥梁检测方面，通过重构后的图像更容易发现桥墩等存在的裂缝及其他破损；在水下搜救和水下考古等领域中，三维重构图像可以获得更多的信息，也有着重要的应用价值。

三维重构后的声图获得了高度数据，能够真实地展现海底的三维形态。采用实测海底图像对线性化 SFS 方法和最小化 SFS 方法分别进行验证，通过对比三维重构结果的效果和性能，得出最小化 SFS 方法的重构结果更精确，视觉效果更好。针对目标的三维重构，三维重构后的图像可以获得每一个像素点的高度值，得到高度曲线。此外，三维图像可以从各个角度显示目标形态，有利于多角度观测目标特征，全方位展现目标形态。侧扫声呐三维重构应用的领域较多，在海洋测绘、海洋工程探测、管道检测和水雷探测等诸多领域均有重要的应用价值，对目标的识别及声图的判别具有重大意义。

参考文献

[1] 王晓民, 孙竹贤. 世界海洋矿产资源研究现状与开发前景[J]. 世界有色金属, 2010, (6): 21-25.

[2] 朱心科, 金翔龙, 陶春辉.海洋探测技术与装备发展探讨[J]. 机器人, 2013, (5): 65-78.

[3] 许枫, 丛鸿文. 侧扫声纳声图判别[J]. 海洋测绘, 2001, (1): 58-61.

[4] 许枫, 魏建江. 第七讲 侧扫声纳[J]. 物理, 2006, 35(12): 1034-1037.

[5] 尤立克. 水声原理[M]. 洪申, 译. 哈尔滨: 哈尔滨船舶工程学院出版社, 1990.

[6] 田坦. 声呐技术[M]. 哈尔滨: 哈尔滨工程大学出版社, 2000.

[7] 蒋立军, 杜文萍, 许枫. 侧扫声呐回波信号的增益控制[J]. 海洋测绘, 2002, 22(3): 6-8.

[8] 王闰成. 侧扫声纳图像变形现象与实例分析[J]. 海洋测绘, 2002, 22(5): 42-45.

[9] 邢园园. 侧扫声纳图像拼接技术[D]. 北京: 中国科学院大学, 2018.

[10] Cervenka P, de Moustier C. Sidescan sonar image processing techniques[J]. IEEE Journal of Oceanic Engineering, 1993, 18(2): 108-122.

[11] 张红梅, 赵建虎, 杨鲲, 等. 水下导航定位技术[M]. 武汉: 武汉大学出版社, 2010.

[12] 阳凡林, 刘经南, 赵建虎. 基于数据融合的侧扫声纳图像预处理[J]. 武汉大学学报(信息科学版), 2004, 29(5): 402-406.

[13] 赵梅, 胡长青. 侧扫声纳拼接图像增强技术[C]//中国声学学会水声学分会, 西安, 2011: 17-19.

[14] 滕惠忠, 严晓明, 李胜全, 等. 侧扫声纳图像增强技术[J]. 海洋测绘, 2004, 24(2):47-49.

[15] 李胜全, 滕惠忠, 凌勇, 等. 侧扫声纳图像实时增强技术[J]. 应用声学, 2006, 25(5):284-289.

[16] 刘光宇, 卞红雨, 沈郑燕, 等. PDE 模型在声纳图像去噪中的应用研究[J]. 传感器与微系统, 2012, 31(2): 42-44.

[17] Oh J, Chaparro L F. Adaptive fuzzy morphological filtering of impulse noise in images[J]. Multidimensional Systems and Signal Processing, 2000, 11(3):233-256.

[18] Khare A S, Mohan R, Sharma S. Result analysis of image denoising method based on fourth-order partial differential equations[J]. International Journal of Advanced Computer Research, 2013, 3(3): 280.

[19] Liu Z X, Peng S L. Boundary processing of bidimensional EMD using texture synthesis[J]. IEEE Signal Processing Letters, 2005, 12(1): 33-36.

[20] 张济博, 潘国富, 丁维凤. 侧扫声纳图像改正研究[J]. 声学技术, 2009, 28(6): 44-47.

[21] 赵建虎, 王爱学, 王晓, 等. 侧扫声纳条带图像分段拼接方法研究[J]. 武汉大学学报(信息科学版), 2013, 38(9): 1034-1038.

[22] 侯雪, 周兴华, 唐秋华, 等. 一种基于 MATLAB 的声呐条带图像自动拼接算法[J]. 海岸工程, 2014, 33(4): 49-55.

[23] 李军, 滕惠忠. 侧扫声纳数据的格式转换及应用[J]. 海洋测绘, 2002, 22(2): 36-38.

[24] 曹明, 郭军. 基于共视目标的侧扫声纳条带图像拼接方法研究[J]. 测绘与空间地理信息, 2014, 37(12): 46-49, 52.

[25] 樊艳强. HRBSSS 载体姿态修正算法研究[D]. 北京: 中国科学院声学研究所, 2014.

[26] Coiras E, Petillot Y, Lane D M. Multiresolution 3-D reconstruction from side-scan sonar images[J]. IEEE Transactions on Image Processing, 2007, 16(2): 382-390.

[27] 刘俊俊. 侧扫声呐图像三维重构技术[D]. 中国科学院大学, 2018.

5 测深侧扫声呐技术

地球表面约 70%以上被海洋覆盖，海洋中蕴藏着大量可被人类利用的海洋植物、动物和矿物资源。在对海洋进行工程开发、资源探测和地形测量时，都需要得到高分辨率的海底地形地貌信息作为基础材料和科学依据，推动海洋研究和工程建设的发展。由于电磁波在水下能量衰减严重，传播距离有限，而声波在水中的传播性能最好，因此声呐成为水下探测必不可少的工具。

高分辨率测深侧扫声呐(high-resolution bathymetric side scan sonar，HRBSSS)由测深侧扫声呐发展而来，它能够获得海底高分辨率的地形和地貌信息，具有较高的应用价值，是目前水下探测的常用设备之一。

5.1 基本原理

5.1.1 测深侧扫声呐基本原理

测深侧扫声呐装在水下载体上，载体垂直于纸面，左右两侧各有一个由两条平行线阵构成的声呐阵，具体工作示意图如图 5.1 所示。声呐阵侧向发射声波后，海底的回波按时间先后顺序依次被声呐阵接收，再经电子分机处理，获得数百至上千个测深点，由声信号强度的变化获得表征海底地貌的声像。

图 5.2 显示了测深侧扫声呐的基本原理，T_1 和 T_2 是两个线阵，线阵垂直于 XOZ 平面。线阵间的距离为 d，它的法线方向与 X 轴的夹角 θ_m 称为声呐阵的安装角，回波与海底的夹角 φ 称为回波的掠射角，声呐阵法线方向与回波的夹角 θ_λ 称为回波的入射角，这三个角度之间有一个简单的关系，即 $\varphi = \theta_m + \theta_\lambda$。

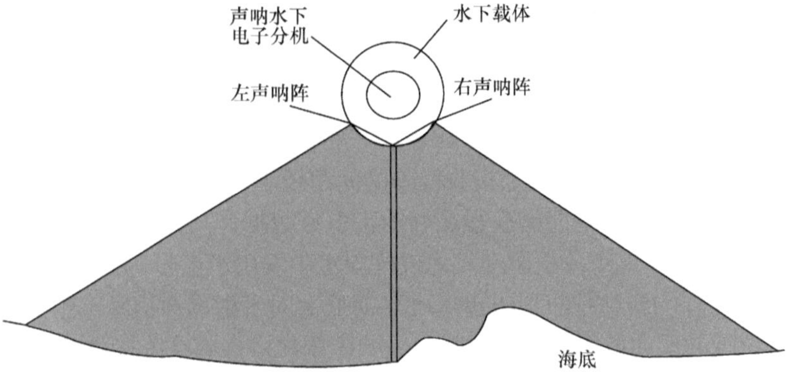

图 5.1 测深侧扫声呐(高分辨率测深侧扫声呐)工作示意图

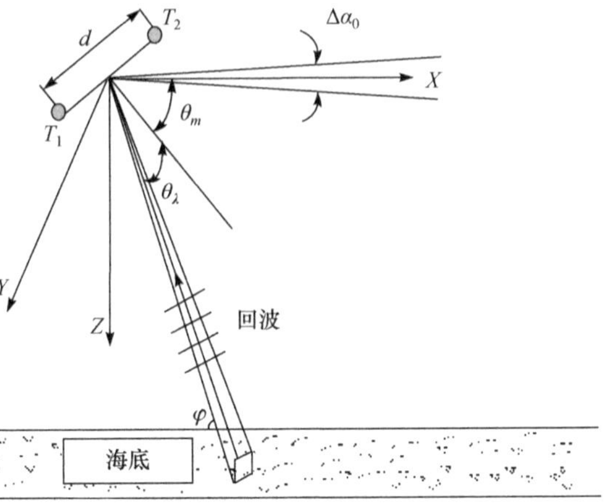

图 5.2 测深侧扫声呐的基本原理

根据一般理论，线阵 T_1 和 T_2 接收的反向散射信号间的相位差为

$$\beta(d) = kd\sin\theta_\lambda = kd\sin(\varphi - \theta_m) \tag{5.1}$$

式中，k 为波数，$k = 2\pi d / \lambda$，λ 为波长。

如果能够估计出相位差 $\beta(d)$，就可以根据式(5.1)估计回波的掠射角 φ，因为回波的到达时间 t 和声速 c 是可知的，所以根据式(5.2)和式(5.3)可以得到深度的估计值 h 和相对于声呐阵的水平距离 x。

$$h = \frac{ct}{2}\sin\varphi \tag{5.2}$$

$$x = \frac{ct}{2}\cos\varphi \tag{5.3}$$

5.1.2 高分辨率测深侧扫声呐基本原理

高分辨率测深侧扫声呐的工作示意图与测深侧扫声呐一样，主要不同点是高分辨率测深侧扫声呐的接收线阵数要多于 2 个。新型高分辨率测深侧扫声呐有 8 条等间距平行线阵，每两条相邻接收线阵的间距较小，为半波长到一个波长，这样使高分辨率测深侧扫声呐能够获得良好的正下方数据。高分辨率测深侧扫声呐的原理如图 5.3 所示。电子分机驱动发射线阵向水中发出声信号，声信号由近及远逐渐“照射”到垂直于声呐阵面方向的海底，海底会对发射的声信号产生反向散射，不同海底位置的反向散射信号按时间先后顺序依次被接收线阵接收[1]。

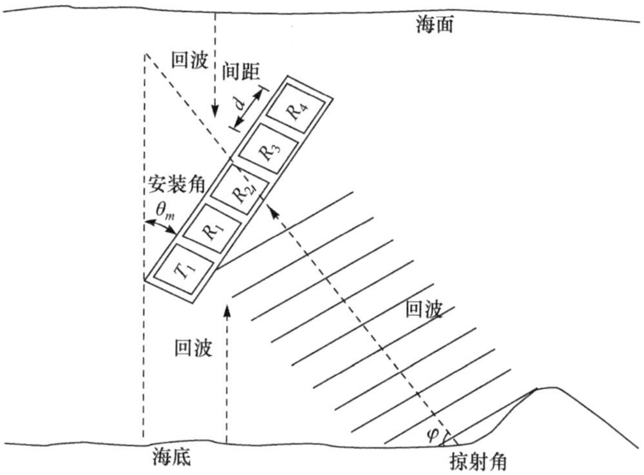

图 5.3　高分辨率测深侧扫声呐原理

高分辨率测深侧扫声呐解决了常规测深侧扫声呐的两个主要问题：一是正下方附近的测深精度相当差；二是不能测量从不同方向同时到达的回波，在多途严重或者地形复杂的情况下不能使用。高分辨率测深侧扫声呐获得了海底时空相关函数及其相位表达式，解决了正下方精度差的问题；采用了先进的数字信号处理技术，即多子阵海底自动检测——子空间拟合法，子空间拟合法可以同时测量多个不同方向到达声呐阵的回波，使声呐阵能够区分海底回波和其他多途信号；海底自动检测技术能够自动判别目标数，还能自动检测和跟踪海底回波；多子阵高分辨率波束形成技术可以提高声呐对回波方向的估计精度[2]。下面具体介绍其数据模型和算法。

图 5.4 为在 XY 平面内的一维均匀线阵，在 X 轴上均匀放置 L 个具有相同指向性 $g(\theta)$ 的声呐基元，每两个相邻基元的间距为 d 。定义 θ 为声波的入射角，$s(t)$ 为慢变包络信号，$\boldsymbol{k}$ 为波数矢量，$|\boldsymbol{k}| = k = \omega_0 / c = 2\pi / \lambda$ ，并考虑存在加性噪声，

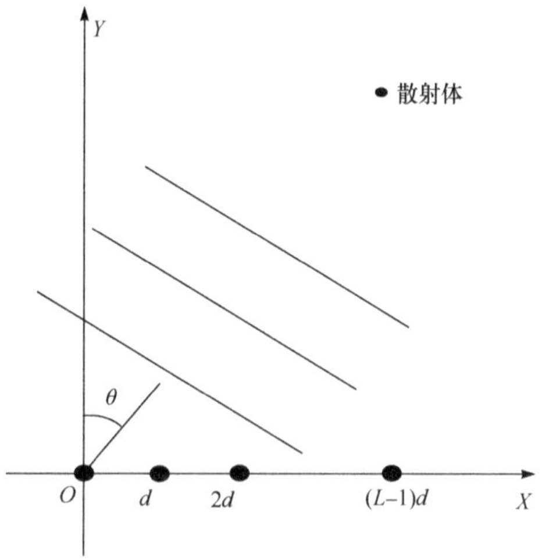

图 5.4　一维均匀线阵几何结构

则第 l 个基元的输出可以写为(忽略载频信号)

$$x_l(t)=g(\theta)\mathrm{e}^{-\mathrm{i}k(l-1)d\sin\theta}s(t)+n_l(t) \tag{5.4}$$

定义 $\beta=kd\sin\theta$ 为两相邻基元输出信号的相位差，则所有 L 个基元的输出写成矩阵形式为

$$\boldsymbol{x}(t)=\boldsymbol{a}(\theta)s(t)+\boldsymbol{n}(t) \tag{5.5}$$

式中，$\boldsymbol{x}(t)=\left[x_1(t)\ \cdots\ x_L(t)\right]^{\mathrm{T}}$；$\boldsymbol{a}(\theta)=g(\theta)[1\ \mathrm{e}^{-\mathrm{i}\varphi}\ \cdots\ \mathrm{e}^{-\mathrm{i}(L-1)\varphi}]^{\mathrm{T}}$；$\boldsymbol{n}(t)=[n_1(t)\ \cdots\ n_L(t)]^{\mathrm{T}}$。

如果有 M 个从不同方向 $\theta_1,\theta_2,\cdots,\theta_M$ 到达上面的声呐阵，则声呐阵输出的矩阵形式可以写为

$$\boldsymbol{x}(t)=\boldsymbol{A}(\theta)\boldsymbol{s}(t)+\boldsymbol{n}(t) \tag{5.6}$$

式中，$\boldsymbol{s}(t)=[s_1(t)\ \cdots\ s_M(t)]^{\mathrm{T}}$，$s_m(t)\left(m=1,2,\cdots,M\right)$ 为第 m 个信号的包络；$\boldsymbol{A}(\theta)=[\boldsymbol{a}(\theta_1)\ \cdots\ \boldsymbol{a}(\theta_M)]$，又称为方向矩阵(steering matrix)。

由式(5.6)的数据模型可以计算得到声呐阵的时空相关函数矩阵，采用子空间拟合法中性能较好的 Unitary TLS-ESPRIT 算法可以从这个矩阵中提取出海底回波的到达方向，具体步骤如下。

(1) 由测量数据 $\tilde{\boldsymbol{X}}$（$\tilde{\boldsymbol{X}}\in\boldsymbol{C}^{M\times L}$，$M$ 为阵元数，L 为样本数）得到实数化矩阵 $\boldsymbol{T}$（$\boldsymbol{T}\in\boldsymbol{C}^{M\times 2L}$）：

$$\boldsymbol{T}=\boldsymbol{Q}_M^{\mathrm{H}}[\tilde{\boldsymbol{X}}\ \boldsymbol{\varPi}_M\tilde{\boldsymbol{X}}^*\boldsymbol{\varPi}_L]\boldsymbol{Q}_{2L} \tag{5.7}$$

式中，

$$\boldsymbol{\Pi}_p = \begin{bmatrix} & & & 1 \\ & & 1 & \\ & \cdot^{\cdot^{\cdot}} & & \\ 1 & & & \end{bmatrix} \in \boldsymbol{R}^{p\times p}, \quad \boldsymbol{I}_p = \begin{bmatrix} 1 & & & \\ & 1 & & \\ & & \ddots & \\ & & & 1 \end{bmatrix} \in \boldsymbol{R}^{p\times p}$$

$$\boldsymbol{Q}_{2n} = \frac{1}{\sqrt{2}}\begin{bmatrix} \boldsymbol{I}_n & i\boldsymbol{I}_n \\ \boldsymbol{\Pi}_n & -i\boldsymbol{\Pi}_n \end{bmatrix}, \quad \boldsymbol{Q}_{2n+1} = \frac{1}{\sqrt{2}}\begin{bmatrix} \boldsymbol{I}_n & 0 & i\boldsymbol{I}_n \\ 0^{\mathrm{T}} & \sqrt{2} & 0^{\mathrm{T}} \\ \boldsymbol{\Pi}_n & 0 & -i\boldsymbol{\Pi}_n \end{bmatrix}$$

(2) 由 $\boldsymbol{T}$ 构造数据相关矩阵 $\hat{\boldsymbol{R}}_{TT}$：

$$\hat{\boldsymbol{R}}_{TT} = \frac{1}{ML}\boldsymbol{T}\boldsymbol{T}^{\mathrm{H}} \tag{5.8}$$

(3) 求时空相关矩阵 $\hat{\boldsymbol{R}}_{TT}$ 的特征值分解，使得

$$\hat{\boldsymbol{R}}_{TT}\bar{\boldsymbol{E}} = \bar{\boldsymbol{E}}\boldsymbol{\Lambda} \tag{5.9}$$

式中，$\boldsymbol{\Lambda} = \mathrm{diag}(\lambda_1,\cdots,\lambda_M)$，其中 $\lambda_1 \geqslant \cdots \geqslant \lambda_M$，$\bar{\boldsymbol{E}} = [e_1 \cdots e_M]$。

(4) 根据矩阵 $\boldsymbol{\Lambda}$ 估计信号数目 $\hat{D}$。

(5) 获得信号子空间估计 $\hat{\boldsymbol{E}}_s$，得到 $\hat{\boldsymbol{E}}_1$ 和 $\hat{\boldsymbol{E}}_2$：

$$\hat{\boldsymbol{E}}_s = [e_1 \cdots e_{\hat{D}}] \tag{5.10}$$

$$\hat{\boldsymbol{E}}_1 = K_1\hat{\boldsymbol{E}}_s \tag{5.11}$$

$$\hat{\boldsymbol{E}}_2 = K_2\hat{\boldsymbol{E}}_s \tag{5.12}$$

式中，$K_1 = 2\,\mathrm{Re}\{\boldsymbol{Q}_{M-1}^{\mathrm{H}}J_2\boldsymbol{Q}_M\}$；$K_2 = 2\,\mathrm{Im}\{\boldsymbol{Q}_{M-1}^{\mathrm{H}}J_2\boldsymbol{Q}_M\}$。

(6) 按照总体最小二乘的方法求解方程，首先求如下矩阵的特征值分解：

$$\begin{bmatrix} \hat{\boldsymbol{E}}_1^{\mathrm{H}} \\ \hat{\boldsymbol{E}}_2^{\mathrm{H}} \end{bmatrix}\begin{bmatrix} \hat{\boldsymbol{E}}_1 & \hat{\boldsymbol{E}}_2 \end{bmatrix} = \boldsymbol{E}\boldsymbol{\Lambda}\boldsymbol{E}^{*} \tag{5.13}$$

将 $\boldsymbol{E}$ 按 $\hat{D}\times\hat{D}$ 子矩阵块分解为 $\boldsymbol{E} = \begin{bmatrix} \boldsymbol{E}_{11} & \boldsymbol{E}_{12} \\ \boldsymbol{E}_{21} & \boldsymbol{E}_{22} \end{bmatrix}$，得到方程的解 $\boldsymbol{\Gamma} = -\boldsymbol{E}_{12}\boldsymbol{E}_{22}^{-1}$。

(7) 计算矩阵 $\boldsymbol{\Gamma}$ 的特征值，记为 $\lambda_1,\cdots,\lambda_{\hat{D}}$。如果所有的 λ_k（$k=1,2,\cdots,\hat{D}$）为实数，则计算：

$$\hat{\phi}_k = 2\arctan\lambda_k, \quad k = 1,2,\cdots,\hat{D} \tag{5.14}$$

估计信号到达方向：

$$\hat{\varphi}_k = a\sin\{-c\hat{\phi}_k/(\omega_0 d)\}, \quad k = 1,2,\cdots,\hat{D} \tag{5.15}$$

通过估计海底回波的到达方向，进而得到回波在海底的掠射角 φ，最后根据掠射角和时延计算得到海底测深点到声呐阵的相对位置。

5.1.3 基于高分辨率测深侧扫声呐的测深系统

基于高分辨率测深侧扫声呐的测深系统如图 5.5 所示，主要分为信号收发系统、数据采集系统和数据处理系统三个部分。

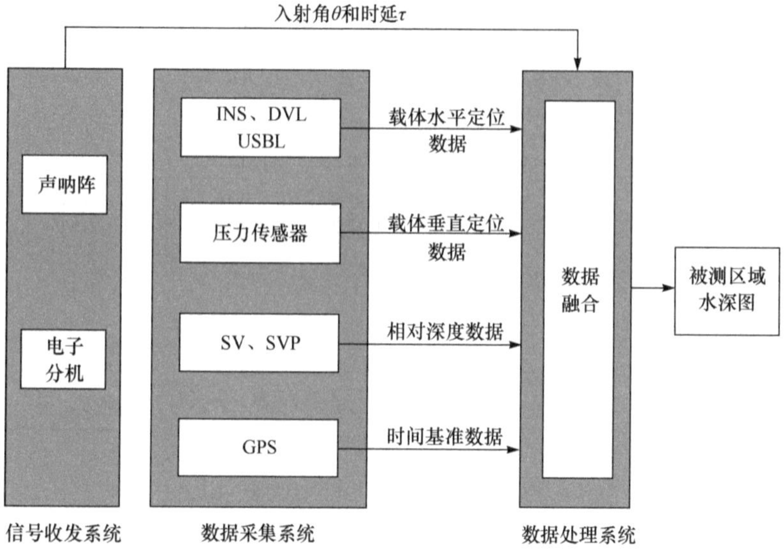

图 5.5　基于高分辨率测深侧扫声呐的测深系统

信号收发系统主要由声呐阵和电子分机组成，声呐阵由左舷和右舷两个声呐阵组成，负责声呐信号的发射和接收，在每个声呐阵后部的空腔中安装有声呐接口板与电子分机连接。数据采集系统由传感器设备组成，包括惯性导航系统（inertial navigation system, INS）、DVL、超短基线（ultra short base-line, USBL）、GPS、SV、SVP、压力传感器等，采集载体的水平定位数据、垂直定位数据、相对深度数据、时间基准数据等。数据处理系统接收到数据采集系统提供的数据后，进行数据融合，计算得到受到姿态、信噪比、幅相误差、表面声速以及声速剖面等因素影响下的位置信息和深度信息，最终利用坐标转换，得到被测海底位置的大地坐标和深度。

采用上述方法对一次发射所有时刻的信号进行处理，就可以得到垂直于航迹方向的一帧数据所有测深点的大地坐标和深度。另外，根据一次发射信号还可以得到所“照射”区域的地貌。这样，随着水下载体的运动和重复发射，可以得到一定区域的海底深度和地貌，经过拼图和处理，可以得到该区域的等深线图和地貌图。

1. 声呐阵

声呐舱和声呐阵的总体结构图如图 5.6 所示，声呐阵包括左舷和右舷两个声呐阵。图 5.7(a)是声呐阵结构正视图，图 5.7(b)是声呐阵结构侧视图。图 5.8 是声呐阵的外形图。每个声呐阵的几何尺寸为长 570.5mm、宽 127mm、高 138.1mm，由线阵腔和电路腔两个腔组成。

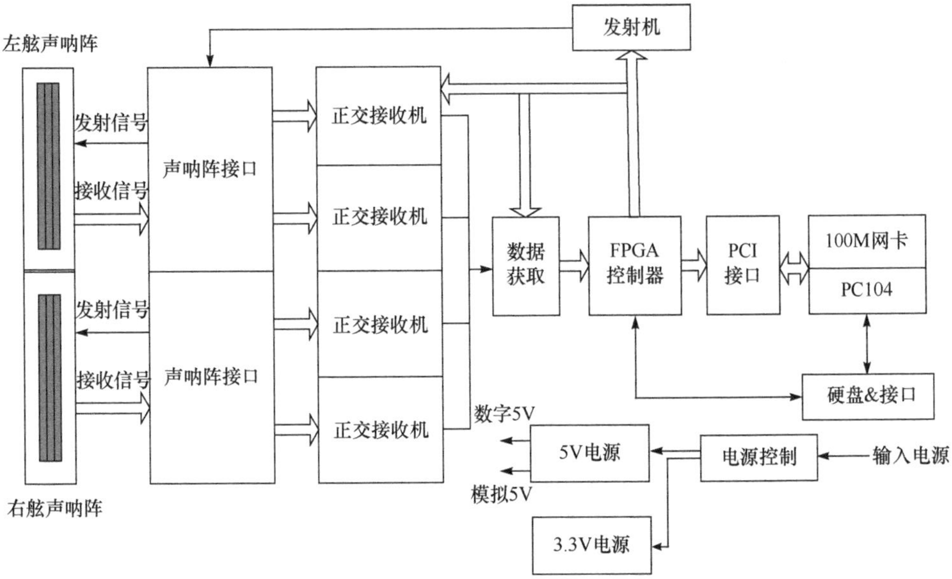

图 5.6　声呐舱和声呐阵的总体结构图

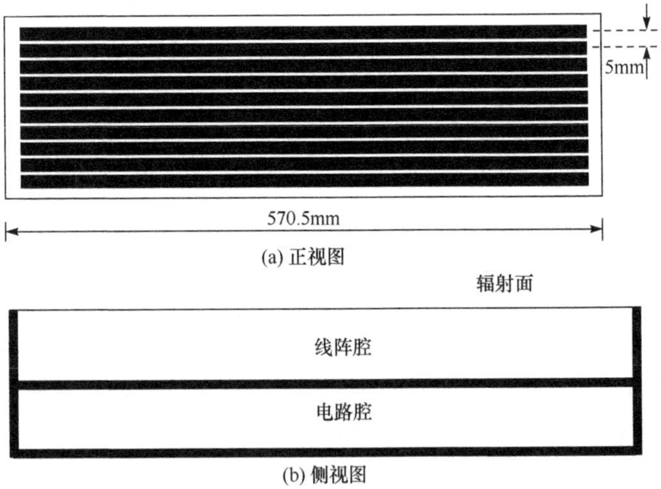

图 5.7　声呐阵结构图

图 5.8 声呐阵外形图

线阵腔中有 11 条声学性能一致的独立线阵，线阵 2～9 为接收线阵，线阵 11 为发射线阵，而最外侧的线阵 1 和 10 用于阻抗匹配。每一线阵由 100 个方形的基元组成。

声呐接口板安装在声呐阵的底部，它对发射驱动信号和低电平接收信号提供电绝缘性能。换能器接口板含有 8 个接收前置放大器(前放#1～前放#8)和 1 个发射变压器。在发射期间电驱动脉冲信号经变压器匹配后加于发射线阵，以产生大功率声学发射脉冲驱动发射线阵。8 个可变增益前置放大器分别接收 8 个接收换能器阵的信号，每一接收换能器阵均由与之匹配的接收变压器传输到低噪声可变增益前置放大器以产生 0～34dB 的增益并进行带通滤波，然后经变压器耦合输出到接收机板[3]。

每个声呐阵的主要技术指标如下。

工作频率：152.52kHz

3dB 带宽：60kHz(系统中心频率的 40%)

声源级：214dB re 1μPa @ 1m

线阵数：11，每个线阵由 100 个基元组成

水平波束宽度：1°

垂直波束宽度：119°

水平旁瓣电平：–20dB

线阵间距：5mm(约 $\lambda/2$)

电-声效率：> 50%

发射声功率：125W

OCV 响应：–175dBV/μPa

阵间增益不一致性：< 1dB RMS

每块声呐接口板的主要技术指标如下。

接收带宽：51kHz

带宽不一致性：3% RMS

前置放大器相位不一致性：<1° RMS

前置放大器增益不一致性：<0.3dB

可变增益范围：0～34dB
可变增益步进数：4095

2. 水下电子分机

电子分机的总体设计和基本构架如图 5.9 和图 5.10 所示。

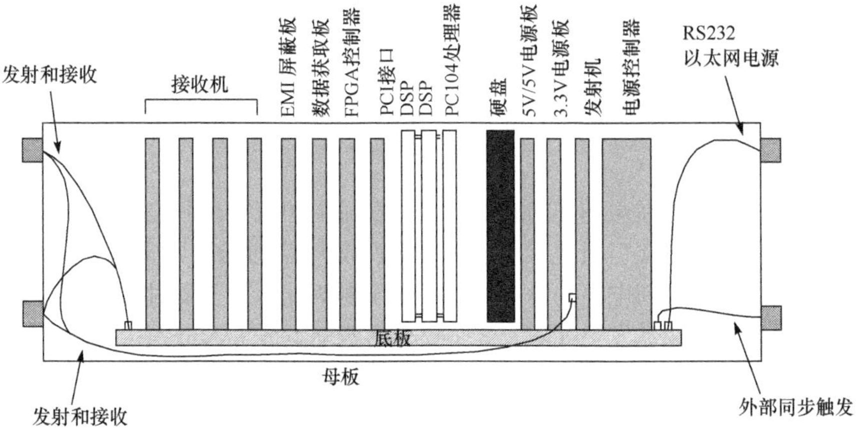

图 5.9　水下电子分机总布置图

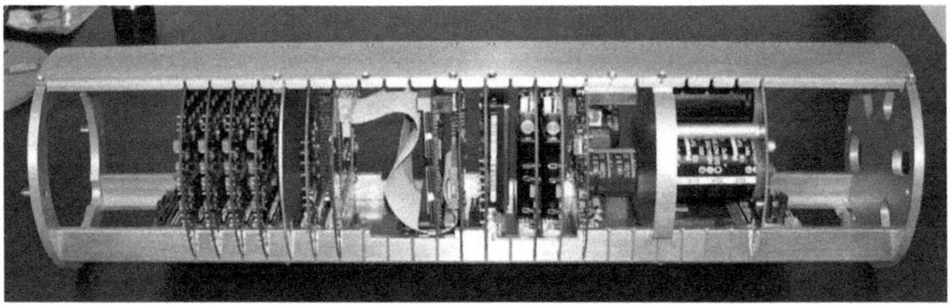

图 5.10　水下电子分机实物图

整个电子分机的工作流程为：电子分机按照 100M 网卡接收到的控制数据进行工作。PC104 处理器解释收到的控制数据，将它送到 FPGA 控制器，由 FPGA 控制器控制整个声呐的发射和接收。在 FPGA 控制器的控制下，发射机产生大功率线性调频的发射驱动脉冲，通过声呐接口板，驱动左右两侧声呐阵，将声能传入水中。左右两侧声呐阵收到海底的声反向散射信号，经过声呐接口板的低噪声放大，接收机板的时变增益控制、正交解调和采样保持后，经过数据获取板数字化。将数据通过 FPGA 控制器中的同步串口送到高速数字信号处理器，再经 PCI 总线送到 PC104 计算机保存。此外，数据获取系统还将一些声呐的状态信息数字化。声呐的状态信息包括电源电压和电流等，这些数据通过 FPGA 控制器送到 PC104 计算机，最后 PC104 计算机将采样数据和声呐的状态信息通过 100M 网卡送出。

3. 传感器集成

高分辨率测深侧扫声呐作为海底地形地貌的精确探测设备，必须经由多个传感器采集位置、姿态、声速等信息才能实现对自身位置和姿态的修正，从而实现对海底地形地貌的精确探测。下面以装载了高分辨率测深侧扫声呐的深海深拖系统为例来介绍其传感器集成。

拖体系统主要包括拖体平台、水下通信供电同步单元、一体化微地貌探测系统湿端、惯性导航单元、声信标（含换能器）、温盐传感器、多普勒测速仪、压力传感器、光信标和铱星示位信标等整件设备。

(1)运动传感器（惯性导航单元）。为了开展海底微地貌探测，需要获得高精度的载体位置信息。由于 USBL 定位系统所提供的定位数据精度过低且时间间隔过长，仅使用 USBL 定位系统难以满足微地貌探测要求，需要利用惯性导航单元和声多普勒测速仪弥补 USBL 定位系统的不足，提供高相对定位精度和较短时间间隔的定位数据。

(2)声信标（含换能器）。声信标与母船的 USBL 定位系统配合，用于定位拖体在海水中的位置。

(3)温盐传感器。温盐传感器用于测量拖体附近温度、盐度和深度，从而得到换能器附近声速，便于声呐数据的处理修正。

(4)多普勒测速仪。多普勒测速仪主要用来测量载体相对海底的速度，还具备测流功能，与惯性导航单元配合，可以提高系统的定位精度。

(5)压力传感器。压力传感器将提供给 USBL 定位系统，用于提高其定位精度。此外，压力传感器数据还将用于水深的测量。为保证最终测深精度，需要 0.01%量程精度的高精度压力传感器，一般温盐传感器上的压力传感器达不到此精度。

(6)GPS。GPS 用于确定船的实际经纬度坐标，使用 GPS 还可以得到船只瞬时速度、时间等参数。为了获得尽量高的精度，有条件时在近海使用实时动态差分(real time kinematic, RTK)系统，在远海使用广域差分 GPS。GPS 接收机用于提供母船的高精度经纬度信息。

(7)USBL 定位系统。USBL 定位系统用于确定水下拖体的具体位置，它是依靠安装在拖体上的声信标和安装在船上的声呐阵共同完成的。

(8)光信标。光信标在拖体浮出水面后发出固定频率的闪光信号，用于拖体的水上定位。

(9)铱星示位信标。铱星示位信标在拖体浮出水面后报告 GPS 位置信息，便于拖体的水上定位。

USBL 定位系统（含声信标）用于提供水下拖体的绝对位置，可用于修正惯性导航单元产生的漂移。考虑系统轻便性的总体要求，所使用的 USBL 定位系统需要能够方便部署，便携安装，并且能通过将专用姿态测量设备与 USBL 阵安装在一起，实现系统校正过程的简化。USBL 定位系统接线单元作为水上部分，是 USBL 定位系统的数据输入输出接口，并对 USBL 定位系统水下基阵进行供电。USBL 定位系统水下基阵在工作时通过 USBL 升降机构放入水中，与拖体上的声信标配合定位，用于水下设备定位。

5.2 HRBSSS 测深数据处理方法

在获得时延 τ 和入射角 θ 后，一般还需要结合各类传感器数据进一步处理和计算，推导出被测区域位置和稳态深度。下面将介绍高分辨率测深侧扫声呐的测深数据处理方法，具体包括测深参数和坐标系定义、姿态数据处理、声呐阵深度计算、声速剖面修正以及定位数据和潮汐修正等内容，最后对整个处理流程进行总结[4-7]。

5.2.1 主要测深参数定义

1) 入射角 θ 和时延 τ

入射角 θ 和时延 τ 是测深的基本参数，高分辨率测深侧扫声呐使用一定的信号处理方法估计对应特定时延 τ 的回波入射角 θ。高分辨率测深侧扫声呐直接获得的入射角 θ 是相对于安装在载体上的左右两个声呐阵的结果。

2) 横滚 R、纵倾 P 和艏摇 α

横滚 R、纵倾 P 和艏摇 α 描述了载体在三维空间的姿态变化，声呐阵会随着载体的姿态变化而产生运动。高分辨率测深侧扫声呐一般不采用发射波束稳定技术和接收波束稳定技术，所以要对载体纵倾、横滚和艏摇进行参数修正，以消除它们对稳态深度和位置计算的影响。纵倾、横滚和艏摇一般由运动传感器测量得到，运动传感器与声呐阵安装在载体的不同位置，它们的相对位置关系会对姿态数据产生影响，一般在进行正式测量前应分左右舷进行精细测量，并在计算中予以修正。

3) 声速 c

海水中的声速变化导致声线弯曲，因此需要进行声速剖面修正，同时还应获得声呐阵表面声速 c_0（一般需安装专门的表面声速测量设备）。

4) 载体定位数据 ($\mathrm{lon}_{\mathrm{meas}}$、$\mathrm{lat}_{\mathrm{meas}}$)

载体定位数据是指载体的位置数据，它是推导被测区域位置过程中的重要参数，一般由定位系统测量得到。定位系统与声呐阵的相对位置关系会对定位数据产生影响，需要分左右舷分别进行测量和计算。

5) 声呐阵吃水 Draft、起伏 Heave、载体深度 D_V 和潮汐 WaterLevel

这四个参数是需要所有测深声呐根据情况进行计算的，当声呐的载体是船只等水面载体时，需要考虑声呐阵吃水影响，当声呐的载体是 AUV 等水下载体时，需要对载体深度进行计算。上述参数主要影响测量的深度值。

6)发射波束水平开角ψ_x

在斜坡地形或者有小目标的地方，发射波束水平开角使得非波束中心的点的回波首先到达接收阵，从而导致稳态深度误差和位置误差。

7)其他参数

除了上述主要参数以外，还有一些参数(如载体速度、两个换能器之间的位置等)，对测深结果也会有一定的影响。

表 5.1 列出了上述主要参数和符号。

表 5.1　影响高分辨率测深侧扫声呐测深的参数列表

参数和符号	影响深度	影响位置
入射角(θ)	是	是
时延(τ)	是	是
横滚(R)	是	是
纵倾(P)	是	是
艏摇(α)	否	是
运动传感器与声呐阵相对位置(x, y, z)	是	是
声速(c)	是	是
载体定位数据($\mathrm{lon}_{\mathrm{meas}}$、$\mathrm{lat}_{\mathrm{meas}}$)	否	是
定位天线与声呐阵相对位置(x_a, y_a, z_a)	否	是
吃水(Draft)	是	否
起伏(Heave)	是	否
载体深度(D_V)	是	否
潮汐(WaterLevel)	是	否
发射波束水平开角ψ_x	是	是
其他参数	是	是

5.2.2　姿态数据处理

1. 坐标系的定义和转换

为了更好地介绍载体姿态数据的计算，定义载体坐标系和本地水准坐标系。载体坐标系$OXYZ$以声呐阵的中心为原点，X轴的正方向指向载体头部，负方向指向载体尾部；Y轴的正方向指向左舷，负方向指向右舷；Z轴垂直于XOY平面，符合右手法则，即大拇指指向 Z 轴的正方向，其余四个手指的弯曲方向与从 X 轴正方向转到 Y 轴正方向的方向相同。本地水准坐标系 $OX_{LL}Y_{LL}Z_{LL}$ 以声呐阵的中心为原点，X_{LL} 轴的正方向指向正东，负方向指向正西；Y_{LL} 轴的正方向指向正北，负方向指向正南；Z_{LL} 轴的正方向垂直于水平面指向天空，负方向垂直于水平面指向地下[8]。

横滚 R、纵倾 P 和艏摇 α 定量描述了两个坐标系之间的旋转角度。从本地水准坐标系 $X_{LL}Y_{LL}Z_{LL}$ 到载体坐标系 XYZ 的坐标变换可以分为三步。

(1)将本地水准坐标系 $X_{LL}Y_{LL}Z_{LL}$ 绕 OZ_{LL} 轴逆时针旋转 $90°-\alpha$（艏摇 α 定义以载体头部朝向正北为正方向），得到坐标系 $X'Y'Z'$，即

$$\begin{bmatrix} x' \\ y' \\ z' \end{bmatrix} = \begin{bmatrix} \cos(90°-\alpha) & \sin(90°-\alpha) & 0 \\ -\sin(90°-\alpha) & \cos(90°-\alpha) & 0 \\ 0 & 0 & 1 \end{bmatrix} \begin{bmatrix} X_{LL} \\ Y_{LL} \\ Z_{LL} \end{bmatrix} = \begin{bmatrix} \sin\alpha & \cos\alpha & 0 \\ -\cos\alpha & \sin\alpha & 0 \\ 0 & 0 & 1 \end{bmatrix} \begin{bmatrix} X_{LL} \\ Y_{LL} \\ Z_{LL} \end{bmatrix} \tag{5.16}$$

(2)将坐标系 $X'Y'Z'$ 绕 OY' 轴沿着载体头部抬起方向旋转 P（纵倾 P 定义以载体头部抬起为正方向），得到坐标系 $XY'Z''$，即

$$\begin{bmatrix} x \\ y' \\ z'' \end{bmatrix} = \begin{bmatrix} \cos P & 0 & \sin P \\ 0 & 1 & 0 \\ -\sin P & 0 & \cos P \end{bmatrix} \begin{bmatrix} x' \\ y' \\ z' \end{bmatrix} \tag{5.17}$$

(3)将坐标系 $XY'Z''$ 绕 OX 轴沿着左舷抬起方向旋转 R（横滚 R 定义以载体左舷抬起为正方向），得到坐标系 XYZ，即

$$\begin{bmatrix} x \\ y \\ z \end{bmatrix} = \begin{bmatrix} 1 & 0 & 0 \\ 0 & \cos R & \sin R \\ 0 & -\sin R & \cos R \end{bmatrix} \begin{bmatrix} x \\ y' \\ z'' \end{bmatrix} \tag{5.18}$$

由以上可知，从本地水准坐标系 $X_{LL}Y_{LL}Z_{LL}$ 到载体坐标系 XYZ 的坐标转换公式为

$$\begin{bmatrix} x \\ y \\ z \end{bmatrix} = \begin{bmatrix} 1 & 0 & 0 \\ 0 & \cos R & \sin R \\ 0 & -\sin R & \cos R \end{bmatrix} \begin{bmatrix} \cos P & 0 & \sin P \\ 0 & 1 & 0 \\ -\sin P & 0 & \cos P \end{bmatrix} \begin{bmatrix} \sin\alpha & \cos\alpha & 0 \\ -\cos\alpha & \sin\alpha & 0 \\ 0 & 0 & 1 \end{bmatrix} \begin{bmatrix} X_{LL} \\ Y_{LL} \\ Z_{LL} \end{bmatrix} \tag{5.19}$$

类似地，可得载体坐标系 XYZ 到本地水准坐标系 $X_{LL}Y_{LL}Z_{LL}$ 的坐标转换公式为

$$\begin{bmatrix} X_{LL} \\ Y_{LL} \\ Z_{LL} \end{bmatrix} = \begin{bmatrix} \sin\alpha & -\cos\alpha & 0 \\ \cos\alpha & \sin\alpha & 0 \\ 0 & 0 & 1 \end{bmatrix} \begin{bmatrix} \cos P & 0 & -\sin P \\ 0 & 1 & 0 \\ \sin P & 0 & \cos P \end{bmatrix} \begin{bmatrix} 1 & 0 & 0 \\ 0 & \cos R & -\sin R \\ 0 & \sin R & \cos R \end{bmatrix} \begin{bmatrix} x \\ y \\ z \end{bmatrix} \tag{5.20}$$

设 $c_1=\cos R$，$c_2=\cos P$，$c_3=\cos\alpha$，$s_1=\sin R$，$s_2=\sin P$，$s_3=\sin\alpha$，则

$$\begin{bmatrix} X_{LL} \\ Y_{LL} \\ Z_{LL} \end{bmatrix} = \begin{bmatrix} c_2 s_3 & -s_1 s_2 s_3 - c_1 c_3 & -c_1 s_2 s_3 + s_1 c_3 \\ c_2 c_3 & -s_1 s_2 c_3 + c_1 s_3 & -c_1 s_2 c_3 - s_1 s_3 \\ s_2 & s_1 c_2 & c_1 c_2 \end{bmatrix} \begin{bmatrix} x \\ y \\ z \end{bmatrix} \tag{5.21}$$

高分辨率测深侧扫声呐直接获得的入射角θ是声波波阵面法线方向与载体坐标系XOY平面的夹角，当存在横滚、纵倾和艏摇现象时，载体坐标系会随载体的运动而变化。因此，根据载体纵倾、横滚和艏摇进行姿态计算，得到声波相对水平面的入射角θ是十分必要的。各种传感器与声呐阵安装的相对位置关系也会受到纵倾、横滚和艏摇的影响而产生变化，计算中也必须对姿态数据进行处理。需要指出的是，由于高分辨率测深侧扫声呐的声呐阵分为沿载体长轴方向安装的左右两个子阵，这些相对位置关系要分左右子阵分别进行计算。

2. 纵倾和横滚姿态修正

多波束声呐一般采用发射波束和接收波束稳定技术，使发射波束和接收波束不会受到纵倾的影响，但是对于没有采用发射波束和接收波束稳定技术的高分辨率测深侧扫声呐，必须充分考虑纵倾造成的入射角的变化，并进行相应的修正处理。

载体坐标系中的声波单位方向矢量$\boldsymbol{n}_0 = (0, \sin\theta, -\cos\theta)$，当入射角由左舷获得时，$\theta$取值范围为$\left[0, \frac{\pi}{2}\right]$，当入射角由右舷获得时，$\theta$取值范围为$\left[-\frac{\pi}{2}, 0\right]$，则由式(5.21)可得，在本地水准坐标系中的声线入射方向矢量$\boldsymbol{n}_{LL}$由式(5.22)计算：

$$\begin{bmatrix} X_{LL} \\ Y_{LL} \\ Z_{LL} \end{bmatrix} = \begin{bmatrix} c_2 s_3 & -s_1 s_2 s_3 - c_1 c_3 & -c_1 s_2 s_3 + s_1 c_3 \\ c_2 s_3 & -s_1 s_2 c_3 + c_1 s_3 & -c_1 s_2 c_3 - s_1 s_3 \\ s_2 & s_1 c_2 & c_1 c_2 \end{bmatrix} \begin{bmatrix} 0 \\ \sin\theta \\ -\cos\theta \end{bmatrix} \tag{5.22}$$

经过化简可得

$$\begin{bmatrix} X_{LL} \\ Y_{LL} \\ Z_{LL} \end{bmatrix} = \begin{bmatrix} s_2 s_3 \cos(\theta + R) - c_3 \sin(\theta + R) \\ s_2 c_3 \cos(\theta + R) + s_3 \sin(\theta + R) \\ -c_2 \cos(\theta + R) \end{bmatrix} \tag{5.23}$$

在本地水准坐标系中，水平面的单位法向矢量$\boldsymbol{n} = (0,0,-1)$，则声波波阵面法线方向与水平面法线的夹角$\theta_0$可由式(5.24)获得：

$$\cos\theta_0 = \frac{\boldsymbol{n} \cdot \boldsymbol{A}}{|\boldsymbol{n}| \times |\boldsymbol{A}|} = \cos P \cos(\theta + R) \tag{5.24}$$

声波波阵面法线方向与水平面法线的夹角θ_0的取值范围与θ相同，对于左舷声波，有 $\theta_0 \in \left[0, \frac{\pi}{2}\right]$；对于右舷声波，有 $\theta_0 \in \left[-\frac{\pi}{2}, 0\right]$。式(5.24)充分考虑了纵倾和横滚对入射角的影响，对于没有采用发射波束和接收波束稳定技术的高分辨率测深侧扫声呐，这是很有必要的。

5.2.3 声呐阵深度计算

要计算海底的深度，必须考虑声呐阵深度的影响因素，主要包括吃水 Draft、起伏 Heave 和载体深度 D_V。吃水、起伏和载体深度一般需要专用的测量设备测量得到，并进行相应的数据处理。

吃水 Draft 是指当船处在静止的水面时声呐在水面以下的深度，其值是在特定环境下得到的，因此 Draft 是由船本身的特性(包括声呐的安装、船的吃水深度、航速等)决定的，定义 Draft 以向下为正。Draft 由三个部分组成，其表达式为

$$\text{Draft=draft} - \text{squat} - \text{load} \tag{5.25}$$

式中，draft 为船在初始时刻和静止状态时声呐阵在水下的深度，以向下为正；squat 为船速变化时 draft 的变化值，以向上为正；load 为由燃料消耗和压仓物重量变化等因素引起的 draft 随时间的变化值，以向上为正。

起伏 Heave 是环境因素(如波浪等)导致的声呐在竖直方向上的位移。方便起见，定义 Heave 的正方向为向上。Heave 由两部分组成，其表达式为

$$\text{Heave} = H_{\text{means}} + H_{\text{ind}} \tag{5.26}$$

式中，H_{means} 表示运动传感器测量得到的 Heave 值，以向上为正，可以由运动传感器直接测量得到；H_{ind} 表示由横滚和纵倾引起的运动传感器与声呐阵之间的高度差的变化值，以向上为正。当船存在横滚和纵倾时，运动传感器与声呐阵之间的相对位置会产生变化，它们在竖直方向上产生相对位移，即 H_{ind}。而 H_{means} 是传感器在竖直方向的位移，所以在 H_{means} 的基础上加上 H_{ind} 即声呐阵竖直方向的位移，即 Heave。

令 (x, y, z) 为载体坐标系中从运动传感器到声呐阵的偏移坐标，对于高分辨率测深侧扫声呐，运动传感器到两个声呐阵的偏移坐标是不同的，应该对它们分别进行测量和修正。当不存在横滚和纵倾时，运动传感器和声呐阵之间的高度差为 z，当存在横滚和纵倾时，高度差为 z_{LL}，可以得到

$$H_{\text{ind}} = z - z_{LL} = -x\sin P - y\sin R\cos P + z(1 - \cos R\cos P) \tag{5.27}$$

载体深度 D_V 是当载体是拖曳体、AUV 和 ROV 等工作在水下的设备时，载体在水面以下的深度。D_V 由两部分组成，其表达式为

$$D_V = D_{\text{meas}} + D_{\text{ind}} \tag{5.28}$$

式中，D_{meas}为深度传感器的测量值；D_{ind}为横滚、纵倾引起的深度传感器与声呐阵之间的高度差的变化值。

令(x,y,z)为载体坐标系中从深度感器到声呐阵的偏移坐标，它们的测量和修正也应该分别进行。与H_{ind}类似，D_{ind}可以由式(5.29)得到：

$$D_{\text{ind}} = z - z_{LL} = -x\sin P - y\sin R\cos P + z(1-\cos R\cos P) \tag{5.29}$$

综上所述，当声呐的载体是船只等水面载体时，声呐阵深度为

$$z_0 = \text{Draft} - \text{Heave} \tag{5.30}$$

当声呐的载体是水下载体时，声呐阵深度为

$$z_0 = D_V \tag{5.31}$$

5.2.4 声速剖面修正

在已知声波与水平面的法线夹角φ_0、时延τ和声呐阵的入水深度z_0的情况下，要计算各测深点的深度和位置，就必须了解声波从声呐阵出发到达海底的传播路径。实际海水在声学性质上不可能是均匀的或者各向同性的，因此声波的传播路径不是一条直线，而是会发生折射，导致声线弯曲[9]。

设声速为c，由声学传播理论有

$$\frac{c_0}{\cos\varphi_0} = \frac{c}{\cos\varphi} \tag{5.32}$$

$$d = \int c\sin\varphi \mathrm{d}t \tag{5.33}$$

$$X = \int c\cos\varphi \mathrm{d}t \tag{5.34}$$

式中，c_0代表声呐阵的表面声速(一般由专门的表面声速测量设备得到)；φ_0为本地水准坐标系中声波的掠射角，它是声波与水平面法线夹角θ_0的余角(对左舷声波有$\varphi_0 = \frac{\pi}{2} - \theta_0$，对右舷声波有$\varphi_0 = \frac{\pi}{2} + \theta_0$，$c$和$\varphi$分别代表声波传播路径上的点的声速和掠射角)；$d$代表声呐阵下的水深，即相对深度；$X$为测深点到声呐阵正下方的距离，称为径向传播距离。

海洋中的声速是一个比较活跃的变量，它取决于介质中的许多声传播特性，随季节、时间、地理位置、水深、海流等的变化而不同。实际海水中的声速随各个方向都会产生变化，导致声波传播路径成为非常复杂的空间曲线，因此采用的海洋声速结构模型，即假定声速以一簇平行于水平面的平面为分界面，即声速随着

深度的变化而变化，没有侧向变化。声速与深度的函数关系就是声速剖面$c(z)$。

直接测量法是采用声速测量仪直接测量海水中的声速值，其基本原理是测量声波在某一固定距离上传播的时间或相位，从而直接获得海水声速值，具体方法有脉冲时间法、干涉法、相位法和脉冲循环法等。间接测量法就是通过测量海水的温度、盐度和水深(压力)等参数，根据经验公式间接计算出海水声速。

声速剖面由测量得到，实际获得的声速剖面均为离散形式。有时声速剖面测量不能到达海底，必须进行声速剖面扩展，即采用一定的方法估计未测量的深度对应的声速值。图 5.11 画出了一个典型的声速剖面扩展，图中 500m 以上实线段表示测量得到的声速剖面，测量深度为 500m。500m 以下实线段和虚线段表示扩展得到的声速剖面，其中实线段代表等声速扩展，虚线段代表线性变化声速扩展。

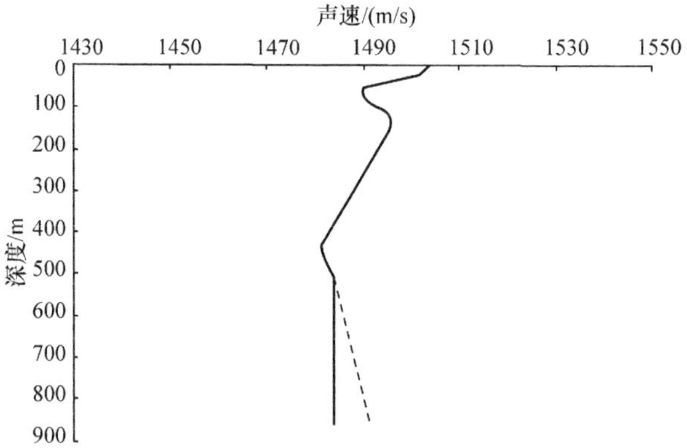

图 5.11　声速剖面

在声速水平成层假设条件下，由折射定律可知，当声线发生折射时，入射声线、出射声线和界面法线是在同一个平面内的，即声波是在一个传播平面内进行传播的。由射线声学理论，有

$$X = \left| \cos\theta_0 \int_{z_0}^{z} \left[\left(\frac{c_0}{c(z)} \right)^2 - \cos^2\theta_0 \right]^{-\frac{1}{2}} \mathrm{d}z \right| \tag{5.35}$$

$$t = \frac{1}{c_0} \left| \int_{z_0}^{z} \left(\frac{c_0}{c(z)} \right)^2 \left[\left(\frac{c_0}{c(z)} \right)^2 - \cos^2\theta_0 \right]^{-\frac{1}{2}} \mathrm{d}z \right| \tag{5.36}$$

实际工作中获得的声速剖面数据均为离散形式，无法准确得出$c(z)$的表达式，所以很难通过式(5.35)和式(5.36)直接积分计算。因此，必须采用一定的方

法在上述条件下进行声速剖面修正，以获得足够接近真实值的相对深度和径向传播距离。

1. 平均声速法

平均声速法用离散形式的声速剖面测量数据来计算平均声速 $\overline{c}$ ，然后用平均声速 $\overline{c}$ 计算 d 和 X ，计算公式为

$$r = \frac{\overline{c}\tau}{2} \tag{5.37}$$

$$d = r\sin\varphi \tag{5.38}$$

$$X = r\cos\varphi \tag{5.39}$$

假设离散形式的声速剖面数据为 (z_i, c_i) $(1 < i < N)$ ，则某一深度 z_n $(2 < i < N)$ 的平均声速 $\overline{c}$ 可按式(5.40)计算：

$$\overline{c} = \frac{1}{z_n}\sum_{i=1,n-1}(z_{i+1} - z_i)\frac{c_{i+1} + c_i}{2} \tag{5.40}$$

平均声速法简单地用一个平均声速代替声速剖面，采用平均声速和到达时间计算海底各点的深度，该方法的误差较大，但是其计算公式简单，便于进行测深误差分析。

2. 声线跟踪法

声线跟踪法是一种在深度方向上采用声线跟踪技术精确计算声波传播路径以提高测深精度的方法。假定声速剖面中相邻界面上的声速是线性变化的，这是一个一阶近似，在声速剖面分层足够细的条件下，它带来的误差可以忽略不计。以左舷数据为例，具体计算过程如下[10]。

如图 5.12 所示，声速剖面某层内的声速是线性变化的，声速值从 c_0 变为 c_1 ，

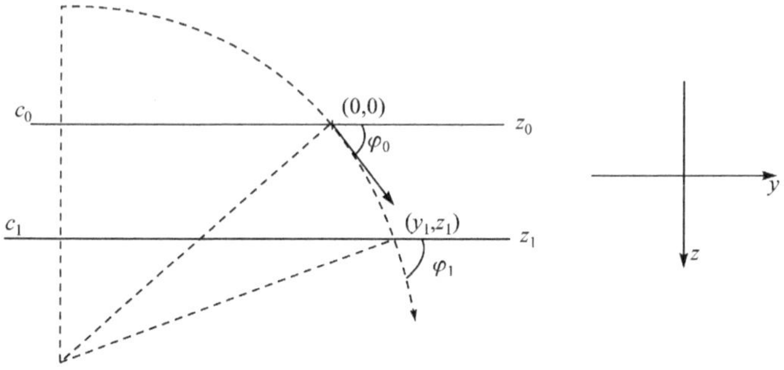

图 5.12　声线跟踪法

深度从 z_0 变为 z_1，层厚度为 $d=z_1-z_0$，则声速变化率 g 为

$$g=\frac{c_1-c_0}{d} \tag{5.41}$$

为方便计算，定义入射点的坐标为(0,0)，则在平面内的声速 c 可由式(5.42)计算得到：

$$c(y,z)=c_0+gz \tag{5.42}$$

定义入射声线的单位方向矢量 $\boldsymbol{n}_0=(A_y,A_z)$，则有

$$\cos\varphi_0=\frac{|A_y|}{\sqrt{A_y^2+A_z^2}} \tag{5.43}$$

式中，φ_0 为入射声线的掠射角。

由折射定律可知，非垂直入射时，声线上某点的掠射角与声速之间存在以下关系：

$$\frac{c_0}{\cos\varphi_0}=\frac{c_1}{\cos\varphi_1}=c_s \tag{5.44}$$

式中，c_s 为比例常数。

当 $g=0$ 时，声波沿直线传播；当 $g\neq 0$ 时，对声线上任一点，存在

$$z=\frac{c_s\cos\varphi-c_0}{g} \tag{5.45}$$

对式(5.45)求微分，有

$$\mathrm{d}z=\left(-\frac{c_s}{g}\sin\varphi\right)\mathrm{d}\varphi \tag{5.46}$$

同时由掠射角 φ 的定义可得

$$\frac{\mathrm{d}z}{\mathrm{d}y}=\tan\varphi \tag{5.47}$$

因此，有

$$\mathrm{d}y=\frac{\mathrm{d}z}{\tan\varphi}=\left(-\frac{c_s}{g}\cos\varphi\right)\mathrm{d}\varphi \tag{5.48}$$

由初值 $\varphi_0, y_0=0$，可以得到

$$y_1=\frac{c_s(\sin\varphi_0-\sin\varphi_1)}{g} \tag{5.49}$$

式(5.49)即声线在本层的径向传播距离。

由 Y 和 Z 的表达式可以推出

$$\left(y_1-\frac{c_s\sin\varphi_1}{g}\right)^2+\left(z_1-\frac{c_s\cos\varphi_1}{g}\right)^2=\left(\frac{c_s}{g}\right)^2 \tag{5.50}$$

这是一个圆的方程，圆半径 $R=\left|\frac{c_s}{g}\right|$。

由以上推导可以得出声线在本层中的传播时间为

$$t=\int_{\varphi_0}^{\varphi_1}\frac{R\mathrm{d}\varphi}{c}=\int_{\varphi_0}^{\varphi_1}\frac{R\mathrm{d}\varphi}{c_s\cos\varphi}=\frac{R}{c_s}\left(\ln\frac{1+\sin\varphi_1}{\cos\varphi_1}-\ln\frac{1+\sin\varphi_0}{\cos\varphi_0}\right) \tag{5.51}$$

当 $\varphi=\frac{\pi}{2}$ 时，声线垂直向下直线传播，有 $y_1=0$，$\varphi=\frac{\pi}{2}$，则传播时间 t 为

$$t=\int_0^d\frac{\mathrm{d}l}{c}=\int_0^d\frac{\mathrm{d}l}{c_0+lg}=\frac{\ln c_0-\ln c_1}{g} \tag{5.52}$$

通过以上分析和计算，可以得到声波在本层的径向传播距离和传播时间(右舷数据也可以通过以上公式计算，与左舷数据不同的是它得到的 Y 取负值)。根据声波进入下一层的入射角，可以计算出声波在每层的传播深度 d_i、径向传播距离 y_i 和传播时间 t_i，直到传播时间累加等于时延的一半，得到总的横向距离 $Y=\sum_i y_i$ 和相对深度 $d=\sum_i d_i$。

5.2.5 定位数据和潮汐修正

在声速传播平面内得到测深点的横向距离 X 和相对深度 d 之后，就可以进行定位数据和潮汐修正，得到被测区域的位置和稳态深度。

1. 艏摇修正

要计算被测区域的位置，首先要进行艏摇修正，将二维的横向距离 X 和相对深度 d 转换为三维本地水准坐标系下的坐标。由声速剖面模型可知，等声速面的法线方向与本地水准坐标系的 Z 轴重合，但是方向相反，则从声速传播平面到本地水准坐标系的坐标转换公式为

$$\begin{bmatrix}X_{LL}\\Y_{LL}\\Z_{LL}\end{bmatrix}=\begin{bmatrix}m_1&0\\m_2&0\\0&-1\end{bmatrix}\begin{bmatrix}X\\d\end{bmatrix} \tag{5.53}$$

入射声线的单位方向矢量可以由声波与水平面的法线夹角 φ_0 表示，它在二维平面内表示为 $(\sin\varphi_0 \quad \cos\varphi_0)$，在本地水准坐标系中表示为

$$\begin{bmatrix} X_{LL} \\ Y_{LL} \\ Z_{LL} \end{bmatrix} = \begin{bmatrix} s_2 s_3 \cos(\theta + R) - c_3 \sin(\theta + R) \\ s_2 c_3 \cos(\theta + R) + s_3 \sin(\theta + R) \\ -c_2 \cos(\theta + R) \end{bmatrix} \tag{5.54}$$

选取测深点在本地水准坐标系中的坐标代入式(5.54)，即可计算出两个未知参数 m_1 和 m_2，即

$$\begin{cases} m_1 = \dfrac{s_2 s_3 \cos(\theta + R) - c_3 \sin(\theta + R)}{\sin\varphi_0} \\ m_2 = \dfrac{s_2 c_3 \cos(\theta + R) + s_3 \sin(\theta + R)}{\sin\varphi_0} \end{cases} \tag{5.55}$$

其中含有如下关系：

$$\sin\varphi_0 = \begin{cases} \sqrt{1 - \cos^2\varphi_0}, & \text{左舷} \\ -\sqrt{1 - \cos^2\varphi_0}, & \text{右舷} \end{cases} \tag{5.56}$$

可以证得

$$\begin{cases} m_1 = \sin(\alpha - h_0) \\ m_2 = \cos(\alpha - h_0) \end{cases} \tag{5.57}$$

式中，$h_0 \in \left(-\dfrac{\pi}{2}, \dfrac{\pi}{2}\right)$，且有

$$\cot h_0 = \frac{\sin P}{\tan(\theta + R)} \tag{5.58}$$

综上所述，本地水准坐标系下的坐标由式(5.59)计算：

$$\begin{cases} X_{LL} = \sin(\alpha - h_0)X \\ Y_{LL} = \cos(\alpha - h_0)X \\ Z_{LL} = -d \end{cases} \tag{5.59}$$

2. 经纬度转换

在获得定位系统的测量值后，经过坐标平移和旋转后可得到测深点的经纬度。假定地球为椭球体，设 GPS 天线的纬度为 $\mathrm{lat}_{\mathrm{meas}}$，经度为 $\mathrm{lon}_{\mathrm{meas}}$，则测深点的纬度 lat 和经度 lon 可由式(5.60)和式(5.61)近似求得：

$$\mathrm{lat} = \mathrm{lat}_{\mathrm{meas}} + \frac{\Delta y}{M} \tag{5.60}$$

$$\mathrm{lon} = \mathrm{lon}_{\mathrm{meas}} + \frac{\Delta x}{N\cos \mathrm{lat}} \tag{5.61}$$

式中，Δx 和 Δy 为在本地水准坐标系中从测深点到定位系统天线的相对坐标；M 和 N 分别为地球的子午线和赤道的曲率半径。

Δx 和 Δy 可按照以下公式分步求得：

$$\Delta y = \Delta y_{\mathrm{s}} + \Delta y_{\mathrm{a}} + \Delta y_{\mathrm{t}} \tag{5.62}$$

$$\Delta x = \Delta x_{\mathrm{s}} + \Delta x_{\mathrm{a}} + \Delta x_{\mathrm{t}} \tag{5.63}$$

式中，下标 s 代表测深点到声呐阵的相对位移；下标 a 代表定位系统天线到声呐阵的相对位移；下标 t 代表声波传播过程中载体位置的变化。

下面分别求 Δx 和 Δy 的各个分量。

(1) Δx_{s} 和 Δy_{s}。

Δx_{s} 和 Δy_{s} 表示在本地水准坐标系中测深点到声呐阵的相对坐标，所以有

$$\Delta x_{\mathrm{s}} = X_{LL} \tag{5.64}$$

$$\Delta y_{\mathrm{s}} = Y_{LL} \tag{5.65}$$

(2) Δx_{a} 和 Δy_{a}。

Δx_{a} 和 Δy_{a} 表示在本地水准坐标系中定位系统天线到声呐阵的偏移坐标。令 (x, y, z) 为载体坐标系中从定位系统天线到声呐阵的偏移坐标，坐标变化即可得到 Δx_{a} 和 Δy_{a} 的值，即

$$\Delta x_{\mathrm{a}} = x\sin\alpha\cos P - y(\cos\alpha\cos R + \sin\alpha\sin P\sin R) + z(\cos\alpha\sin R - \sin\alpha\sin P\cos R) \tag{5.66}$$

$$\Delta y_{\mathrm{a}} = x\cos\alpha\cos P + y(\sin\alpha\cos R - \cos\alpha\sin P\sin R) - z(\sin\alpha\sin R + \cos\alpha\sin P\cos R) \tag{5.67}$$

需要指出的是，与运动传感器到声呐阵的偏移坐标类似，定位系统天线到声呐阵的偏移坐标也要分左右舷分别测量和修正。

(3) Δx_{t} 和 Δy_{t}。

Δx_{t} 和 Δy_{t} 表示声波传播过程中载体位置的变化。一般来讲，从发射声波到接收到回波的时间间隔最长不超过十几秒，所以在这个时间段里载体运动的距离最长不超过百米。在这个距离内，海水表面可以认为是水平面，即本地水准坐标系 $X_{LL}OY_{LL}$ 平面，所以可以认为载体是在本地水准坐标系 $X_{LL}OY_{LL}$ 平面内航行。当

存在横滚和纵倾时，艏摇定义为从 Y_{LL} 正方向（即正北方）顺时针旋转到 OX 轴正方向（载体头部方向）在 $X_{LL}OY_{LL}$ 平面（水平面）上投影的角度，艏摇的取值范围为 $0 \leqslant \alpha \leqslant 2\pi$，如图 5.13 所示。图中，$ox'$ 即为载体头部方向在 $X_{LL}OY_{LL}$ 平面内的投影，所以 ox' 所指的方向可以认为是船航行的方向。因此有

$$\Delta x_{\mathrm{t}} = \tau v_{\mathrm{SOG}} \sin\alpha \cos P \tag{5.68}$$

$$\Delta y_{\mathrm{t}} = \tau v_{\mathrm{SOG}} \cos\alpha \cos P \tag{5.69}$$

式中，v_{SOG} 为载体相对于地面的速度。

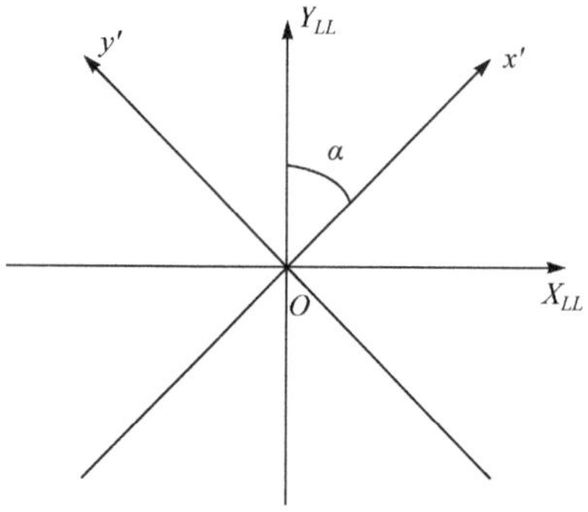

图 5.13　OX 轴在 $X_{LL}OY_{LL}$ 平面的投影

3. 潮汐修正

相对深度 d 加上声呐阵深度 z_0 即被测区域的瞬态深度，为了得到稳态的海底水深值，必须考虑潮汐影响，修正深度值。潮汐计算是一个古老而重要的课题，它的数学模型需要很多参数和条件，如海图深度基准面、平均海面、高程基准和平均海平面、验潮站的有效距离和潮汐资料获取技术等。沿岸潮汐改正的数学模型有一个站、两个站和多个站潮汐改正方法，此外，对外陆架区域也应有相应的潮汐模型。总之，为了得到与时间无关的稳态水深 D，必须根据验潮站得到的潮汐数据进行潮汐修正，根据要求得到相对不同基准（以深度基准面、平均海面或海洋大地水准面为基准）的稳态水深值，计算方法如下：

$$D = d + z_0 - \mathrm{WaterLevel} \tag{5.70}$$

综上所述，从本地水准坐标系到经度、纬度和稳态水深值的转换表达式为

$$\begin{cases} \mathrm{lat} = \mathrm{lat}_{\mathrm{meas}} + \dfrac{\Delta y}{M} \\ \mathrm{lon} = \mathrm{lon}_{\mathrm{meas}} + \dfrac{\Delta x}{N\cos\mathrm{lat}} \\ D = d + z_1 - \mathrm{WaterLevel} \end{cases} \tag{5.71}$$

5.2.6　测深数据处理流程

首先采用 5.1.2 节中的算法获得回波的入射角 θ 和延时 τ，然后采用如下步骤对左右舷数据分别进行数据后处理。

（1）计算声呐阵入水深度 z_0。当声呐的载体是船只等水面载体时，声呐阵入水

深度采用式(5.30)计算；当声呐的载体是水下载体时，声呐阵入水深度采用式(5.31)计算。

(2)获得当前水域声速剖面$c'(z)$。根据实时获得的表面声速c_0和近期测量得到的声速剖面$c(z)$，采用一定的拟合算法得到当前水域声速剖面$c'(z)$。

(3)根据式(5.24)计算得到声波波阵面法线方向与水平面法线的夹角θ_0。

(4)进行声速剖面修正得到相对深度d和径向传播距离Y：

$$Y=\sum_i y_i \tag{5.72}$$

$$d=\sum_i d_i \tag{5.73}$$

(5)根据式(5.59)计算得到本地水准坐标系下测深点的坐标(X_{LL},Y_{LL},Z_{LL})。

(6)根据式(5.60)和式(5.61)计算得到测深点的纬度lat和经度lon坐标。

(7)根据式(5.70)进行潮汐修正得到稳态水深值。

综上所述，高分辨率测深侧扫声呐测深数据处理流程如图5.14所示。

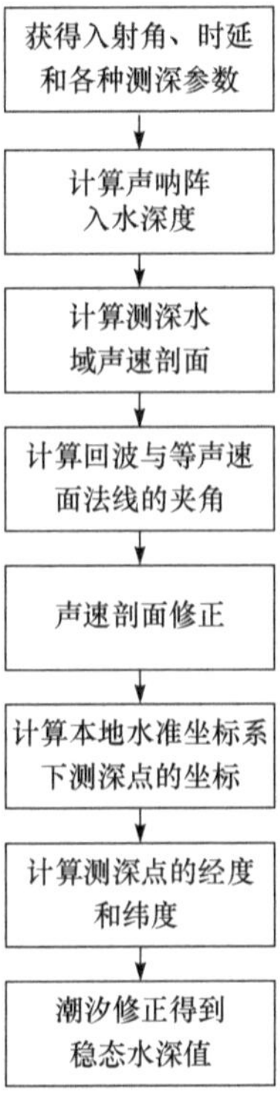

图5.14　高分辨率测深侧扫声呐测深数据处理流程

5.3　HRBSSS误差分析和偏差校准

5.3.1　深度误差分析

高分辨率测深侧扫声呐的目的是探测海底地形，具体到一个点也就是测量海底各个点位置的深度信息，而高分辨率测深侧扫声呐的位置和稳态深度的计算是多种传感器参数综合作用、叠加的过程，由于传感器本身系统误差和测量叠加过程中产生的相应误差影响，它们最终会归结为位置和稳态深度的误差。以下就各项参数的误差对位置与稳态深度的影响做出分析，并给出误差计算公式。

根据定义，稳态深度计算公式参见式(5.70)。设σ_d为相对深度d的误差，σ_{z_0}

为声呐阵深度 z_0 的误差，σ_W 为潮汐 WaterLevel 的误差，则稳态深度的误差 σ_D 可表示为

$$\sigma_D = \sqrt{\sigma_d^2 + \sigma_{z_0}^2 + \sigma_W^2} \tag{5.74}$$

下面分别讨论各个误差的计算公式。

1. 相对深度误差

为了方便进行误差分析，用平均声速 $\bar{c}$ 代替声速剖面 $c(z)$，将 d 的计算公式重新给出：

$$d = r_0 \cos P \cos(\theta + R) \tag{5.75}$$

式中，P 为纵倾；R 为横滚；θ 为入射角；r_0 为声波传播距离，计算公式为

$$r_0 = \frac{\bar{c}\tau}{2} \tag{5.76}$$

其中，τ 为时延。

根据式(5.75)求导，可得

$$\begin{cases} \sigma_{d_{r_0}}^2 = \left[\cos^2 P \cos^2(\theta + R)\right]\sigma_{r_0}^2 \\ \sigma_{d_\theta}^2 = \left[r_0^2 \sin^2(\theta + R)\cos^2 P\right]\sigma_\theta^2 \\ \sigma_{d_R}^2 = \left[r_0^2 \sin^2(\theta + R)\cos^2 P\right]\sigma_R^2 \\ \sigma_{d_P}^2 = \left[r_0^2 \sin^2 P \cos^2(\theta + R)\right]\sigma_P^2 \end{cases} \tag{5.77}$$

下面分别讨论各个误差。

1）入射角误差

高分辨率测深侧扫声呐的入射角由一定的信号处理方法估计得到，它的误差是深度的主要误差源之一。入射角误差主要有两类：一类是信号处理方法、海洋噪声和物理模型造成的误差，假定其主要体现为随机误差；另一类是各通道间不一致性引起的误差，它与入射角方向有关，主要体现为系统偏差。

下面介绍第一类误差的影响，由于该影响随着信号处理方法的不同而略有不同，本节给出文献研究的结果。在大快拍数 N 的情况下，均匀线阵的 MCLS-ESPRIT 算法的估计误差 $\left\{\hat{\phi}_k - \varphi_k\right\}$ 是一个零均值的联合高斯分布，方差为

$$E\left((\hat{\phi}_k - \phi_k)(\hat{\phi}_p - \phi_p)\right) = \frac{\sigma^2}{2N}\mathrm{Re}\left\{\mathrm{e}^{\mathrm{i}(\theta_p - \theta_k)}(\boldsymbol{\rho}_p^{\mathrm{H}}\boldsymbol{\rho}_k)([\boldsymbol{P}^{-1}]_{k,p} + \sigma^2[\boldsymbol{P}^{-1}(\boldsymbol{A}^{\mathrm{H}}\boldsymbol{A})^{-1}\boldsymbol{P}^{-1}]_{k,p})\right\} \tag{5.78}$$

式中，

$$\boldsymbol{P}=\boldsymbol{G}\boldsymbol{R}_s\boldsymbol{G}^{\mathrm{H}} \tag{5.79}$$

$$\boldsymbol{\rho}_k^{\mathrm{H}}=\left[(\boldsymbol{A}_1^{\mathrm{H}}\boldsymbol{A}_1)^{-1}\boldsymbol{A}_1^{\mathrm{H}}\boldsymbol{F}_k\right]_k^{(\gamma)} \tag{5.80}$$

$$\boldsymbol{F}_k=\begin{bmatrix}0 & \boldsymbol{I}_{l-1}\end{bmatrix}-\mathrm{e}^{\mathrm{i}\phi_k}\begin{bmatrix}\boldsymbol{I}_{l-1} & 0\end{bmatrix} \tag{5.81}$$

其中，$\boldsymbol{A}_1=\begin{bmatrix}\boldsymbol{I}_l & 0\end{bmatrix}\boldsymbol{A}$；$\boldsymbol{F}_k$ 为 $(l-1)\times l$ 矩阵；$[\boldsymbol{X}]_k^{(\gamma)}$ 表示矩阵 $\boldsymbol{X}$ 的第 k 行。对所有子阵对的入射角估计标准差进行算术平均，此均值作为最终估计标准差 $\sigma_{\hat{\theta}}$。

入射角的估计标准差 $\sigma_{\hat{\theta}}$ 和各通道间不一致性引起的误差 σ'_{θ} 组成了入射角误差 σ_{θ}：

$$\sigma_{\theta}=\sqrt{\sigma_{\hat{\theta}}^2+\sigma_{\hat{\theta}}'^2} \tag{5.82}$$

入射角误差传递到相对深度误差的公式为

$$\sigma_{d_\theta}=\sqrt{\left[r_0{}^2\sin^2(\theta+R)\cos^2 P\right]\sigma_{\theta}^2} \tag{5.83}$$

2）横滚误差

横滚由运动传感器测量得到，影响它的因素主要有以下几点：一是传感器测量值与真实值的误差，主要体现为随机误差；二是传感器与声呐阵相对位置的误差（主要指安装偏差）；三是由传感器输出延时造成的误差。

式(5.77)中，横滚角与入射角相加，横滚误差和入射角误差叠加在一起，它们到相对深度误差的传递公式是一样的。

总的横滚误差可以由式(5.84)计算：

$$\sigma_R=\sqrt{\sigma_{R_{\text{meas}}}^2+\sigma_{R_{\text{align}}}^2+\sigma_{R_{\text{delay}}}^2} \tag{5.84}$$

式中，$\sigma_{R_{\text{meas}}}$ 为横滚的测量误差；$\sigma_{R_{\text{align}}}$ 为横滚的安装误差；$\sigma_{R_{\text{delay}}}$ 为传感器输出延时造成的横滚误差。

横滚误差映射到相对深度误差为

$$\sigma_{d_R}=\sqrt{\left[r_0^2\sin^2(\theta+R)\cos^2 P\right]\sigma_R^2} \tag{5.85}$$

由式(5.85)可见，横滚误差导致的相对深度误差会随着入射角的增大而增大，它也是深度的主要误差源之一。

3）纵倾误差

与横滚一样，纵倾由运动传感器测量得到，影响它的因素主要有以下几点：一是传感器测量值与真实值的误差，主要体现为随机误差；二是传感器与声呐阵相对位置的误差(主要指安装偏差)；三是由传感器输出延时造成的误差。在一般情况下(载体在比较平静的海面上航行或者在固定深度的海中航行)，纵倾角比较小，它主要会引起声波传播平面的旋转，对位置影响较大，对深度的影响相对较小。

总的纵倾误差为

$$\sigma_P = \sqrt{\sigma_{P_{\text{meas}}}^2 + \sigma_{P_{\text{align}}}^2 + \sigma_{P_{\text{delay}}}^2} \tag{5.86}$$

纵倾误差传递到相对深度误差为

$$\sigma_{d_P} = \sqrt{\left[r_0^2 \sin^2 P \cos^2(\theta + R)\right]\sigma_P^2} \tag{5.87}$$

一般情况下，纵倾的取值和误差都很小，纵倾误差引起的深度误差也相对较小。

4) 声速误差

声速剖面的误差来源有以下几点：一是声速传感器的测量误差；二是由于一般测量声速剖面时不能到达海底所引起的误差；三是在那些声速变化很快的地方，由于两次声速剖面探测之间的时间和位置间隔，造成声速剖面变化引起的误差。这些误差最终都会造成相对深度的误差，此外，声呐阵表面声速不仅是声速剖面修正的起始值，同时也是计算回波方向时的重要参数，因此表面声速误差除了会直接导致相对深度误差，还会导致入射角误差。

(1) 声速测量误差。

声速的测量方法很多，大体上可以分为直接测量法和间接测量法两类，它的测量误差与仪器的测量精度和水文环境因素有关。设声速测量误差为 $\sigma_{\bar{c}}$，它映射到相对深度误差为

$$\sigma_{d_{\bar{c}_1}} = d_P \frac{\sigma_{\bar{c}}}{\bar{c}} \tag{5.88}$$

式中，d_P 为测量的声速剖面的底部深度，如果不存在声速剖面扩展，则 d_P 为相对深度 d。

(2) 声速剖面扩展误差。

测量声速剖面一直到海底，这是不太现实的，因此需要进行声速剖面扩展。不同的声速剖面扩展方法会产生不同的误差。这个误差可以描述为从最大剖面深度到海底的一个固定的声速误差，或者假设从最大剖面深度到海底的声速误差是从0开始线性增加的。

对于固定值模式，有

$$\sigma_{d_{\bar{c}_2}} = \left(d - d_P\right)\cos P \frac{\sigma_{\bar{c}}}{\bar{c}} \tag{5.89}$$

对于线性模式，则有

$$\sigma_{d_{\bar{c}_2}} = (d - d_P)\cos P \frac{\sigma_{\bar{c}}}{2\bar{c}} \tag{5.90}$$

(3) 声速剖面变化误差。

在那些声速变化很快的地方，由于两次声速剖面探测之间的时间和位置间隔，会造成声速剖面变化引起的误差。由于声速剖面变化引起的相对深度误差表达式为

$$\sigma_{d_{\bar{c}_3}} = \Delta d \cos P \frac{\sigma_{\bar{c}}}{\bar{c}} \tag{5.91}$$

式中，Δd 表示声速剖面产生变化的水层厚度。

(4) 表面声速误差。

声呐阵的表面声速误差会产生额外的波束角误差，由式(5.1)可得

$$\sin(\theta - \theta_m) = \frac{c\beta(d)}{2\pi d^2 f} \tag{5.92}$$

式中，f 为声波的频率。

由式(5.92)求微分可以得到

$$\sigma_{\theta_{\bar{c}}} = \tan\theta \frac{\sigma_{\bar{c}}}{\bar{c}} \tag{5.93}$$

则映射到相对深度误差为

$$\sigma_{d_{\bar{c}_4}} = \sqrt{\left[{r_0}^2 \sin^2(\theta + R)\cos^2 P\right]\sigma_{\theta_{\bar{c}}}^2} \tag{5.94}$$

总的由声速误差造成的相对深度误差为

$$\sigma_{d_{\bar{c}}}^2 = \sqrt{\sigma_{d_{\bar{c}_1}}^2 + \sigma_{d_{\bar{c}_2}}^2 + \sigma_{d_{\bar{c}_3}}^2 + \sigma_{d_{\bar{c}_4}}^2} \tag{5.95}$$

根据声线跟踪法的计算原理，某层的声速误差不但对本层的声线跟踪计算结果产生影响，还会对后续水层的水平位移和深度计算产生影响。声波经历的水层越厚、波束的入射角越大，声速误差对测深的影响越大，所以在深水和入射角较大的边缘波束条件下，声速剖面误差会引起较大的测深误差。总之，声速误差是深度的主要误差源之一，在勘测工作中应该尽量准确地测量工作区域的声速剖面，以提高测深精度。

5) 发射波束水平开角引起的误差

除了上述误差之外，发射波束水平开角 ψ_x 也会导致深度误差。在斜坡地形或者有小目标的地方，发射波束水平开角使得非波束中心的点的回波首先到达接收阵，从而导致深度误差和位置误差。

如图 5.15 所示，从左手边的目标反射回的声波波程与垂直波程 d 相等。除非

目标在换能器的正下方，否则就可能存在误差，可由如下公式估计：

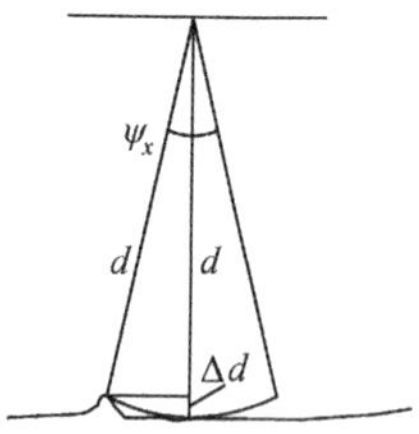

图 5.15　目标判决与带宽

$$\sigma_{d_B}^2 \approx \left[d\left(1-\cos\frac{\psi_x}{2}\right)\right]^2 \tag{5.96}$$

6) 总的相对深度误差

综上所述，总的相对深度误差计算公式为

$$\sigma_d = \sqrt{\sigma_{d_\theta}^2 + \sigma_{d_B}^2 + \sigma_{d_c}^2 + \sigma_{d_R}^2 + \sigma_{d_P}^2} \tag{5.97}$$

2. 声呐阵深度误差

当声呐的载体是船只等水面载体时，声呐阵深度误差为

$$\sigma_z = \sqrt{\sigma_{\mathrm{Draft}} + \sigma_{\mathrm{Heave}}} \tag{5.98}$$

当声呐的载体是水下载体时，声呐阵深度误差为

$$\sigma_{z_0} = \sigma_{D_V} \tag{5.99}$$

吃水和起伏是对船只等水面载体的入水深度进行修正的参数，它们对高分辨率测深侧扫声呐和多波束声呐的影响是一样的。起伏、吃水和载体深度的测量和计算比较准确，它们的误差导致的深度误差相对较小。

1) 起伏误差

起伏误差包括运动传感器的测量误差和由运动传感器与声呐阵的相对位置引起的误差。运动传感器测量误差有一个固定分量和一个可变分量，即

$$\sigma_{H_{\mathrm{meas}}}^2 = \max(a^2, (b \times H_{\mathrm{meas}})^2) \tag{5.100}$$

式中，a 为固定分量，m；b 为可变分量(瞬时起伏幅度的百分比)。

设载体坐标系中运动传感器与声呐阵的相对位置为(x,y,z)，则由横滚和纵倾引起的起伏误差可以由以下公式计算：

$$\begin{aligned}\sigma_{H_{\mathrm{ind}}}^2 &= (x\cos P - y\sin R\sin P - z\cos R\sin P)^2\sigma_{P_{\mathrm{meas}}}^2 \\ &\quad + (y\cos R\cos P - z\sin R\cos P)^2 R_{\mathrm{meas}} + (\sin P)^2\sigma_x^2 \\ &\quad + (\sin R\cos P)^2\sigma_y^2 + (1-\cos R\cos P)^2\sigma_z^2\end{aligned} \tag{5.101}$$

总的起伏误差为

$$\sigma_{D_H} = \sqrt{\sigma_{H_{\mathrm{meas}}}^2 + \sigma_{H_{\mathrm{ind}}}^2} \tag{5.102}$$

起伏误差必须在发射和接收时都计算，所以总的起伏误差是式(5.102)所得误差的2倍。运动传感器和声呐阵相对位置坐标的测量和修正要分左右舷分别进行。

2) 吃水误差

吃水误差受draft 、squat 和load 的影响，由以下公式给出：

$$\sigma_{D_D}=\sqrt{\sigma_{\text{draft}}^2+\sigma_{\text{squat}}^2+\sigma_{\text{load}}^2+\frac{\sigma_{\text{draft}_{\text{res}}}^2}{12}} \tag{5.103}$$

式中，前三项是draft 、squat 和load 的误差，第四项代表由漂移修正引起的精度的降低。其中draft 的测量和squat 的估计能够达到相当的精度，但是由load 引起的误差相对比较大。

3) 载体深度误差

载体深度误差由三部分组成：一是D_V的测量误差；二是深度传感器和声呐阵相对高度变化引起的误差；三是由水面的波浪引起的误差。后面一项误差可以通过一定的滤波方法减小或消除。载体深度误差由以下公式给出：

$$\sigma_{D_V}=\sqrt{\sigma_{D_{\text{meas}}}^2+\sigma_{D_{\text{ind}}}^2+\sigma_{D_{\text{wave}}}^2} \tag{5.104}$$

式中，$\sigma_{D_{\text{meas}}}$为D_V的测量误差；$\sigma_{D_{\text{ind}}}$为深度传感器和声呐阵相对高度变化引起的误差；$\sigma_{D_{\text{wave}}}$为由水面的波浪引起的误差。

设载体坐标系中深度传感器和声呐阵的相对位置为(x,y,z)，则由横滚和纵倾引起的深度传感器和声呐阵相对高度变化误差可以由以下公式计算：

$$\begin{aligned}\sigma_{D_{\text{ind}}}^2 &= (x\cos P-y\sin R\sin P-z\cos R\sin P)^2\sigma_{P_{\text{meas}}}^2\\ &\quad+(y\cos R\cos P-z\sin R\cos P)^2 R_{\text{meas}}+\sin^2 P\sigma_x^2\\ &\quad+(\sin R\cos P)^2\sigma_y^2+(1-\cos R\cos P)^2\sigma_z^2\end{aligned} \tag{5.105}$$

3. 潮汐误差

潮汐误差来源很多，其中两个主要的误差来源：一是计量仪的误差，二是深度测量定位的时间/空间精度。还有一些误差来源，包括为了消除海面波浪的影响而进行的滤波和潮汐测量仪与载体之间的时间差，在这里不做处理。总的潮汐误差由式(5.106)给出：

$$\sigma_{D_W}=\sqrt{\sigma_{\text{WL}_{\text{weas}}}^2+\sigma_{\text{WL}_{\text{pred}}}^2+\frac{\sigma_{\text{WL}_{\text{res}}}^2}{12}} \tag{5.106}$$

式中，第三项代表由潮汐修正引起的精度的降低。

潮汐误差对高分辨率测深侧扫声呐的影响与多波束声呐相同，在水深不是很浅的条件下，潮汐误差导致的深度误差相对较小。

4. 总的稳态深度误差

总的稳态深度误差计算公式参见式(5.74)。

综上所述，对深度误差有影响的参数主要包括入射角和时延、发射波束水平开角、声速、横滚、纵倾、起伏、吃水、载体深度和潮汐等，其中入射角误差、横滚误差和声速误差是主要的误差源。

5.3.2 位置误差分析

高分辨率测深侧扫声呐的位置结果是经纬度坐标，而《IHO 海道测量规范(S-44)》给出的位置精度是以米为单位的距离值，因此可以把径向距离误差作为位置误差进行分析。需要指出的是，以这种方式把本地水准坐标系中两个坐标的误差结合在一起，会丢失误差的方向分量，即位置误差为

$$\sigma_p^2 = \sigma_{\sigma_y}^2 + \sigma_{\sigma_x}^2 \tag{5.107}$$

把经度 lon 和纬度 lat 的计算公式重新列在这里：

$$\text{lat} = \text{lat}_{\text{meas}} + \frac{\Delta y}{M}$$

$$\text{lon} = \text{lon}_{\text{meas}} + \frac{\Delta x}{N\cos\text{lat}}$$

假定地球椭圆的半径(M 和 N)没有误差,则由式(5.107)与经纬度计算公式可以得出如下以米为单位的误差公式：

$$\begin{aligned}\sigma_p(m) &= \sqrt{\left(M\sigma_{\text{lat}}\right)^2 + \left(N\cos\text{lat}\cdot\sigma_{\text{lon}}\right)^2} \\ &\approx \sqrt{\sigma_y^2 + \sigma_x^2 + \sigma_{\Delta y_s}^2 + \sigma_{\Delta x_s}^2 + \sigma_{\Delta y_a}^2 + \sigma_{\Delta x_a}^2 + \sigma_{\Delta y_t}^2 + \sigma_{\Delta x_t}^2} \\ &\approx \sqrt{\sigma_p^2 + \sigma_X^2 + \sigma_{p_a}^2 + \sigma_{p_t}^2}\end{aligned} \tag{5.108}$$

式中，$\sigma_p(m)$为径向距离误差；σ_p 为定位数据误差；σ_X 为径向传播距离 X 的误差；σ_{p_a} 为定位系统天线到声呐阵的相对位置误差；σ_{p_t} 为声波传播过程中载体位置的变化误差。

与稳态误差一样，假设所有的误差都是正态分布且相互独立，则每个位置分量的误差都能计算出来，综合在一起就得出径向距离误差。

1. 定位数据误差

载体定位数据是推导水深所对应的大地绝对位置过程中的重要参数，也是定

位数据误差的主要成因之一。对于水面载体，一般采用 GPS；对于水下载体，一般采用 USBL 等声学定位系统。

定位数据的误差源主要归结为两类：一类是定位数据的测量误差，它主要是随机误差；另一类是定位延迟引起的误差，它是一种系统偏差。如果定位系统的输出是以米为单位的距离 X 和 Y，那么由它们的误差可以直接得到定位数据测量误差；如果定位系统的输出是经纬度，那么它们的误差需要首先转换为以米为单位的距离，或者直接参考定位系统厂家给出的测量精度值。定位延迟引起的定位数据误差可以由一定的校正方法进行校正。定位数据误差及其导致的位置误差取决于声呐的定位系统，它对高分辨率测深侧扫声呐和多波束声呐的影响相同。

总的定位数据误差为

$$\sigma_p = \sqrt{\sigma_{p_{\text{meas}}}^2 + \sigma_{p_{\text{delay}}}^2} \tag{5.109}$$

2. 径向传播距离误差

为了方便进行误差分析，用平均声速 $\bar{c}$ 代替声速剖面 $c(z)$，将径向传播距离的计算公式重新给出：

$$\begin{bmatrix} X_{LL} \\ Y_{LL} \\ Z_{LL} \end{bmatrix} = \begin{bmatrix} \dfrac{s_2 s_3 \cos(\theta+R) - c_3 \sin(\theta+R)}{\sin\varphi_0} & 0 \\ \dfrac{s_2 c_3 \cos(\theta+R) + s_3 \sin(\theta+R)}{\sin\varphi_0} & 0 \\ 0 & -1 \end{bmatrix} \begin{bmatrix} X \\ d \end{bmatrix} \tag{5.110}$$

经过化简得到

$$\Delta x_{\text{s}} = X_{LL} = -r_0 \cos\alpha \sin(\theta+R) + r_0 \sin\alpha \sin P \cos(\theta+R) \tag{5.111}$$

$$\Delta y_{\text{s}} = Y_{LL} = r_0 \sin\alpha \sin(\theta+R) + r_0 \cos\alpha \sin P \cos(\theta+R) \tag{5.112}$$

且声波传播距离 r_0 满足 $r_0 = \dfrac{\bar{c}\tau}{2}$，所以有

$$\begin{cases} \sigma_{X_{r_0}}^2 = \left\{1 - \left[\cos(\theta+R)\cos P\right]^2\right\} \sigma_{r_0}^2 \\ \sigma_{X_\theta}^2 = \left\{r_0{}^2 \left[\cos^2(\theta+R) + \sin^2 P \sin^2(\theta+R)\right]\right\} \sigma_\theta^2 \\ \sigma_{X_R}^2 = \left\{r_0{}^2 \left[\cos^2(\theta+R) + \sin^2 P \sin^2(\theta+R)\right]\right\} \sigma_R^2 \\ \sigma_{X_P}^2 = \left[r_0{}^2 \cos^2 P \cos^2(\theta+R)\right] \sigma_P^2 \\ \sigma_{X_\alpha}^2 = \left\{r_0{}^2 \left[\sin^2(\theta+R) + \sin^2 P \cos^2(\theta+R)\right]\right\} \sigma_\alpha^2 \end{cases} \tag{5.113}$$

把入射角误差、横滚误差、纵倾误差和艏摇误差代入式(5.113)，即可得到它们引起的径向传播距离误差，其中艏摇误差引起的位置误差相对较大，总的艏摇误差为

$$\sigma_{\alpha}=\sqrt{\sigma_{\alpha_{\text{meas}}}^{2}+\sigma_{\alpha_{\text{align}}}^{2}+\sigma_{\alpha_{\text{delay}}}^{2}} \tag{5.114}$$

前面已经给出了各种声速误差，下面给出它们传递到径向传播距离误差的公式。

1) 声速测量误差

声速测量误差映射到径向传播距离误差公式为

$$\sigma_{X_{\bar{c}1}}=d_P\frac{\sigma_{\bar{c}}}{\bar{c}}\frac{\sqrt{1-\cos^2 P\cos^2(\theta+R)}}{\cos^2 P\cos^2(\theta+R)} \tag{5.115}$$

2) 声速剖面扩展误差

对于固定值模式，有

$$\sigma_{X_{\bar{c}2}}=\left(d-d_P\right)\cos P\frac{\sigma_{\bar{c}}}{\bar{c}}\frac{\sqrt{1-\cos^2 P\cos^2(\theta+R)}}{\cos^2 P\cos^2(\theta+R)} \tag{5.116}$$

对于线性模式，则有

$$\sigma_{X_{\bar{c}2}}=\left(d-d_P\right)\cos P\frac{\sigma_{\bar{c}}}{2\bar{c}}\frac{\sqrt{1-\cos^2 P\cos^2(\theta+R)}}{\cos^2 P\cos^2(\theta+R)} \tag{5.117}$$

3) 声速剖面变化误差

由声速剖面变化引起的径向传播距离误差表达式为

$$\sigma_{X_{\bar{c}3}}=\Delta d\cos P\frac{\sigma_{\bar{c}}}{\bar{c}}\frac{\sqrt{1-\cos^2 P\cos^2(\theta+R)}}{\cos^2 P\cos^2(\theta+R)} \tag{5.118}$$

4) 表面声速误差

由表面声速误差引起的入射角误差映射到径向传播距离误差公式为

$$\sigma_{d_{\bar{c}4}}=\sqrt{\left\{r_0^{\,2}\left[\cos^2(\theta+R)+\sin^2 P\sin^2(\theta+R)\right]\right\}\sigma_{\theta_{\bar{c}}}^{2}} \tag{5.119}$$

总的由声速误差造成的径向传播距离误差为

$$\sigma_{X_c}^{2}=\sqrt{\sigma_{X_{\bar{c}1}}^{2}+\sigma_{X_{\bar{c}2}}^{2}+\sigma_{X_{\bar{c}3}}^{2}+\sigma_{X_{\bar{c}4}}^{2}} \tag{5.120}$$

除了相对深度误差以外，发射波束水平开角 ψ_x 也会引起径向传播距离误差，这个误差可以用式(5.121)来估计：

$$\sigma_{X_B} \approx 0.3\psi_x r_0 \tag{5.121}$$

在深水、极大波束角和稍大的开角等情况下，径向传播距离误差较大。

综上所述，总的径向传播距离误差为

$$\sigma_X = \sqrt{\sigma_{X_\theta}^2 + \sigma_{X_B}^2 + \sigma_{X_c}^2 + \sigma_{X_R}^2 + \sigma_{X_P}^2 + \sigma_{X_\alpha}^2} \tag{5.122}$$

3. 定位系统天线到声呐阵的相对位置误差

定位系统天线到声呐阵相对位置的测量和计算比较准确，它们的误差导致的位置误差相对较小。相对位置误差主要由偏移坐标的测量误差、艏摇误差引起的误差、横滚误差引起的误差、纵倾误差引起的误差组成。

1) 偏移坐标的测量误差

偏移坐标测量值的误差取决于它们的测量方法，这些误差映射到相对位置误差公式为

$$\sigma_{P_{a1}}^2 = \cos^2 P \sigma_x^2 + \left(1 - \sin^2 R \cos^2 P\right)\sigma_y^2 + \left(1 - \cos^2 R \cos^2 P\right)\sigma_z^2 \tag{5.123}$$

注意把 X 和 Y 分量综合得到相对位置误差时，艏摇 α 没有出现。这是因为在综合中，正弦和余弦的平方和为 1，所以式(5.123)中失去了关于误差的方向信息，只得到它的数量。

2) 艏摇误差引起的误差

如果艏摇 α 存在误差，则它映射到定位系统天线到声呐阵的相对位置误差为

$$\sigma_{P_{a2}}^2 = \begin{pmatrix} x^2 \cos^2 P + y^2\left(1 - \sin^2 R \cos^2 P\right) + z^2\left(1 - \cos^2 R \cos^2 P\right) \\ -xy\sin(2P)\sin R - xz\sin(2P)\cos R - yz\cos^2 P\sin(2R) \end{pmatrix}\sigma_\alpha^2 \tag{5.124}$$

3) 横滚误差引起的误差

横滚误差映射到定位系统天线到声呐阵的相对位置误差为

$$\sigma_{P_{a3}}^2 = \left[y^2\left(1 - \cos^2 R \cos^2 P\right) + z^2\left(1 - \sin^2 R \cos^2 P\right) + yz\sin 2R\cos^2 P\right]\sigma_R^2 \tag{5.125}$$

4) 纵倾误差引起的误差

纵倾误差映射到定位系统天线到声呐阵的相对位置误差为

$$\sigma_{P_{a4}}^2 = \left(x\sin P + y\sin R\cos P + z\cos R\cos P\right)^2 \sigma_P^2 \tag{5.126}$$

需要指出的是，本节中的横滚、纵倾和艏摇的误差指的是定位系统天线到声呐阵的相对位置计算过程使用的横滚、纵倾和艏摇值与载体的真实横滚、纵倾和艏摇值之间的误差。

总的由定位系统天线到声呐阵的偏移坐标引起的径向相对误差为

$$\sigma_{p_a}=\sqrt{\sigma_{p_{a1}}^2+\sigma_{p_{a2}}^2+\sigma_{p_{a3}}^2+\sigma_{p_{a4}}^2} \tag{5.127}$$

4. 声波传播过程中载体位置的变化误差

与多波束声呐相同，高分辨率测深侧扫声呐的声波传播过程中载体位置的变化误差为

$$\sigma_{p_t}=\sqrt{(\Delta t\cos P)^2\sigma_{\mathrm{SOG}}^2+(\mathrm{SOG}\cos P)^2\sigma_{\Delta t}^2+(\Delta t\mathrm{SOG}\cos P)^2\sigma_a^2+(\Delta t\mathrm{SOG}\sin P)^2\sigma_p^2} \tag{5.128}$$

式(5.128)不考虑 R、P 和 α 的测量误差与定位系统偏移和延时等误差之间的相关性影响，其中纵倾和艏摇的误差定义与前面相同。

5. 总的位置误差

综上所述，总的位置误差计算公式参见式(5.108)。

对位置误差有影响的参数主要包括入射角和时延、发射波束水平开角、声速、艏摇、纵倾和定位数据等，其中定位数据误差、发射波束水平开角和艏摇误差是主要的误差源。

5.3.3 误差分析小结

高分辨率测深侧扫声呐主要的估计参数是回波的到达方向，所以它的入射角误差引起的相对深度误差与多波束声呐不同；高分辨率测深侧扫声呐未采用发射稳定技术，必须考虑纵倾误差的影响，而高分辨率测深侧扫声呐的起伏误差、吃水误差、发射波束水平开角误差、潮汐误差、定位系统天线到声呐阵相对位置误差、声波传播过程中载体位置的变化误差等因素的影响与多波束相同，它们的计算公式借鉴了 Hare 论文[11]的相关内容。其余参数因为受到纵倾的影响，其误差对测深结果的影响稍有不同。此外，高分辨率测深侧扫声呐还应考虑安装在拖曳体等水下载体的条件下载体深度的误差。

将深度和位置的误差源进行总结，如表 5.2 和表 5.3 所示。

表 5.2 高分辨率测深侧扫声呐深度误差源总结

误差来源	符号	对深度误差影响大小	与多波束比较
入射角误差	σ_{d_θ}	较大	不同
横滚误差	σ_{d_R}	较大	不同

续表

误差来源	符号	对深度误差影响大小	与多波束比较
纵倾误差	σ_{d_P}	较小	不同
声速误差	σ_{d_c}	较大	相同
发射波束水平开角误差	σ_{d_B}	较小	相同
起伏误差	σ_{D_H}	较小	相同
吃水误差	σ_{D_D}	较小	相同
载体深度误差	σ_{D_V}	较小	不同
潮汐误差	σ_{D_W}	较小	相同

表 5.3　高分辨率测深侧扫声呐位置误差源总结

误差来源	符号	对位置误差影响大小	与多波束比较
入射角误差	σ_{X_θ}	较小	不同
横滚误差	σ_{X_R}	较小	不同
纵倾误差	σ_{X_P}	较小	不同
艏摇误差	σ_{X_α}	较大	不同
声速误差	σ_{X_c}	较小	相同
发射波束水平开角误差	σ_{X_B}	较大	相同
定位数据误差	σ_p	较大	相同
定位系统天线到声呐阵的相对位置误差	σ_{p_a}	较小	相同
声波传播过程中载体位置的变化误差	σ_{p_t}	较小	相同

5.3.4　HRBSSS 偏差校准

HRBSSS 为了保证更高的精度，在试验前都会进行偏差校准。前期测量和标定工作主要包括：标定换能器幅相误差，测量定位系统、姿态传感器、深度传感器与换能器阵的相对位置以及换能器阵安装角度；利用示波器和处理程序确定声呐频率参数与预期一致；静态采集定位数据确定定位精度。

此后，需在试验海区测量近期表面声速与声速剖面，并完成多组测线以作参数校准使用，如图 5.16 所示，具体包括：海底平坦区域三条轨迹平行的 S 形测线，相邻测线 50%覆盖，用于横摇偏差校准；海底有明显坡度变化区域两条重合反向测线，用于纵倾偏差校准；海底有突出孤立标志物区域两侧方向相反测线，用于航向偏差校准；海底平坦区域十字交叉测线，用于幅相误差校准。

测深数据处理及参数校准流程如图 5.17 所示，首先使用声呐采集数据计算

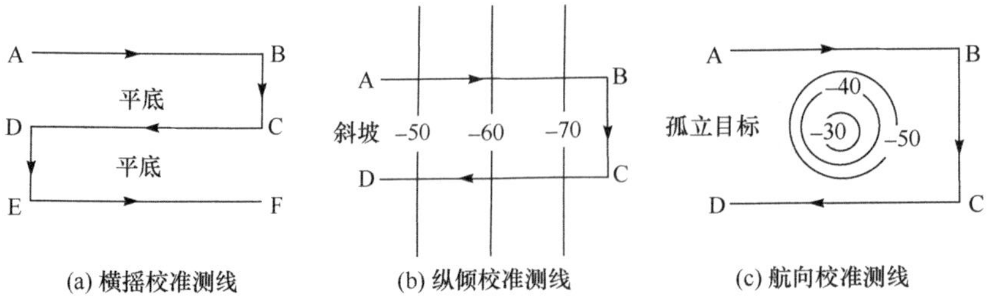

图 5.16　横摇、纵倾、航向偏差校准所需测线示意图

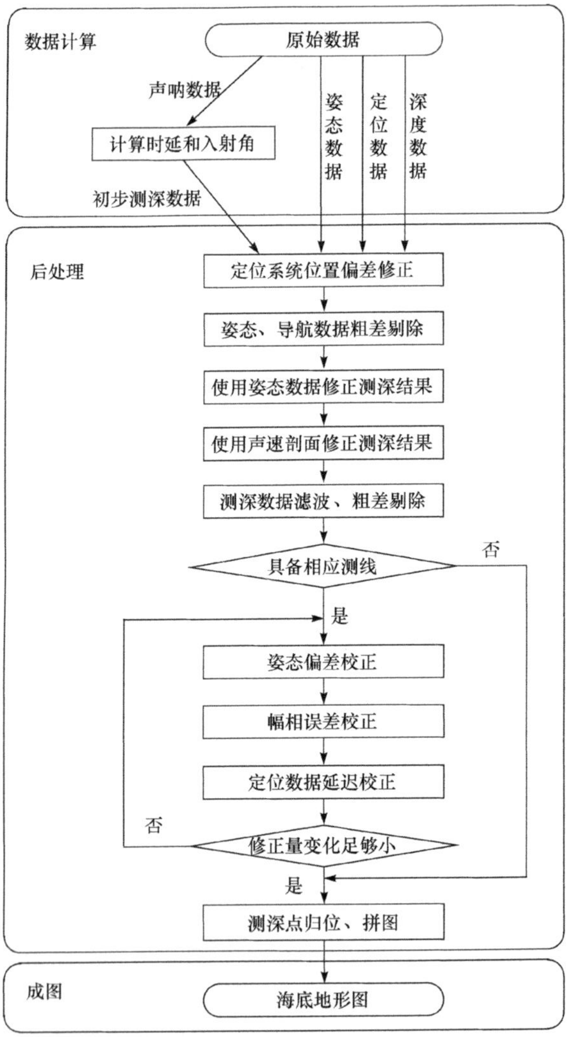

图 5.17　测深数据处理及参数校准流程

测深点的时延和入射角，之后将其与姿态数据、定位数据以及载体深度数据一同进行测深点归位与参数校准。由于多种参数误差互相作用，参数校准采用循环校准策略，直到各种参数的校准量收敛到某个值，才认为得到最终校准结果。最后利用经校准量修正后的参数获得测深点最终经度、纬度和深度，绘制出海底地形图。

5.4 评估方法

对 HRBSSS 进行修正和校准以后，对声呐所探测的实际数据进行质量精度评估也是十分必要的，可以判断探测结果是否满足应用需求。进行精度评估除肉眼对测深拼图完整性、平滑性的主观感受之外，更需要通过客观评价数据来说明测深精度。考虑到 HRBSSS 系统安装于水下载体进行作业，载体环境不同于船体环境，一般会从声呐自身与整个系统两个方面进行测深精度评估[12]。

5.4.1 声呐测深精度评估方法

HRBSSS 自身测深精度评估主要是考量声呐自身信噪比、信号处理方法等能否满足探测需求，直观表现为声呐测量并计算回波角度与时延信息，并将之转换为相对于载体的水平距离与深度的数据质量。

为尽可能降低复杂外界环境带来的干扰，本节选取地形较为平坦的深海单帧测深结果进行分析。评估方法为提取单帧测深结果，从正下方向两侧依次取每 2m 范围内所有测深点计算一次均值与标准差。

根据 2008 年第五版《IHO 海道测量规范(S-44)》[13]，在 95%置信度条件下，特级标准测深精度为 0.75%，一级与二级标准测深精度分别为 1.3%与 2.3%，相对测深精度 α 可用式(5.129)近似计算：

$$\alpha = \frac{1.96\sigma}{D} \times 100\% \tag{5.129}$$

式中，σ 为标准差；D 为以载体为基准的水深。

5.4.2 系统测深精度评估方法

如前所述，HRBSSS 系统最终获得的测深结果是由声呐数据和多种传感器数据融合而成的，HRBSSS 系统测深精度评估即对在这些传感器协同作用下最终呈现的经度、纬度与深度的数据质量进行考量。

若想尽可能准确地评价系统测深精度，首先需要进行系统偏差校准。为保证校准工作可行、安全，并且具有更佳的定位精度和航行姿态，系统校准需通过湖上试验完成。

选取较为平坦水底的十字测线进行分析。具体评估方法为：完成参数校准所需测线，按照图 5.17 所示流程处理数据并校准参数。之后选取一组十字测线，即一条南北向测线和一条东西向测线，两条测线互相垂直贯穿，取两条测线重叠区域，以相同边界、间隔、半径及网格化规则分别对两条测线进行处理，之后将两条测线相同位置的测深结果相减得到测深残差图。以载体正下方相交点(航迹交点)为中心，向外画同心正方环形，环宽度为 2m，最里层为边长 4m 的正方形，如图 5.18 所示。依次计算各个环内两条测线残差的标准差，进而计算 95%置信度下的相对测深精度，最终得到整个测深系统从正下方至远端的相对测深精度曲线。

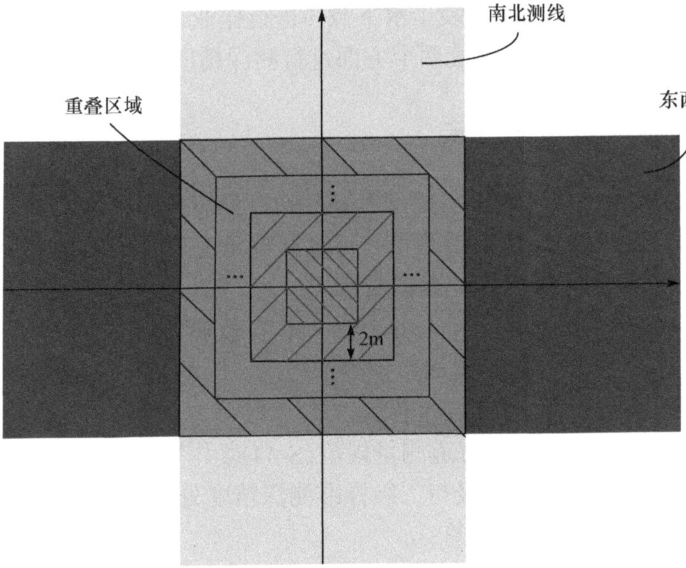

图 5.18　系统测深精度评估示意图

计算每 2m 范围内左舷和右舷的测深均值与标准差，结果分别如图 5.19 和图 5.20 所示，并在此基础上计算得到左舷标准差均值为 0.09m，右舷标准差均值为 0.09m。

图 5.21 给出了左、右舷相对测深精度，由图中可见，在 95%置信度下，左、右舷相对测深精度均优于 0.75%，即表示 HRBSSS 自身在测线 250m×2 覆盖范围内符合《IHO 海道测量规范(S-44)》测深特级标准。

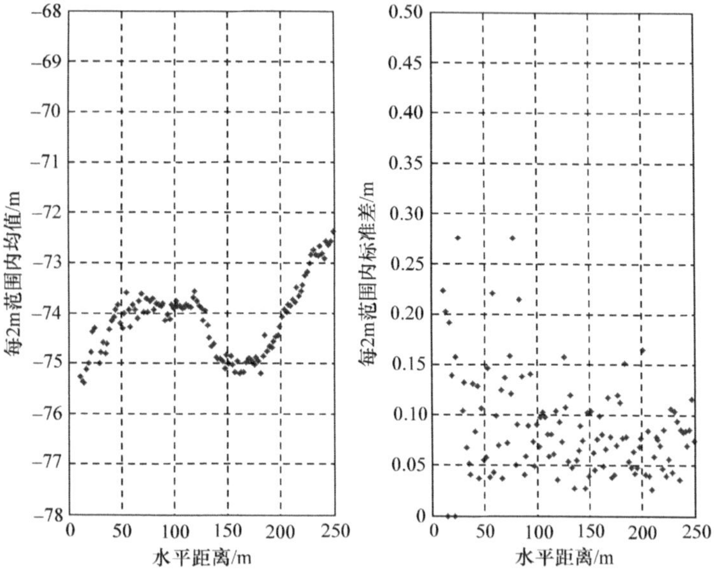

(a) 均值　　(b) 标准差

图 5.19　HRBSSS 系统左舷测深均值与标准差

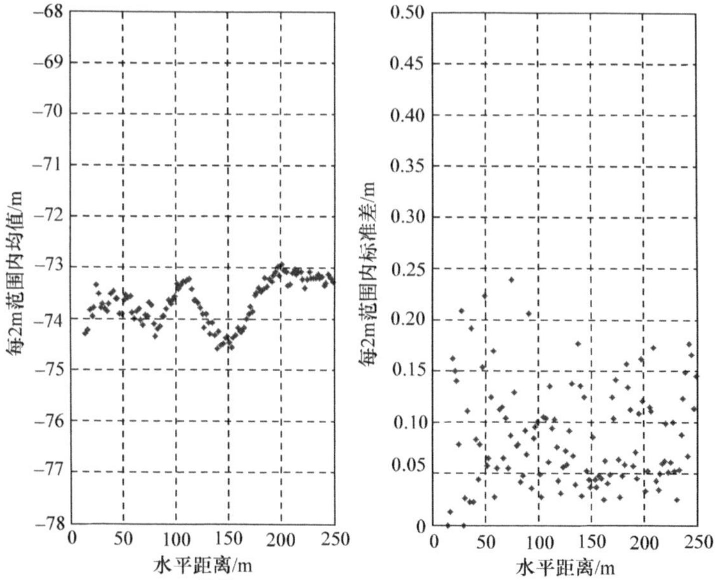

(a) 均值　　(b) 标准差

图 5.20　HRBSSS 系统右舷测深均值与标准差

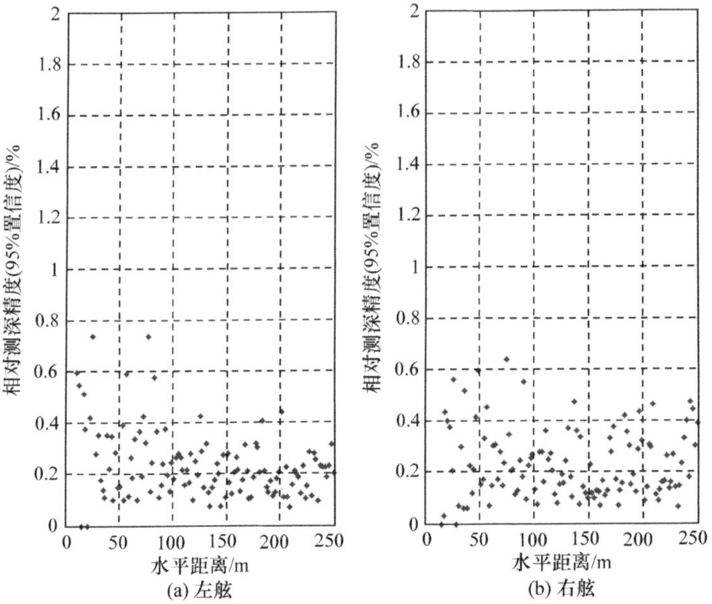

图 5.21　HRBSSS 系统单帧相对测深精度

5.5　应用实例

5.5.1　6000m 无人无缆水下无人航行器系统

6000m 无人无缆水下无人航行器(简称 6000m AUV，图 5.22)属于大洋矿产资源研究开发协会实用化改造课题，该设备装载了 HRBSSS 作为海底资源探测的手段之一。

图 5.22　6000m AUV“潜龙一号”外形

作业时，水下无人航行器定深或定高航行，水下无人航行器上安装的高分辨率测深侧扫声呐实现海底地形地貌的探测，浅地层剖面仪实现浅地层地质结构的探测，多普勒计程仪实现水下无人航行器对底航行速度和近海底流速的测量，避障声呐则实现水下无人航行器前方、下方和前上方等7个方向障碍物距离的检测。同时，安装在AC舱的声学控制器对水下无人航行器安装的姿态传感器、CTD、压力传感器、定位传感器等输出数据进行时标标定和保存。当水下无人航行器回收至甲板后，水上控制系统完成数据的导出、入库、数据处理和成图等工作，完成水下无人航行器的一次作业过程。

AUV载体声学系统硬件结构框图如图5.23所示。整个系统分为水上和水下两个部分。水上部分主要由一台声学数据处理计算机和声呐控制台组成，用于水下声学主控器的授时、各声呐设备参数配置、采集船舶位置数据、提供声学定位系统同步控制信号等；作业完成后，用于声学数据获取和后处理工作。

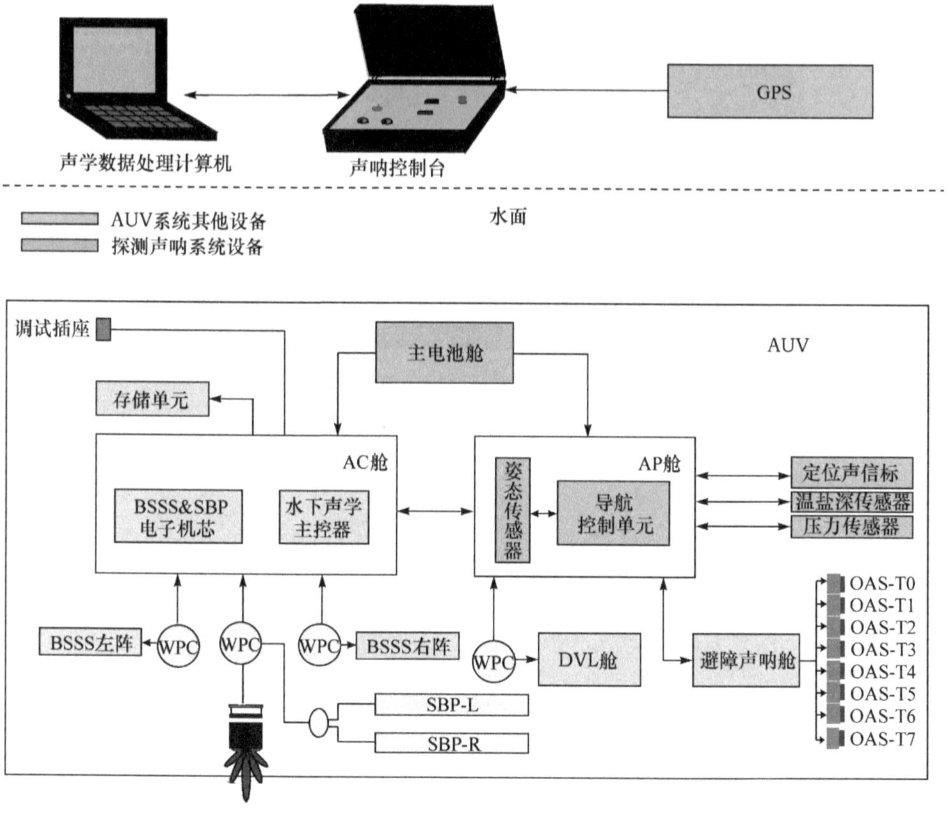

图5.23 AUV载体声学系统硬件结构框图

水下部分包括测深侧扫声呐、浅地层剖面仪、多普勒计程仪、避障声呐、水下声学主控器和数据存储单元等。另外，载体声呐系统还将使用载体上安装的辅助传感器，包括姿态传感器、温盐深传感器和压力传感器。其中，声学主控器主要同步各声呐的工作，并保持与传感器的时间同步。

6000m AUV 载体声学系统与国外同类产品相比，高分辨率测深侧扫声呐可实时探测海底地形和地貌，侧扫作用距离为每侧最大 350m，测深作用距离为每侧最大 250m，技术水平达到国际先进水平。

5.5.2 DTA-6000 声学深拖系统

DTA-6000 声学深拖系统及其拖曳示意图如图 5.24 和图 5.25 所示，可以获得海底地形图、地貌图及浅地层剖面图等。该系统可在水下连续长期工作，适用于多

图 5.24 DTA-6000 声学深拖系统（见书后彩图）

图 5.25 声学深拖系统拖曳示意图（见书后彩图）

金属结核、富钴结壳、热液硫化物等海底矿产资源调查，也可用于海底光缆、深海油井等海洋工程调查，能够实现特定目标的搜索，并可辅助大型水下无人航行器设备作业等[14,15]。

声学深拖系统分为水下和水上两部分，其中，水上部分包括甲板支持系统、声呐甲板单元和外部传感器，水下部分包括压载器、脐带缆和拖体。整个系统硬件组成框图如图 5.26 所示。声呐甲板单元是系统的总控单元，提供人机接口，用于控制水下系统工作，采集并融合声呐和多种传感器数据，获得海底地形图、地貌图和浅地层剖面图。甲板支持系统包括绞车系统（含光滑环和电滑环）、导向滑轮、A 型架和折臂吊等，用于拖体释放和回收等工作。外部传感器主要包括 GPS、罗经和 USBL 定位系统，分别提供母船位置、母船艏向和拖体位置。拖缆在完成拖曳功能的同时，还作为供电和通信介质。压载器作为万米拖缆和脐带缆的过渡点，具有衰减母船振荡的作用，其上安装的测高仪用于检测压载器距底高度，保证拖体安全。拖体上的浮力材、拖体框架及安装部件为声呐系统提供了工作平台，光纤多路复用器水下单元、剪切器系统、声信标/声释放器、测深侧扫声呐电子舱、浅地层剖面仪、DVL 及多种传感器都安装于平台上。

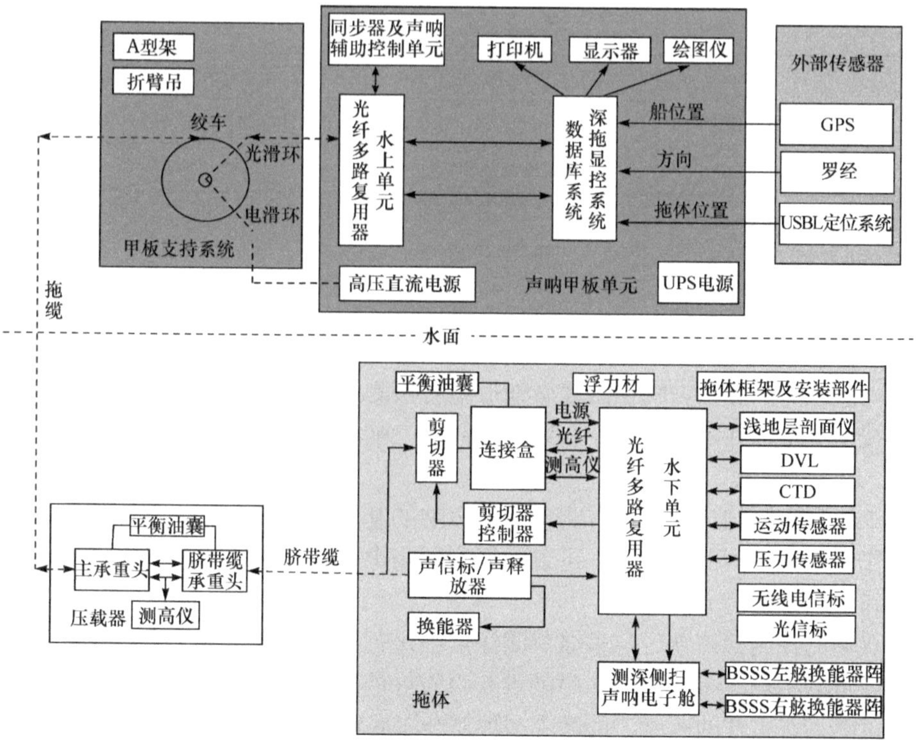

图 5.26　声学深拖系统硬件组成框图

系统作业时，母船通过依次连接的万米拖缆、压载器和脐带缆，拖着水下拖体在距海底 50～100m 高度匀速直线航行；电源由水上控制系统通过万米拖缆、脐带缆提供给水下拖体，拖体上安装的多部声呐和传感器系统开始工作，所获得的结果信息经过光纤多路复用器水下单元、脐带缆、万米拖缆传送到水上控制系统进行储存和处理，并通过显控系统实现信息的实时显示和人机交互。

DTA-6000 声学深拖系统及其安装的高分辨率测深侧扫声呐的主要技术指标如表 5.4 所示。

表 5.4　DTA-6000 声学深拖系统及其安装的高分辨率测深侧扫声呐主要技术指标

项目		技术指标参数
总体指标	最大工作深度	6000m
	拖曳速度	2～4kn
	工作海况	不大于 4 级
	额外搭载传感器能力	50kg，50W
拖体	质量	约 1000kg(空气中)
	尺寸	3300mm×624mm×941mm
	姿态稳定性	纵倾、横摇<1°
高分辨率测深侧扫声呐	频率	150kHz
	覆盖宽度	测深 2×300m，侧扫 2×400m
	垂直航迹分辨率	5cm

5.6　发展趋势

当前，测深侧扫声呐在海底微地形地貌探测中的应用越来越广泛，测深侧扫声呐技术本身也在不断发展，双频测深侧扫声呐和组合型声呐是两个重要的发展趋势。

双频测深侧扫声呐在原有测深侧扫声呐的基础上发展而来。顾名思义，它可以工作在两个不同的频段上，可以根据实际需求选择使用的频率，从而实现探测效率和探测精度的灵活选择。

双频测深侧扫声呐可与多波束测深声呐进行组合，双频测深侧扫声呐具有覆盖宽度宽的特点，多波束测深声呐可获得较好的正下方区域分辨率，二者形成组合型声呐具有更佳的性能，可适应多种复杂海底环境探测的需要。

参 考 文 献

[1] 刘晓东. 高分辨率测深侧扫声呐系统: 理论、系统和试验[D]. 北京: 中国科学院声学研究所, 2007.

[2] 朱维庆, 刘晓东, 张东升, 等. 多子阵子空间拟合波达方向估计[J]. 声学学报, 2006, 31(2): 120-125.

[3] 郭发滨, 申宏, 雷宁. 水声换能器动态吃水与传感器技术探讨[J]. 海洋测绘, 2005, 25(5): 25-27.

[4] 张东升. 浅水高分辨测深侧扫声纳信号处理研究[D]. 北京: 中国科学院声学研究所, 2005.

[5] 朱维庆, 刘晓东, 张东升, 等. 高分辨率测深侧扫声纳[J]. 海洋技术, 2005, 24(4): 29-35.

[6] 朱维庆, 朱敏, 刘晓东, 等. 海底微地貌测量系统[J]. 海洋测绘, 2003, 23(3): 27-31.

[7] 刘雁春. 海洋测深空间结构及其数据处理[M]. 北京: 测绘出版社, 2003.

[8] 高俊涛. 高分辨率测深侧扫声纳参数修正和系统偏差校正方法研究[D]. 北京: 中国科学院声学研究所, 2008.

[9] 桑金. 水深测量中的声速改正问题研究[J]. 海洋测绘, 2006, 26(3): 17-20.

[10] 齐娜, 田坦. 多波束条带测深中的声线跟踪技术[J]. 哈尔滨工程大学学报, 2003, 24(3): 245-248.

[11] Hare R. Error budget analysis for US Naval Oceanographic Office (NAVOCEANO) hydrographic survey systems. University of Southern Mississippi, 2001.

[12] 刘晓东, 王舒文, 张东升, 等. 高分辨率测深侧扫声纳系统测深精度评估方法[J]. 海洋测绘, 2016, 36(5): 28-31.

[13] IHO. IHO Standards for Hydrographic Surveys, S-44[S]. 5th ed. Monaco: International Hydrographic Bureau, 2008.

[14] 刘晓东, 张方生, 朱维庆, 等. 深水声学拖曳系统[J]. 海洋测绘, 2005, 25(6): 37-40, 44.

[15] 曹金亮, 刘晓东, 张方生, 等. DTA-6000 声学深拖系统在富钴结壳探测中的应用[J]. 海洋地质与第四纪地质, 2016, 36(4): 173-180.

6
多波束测深技术

海底地形测量是人类进行海洋探索、海洋开发、海洋工程建设、海战场虚拟环境建设的一个重要内容。长期以来，传统单波束回声测深技术虽然在海底地形测量中发挥了重要的作用，但由于其测量所需时间长、成本高、精度低、信息量少的缺陷，已不能满足海洋经济发展、海洋权益争夺和海洋规划管理日益增长的新需要。根据这一形势，国际海道测量组织（International Hydrographic Organisation, IHO）在总结当代海洋测量技术发展水平的基础上，于 1994 年 9 月的摩纳哥会议上制定出新的水深测量标准，并规定在高级别的水深测量中必须使用多波束全覆盖测量技术。

多波束测深系统利用广角度定向发射和多通道接收技术，形成条幅式高密度水深数据，可以有效地提高测绘效率和测绘精度，在海洋开发利用中具有重要的应用价值。

6.1 工作原理

多波束测深系统可以实现宽覆盖范围的高精度水底深度测量，是一种具有高测量效率、高测量精度、高分辨率的水下地形测量设备，如图 6.1 所示。

系统工作时，发射阵形成的发射波束辐射垂直于航迹方向的窄条带，接收阵通过预成多波束，形成多个沿航迹方向的窄波束，接收波束与发射波束交叠的区域构成水底采样点。测量每个采样点的回波到达时刻，就可以根据传播时间确定水底深度，获得与航行方向垂直的条带式高密度水深数据，如图 6.2 所示，进而测出沿航线条带内的水下地形特征[1-3]。

图 6.1　多波束测深系统工作示意图

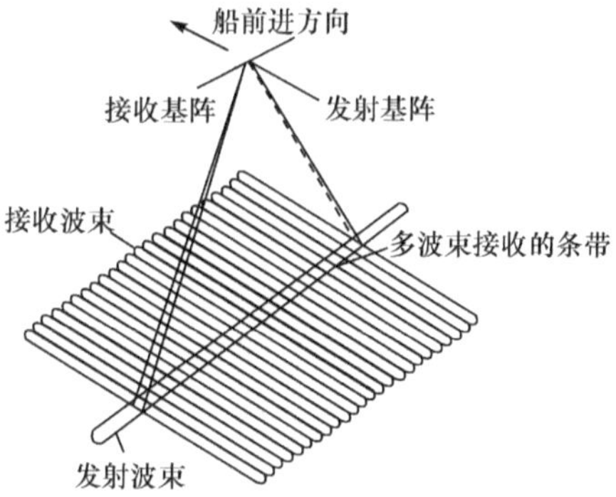

图 6.2　多波束测深系统工作原理图

6.2　系统组成

多波束测深系统一般由发射模块、接收模块、显控模块、软件模块、传感器模块组成，如图 6.3 所示。

信号的发射、接收、采集和信号预处理全部集成在接收模块和发射模块，数据通过网络传送给显控模块。显控模块对数据进行信号处理，并结合传感器数据，提取海底深度和方位信息。显控模块还负责图像处理和图像显示，并完成对湿端设备的控制。

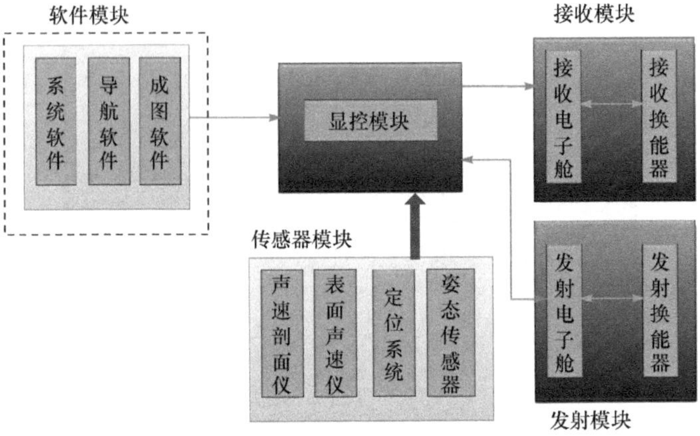

图 6.3　系统组成示意图

6.3 关键技术

6.3.1 底检测技术

多波束测深系统的发射基阵向海底发射声信号后，接收基阵会接收到海底混响信号。由于海底某采样点的回波信号是海底一定面积上的散射波，接收波束具有一定宽度且没有陡峭的前沿[4,5]，如图 6.4 所示。

一般采用幅度检测方法和相位检测方法联合测定回波的到达时刻(time of arrival, TOA)和到达方位(domain of arrival, DOA)，以保证大开角工作情况下边缘波束的检测能力，如图 6.5 所示。其中，幅度检测方法由加权平均时间(weight mean time, WMT)法和角度方位估计(bearing direction indicator, BDI)法组成。

基于幅度信息的 WMT 估计方法最为常用，WMT 处理方法是根据波束输出定义一系列波束角度，然后估计这些角度回波的到达时刻。WMT 的处理过程如下。

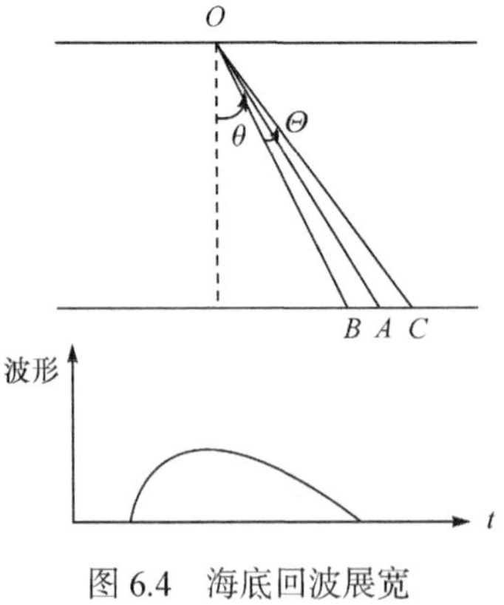

图 6.4　海底回波展宽

(1) 将波束序列用对数坐标表示。假设波束中含有明显的海底回声、许多噪声以及二次回波等，这种归一化处理便于操作者观察到干净的声返回序列。

(2) 每一个波束指定一个时间起始门和终止门(人工或自动估算)，保留落在起始门和终止门之间的幅值。

(3) 对每一个时间片加以动态门限检

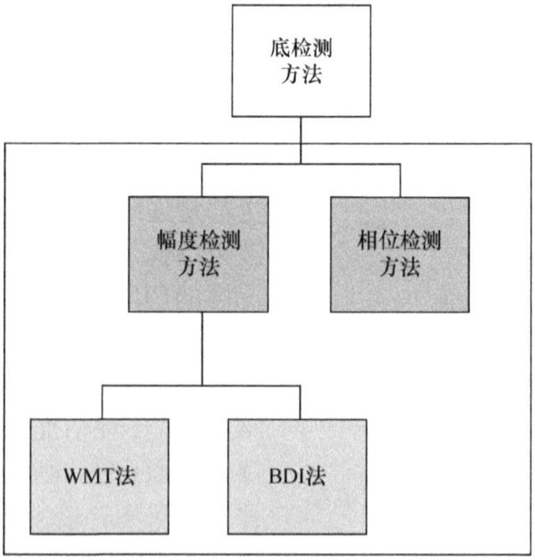

图 6.5　底检测模块组成图

测。将每一个时间片中所有角度的幅值求平均便得到该时间片的门限值，利用每一时间片的门限值对所测角度在所有时间片上的幅值进行取舍，保留大于门限值的幅值，剔除小于门限值的幅值。

(4) 对每一个时间片进行时间幅度加权平均。保留的幅度序列仅仅是起始门和终止门之间、幅度在相应门限值之上的那些时间片的幅度序列，由此可以估算每个波束回声的到达时刻，将下列加权平均作为能量中心的位置估算：

$$t_c = \frac{\sum_{i=1}^{N} A_i t_i}{\sum_{i=1}^{N} A_i} \tag{6.1}$$

式中，A_i、t_i 分别为第 i 采样点的幅度和对应时间；N 为时间片内的点数。

6.3.2　底跟踪技术

自适应底跟踪技术是测深系统的关键技术之一。通过设定合理的跟踪窗，可以滤除来自水流、鱼群等的干扰回波信号，提高多波束测深系统测深结果的稳定性。具体跟踪策略如下。

首先，检测中间波束的深度。因为地形的变化是连续的，基于此，利用历史底检测结果预测当前帧的中间波束底检测门限，门限宽度可以自由设定，也可以根据地形起伏自适应调整。每一次底检测都要完成跟踪结果评估，评估准则为输出信噪比。如果评估结果合格，则输出底检测结果；如果评估结果不合格，则放

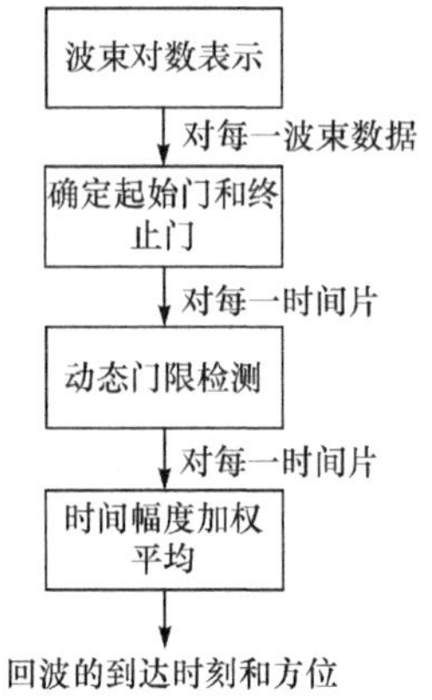

图 6.6　中间波束的自适应底检测技术流程

弃当前跟踪状态，重新开始跟踪。中间波束的自适应底检测技术流程如图 6.6 所示。

然后，在每一帧内检测边缘波束的深度。同样，每一帧测量内地形起伏变化也都是连续的，基于这一前提，利用中间波束的深度预测左右两个波束的深度。深度的门限可以自适应调整，当起伏较大时门限宽度增加，当较为平坦时门限宽度缩小。每一次底检测都要完成跟踪结果评估，评估准则为输出信噪比。如果评估结果合格，则输出底检测结果；如果评估结果不合格，则放弃当前跟踪状态，重新开始跟踪。边缘波束的自适应底检测技术流程如图 6.7 所示。

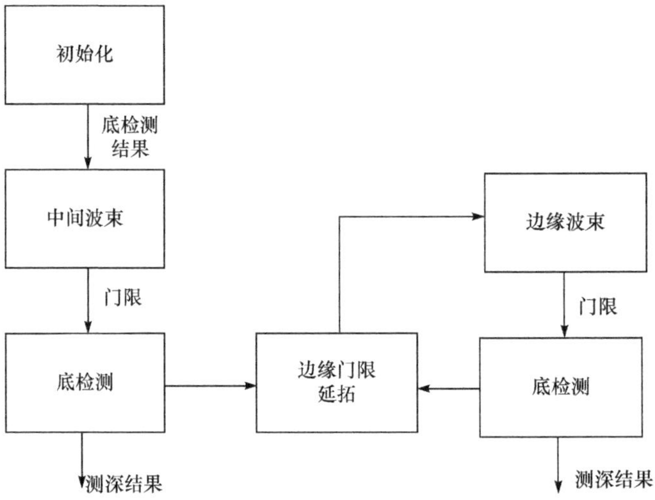

图 6.7　边缘波束的自适应底检测技术流程

图 6.8 为海底剧烈起伏状态下的自适应跟踪曲线。可以看出，虽然海底起伏比较大，但是跟踪门仍然准确有效。

6.3.3　深度修正技术

1. 运动补偿技术

数据分析得到的回波到达时刻和方位是相对于水听器阵的，但由于水听器阵安装在海上运动平台或船舶上，为了比较不同时间片的测量值，必须测量出水听器阵的运动数据并加以处理，这个过程称为运动补偿。

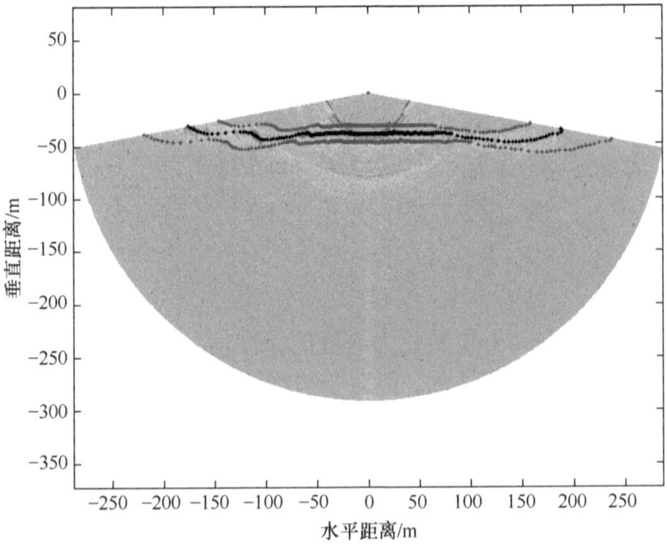

图 6.8　海底剧烈起伏状态下的自适应跟踪曲线（见书后彩图）

1) 纵摇角补偿技术

船体的纵摇使换能器绕 x 轴在 yoz 面内发生纵摇 P（顺时针转动为负，反之为正）旋转。纵摇引起测量断面的变化如图 6.9 所示（虚线为理想测量断面，实线为实际测量断面），它使得理想测量断面与实际测量断面产生一个 P 二面角，对 y 轴和 z 轴的测量结果有影响。

修正后得到海底回波在船水平坐标系中的位置为

$$\begin{bmatrix} X_v \\ Y_v \\ Z_v \end{bmatrix} = \begin{bmatrix} \cos P & 0 & \sin P \\ 0 & 1 & 0 \\ -\sin P & 0 & \cos P \end{bmatrix} \begin{bmatrix} X_a \\ Y_a \\ Z_a \end{bmatrix} \tag{6.2}$$

2) 横摇角补偿技术

船体的横摇使多波束换能器绕 y 轴在 xoz 面内发生横摇 R（顺时针转动为负，反之为正）旋转。横摇引起测量断面的变化如图 6.10 所示（虚线为理想测量断面，实线为实际测量断面），它使得断面内波束均产生 r 扭动。

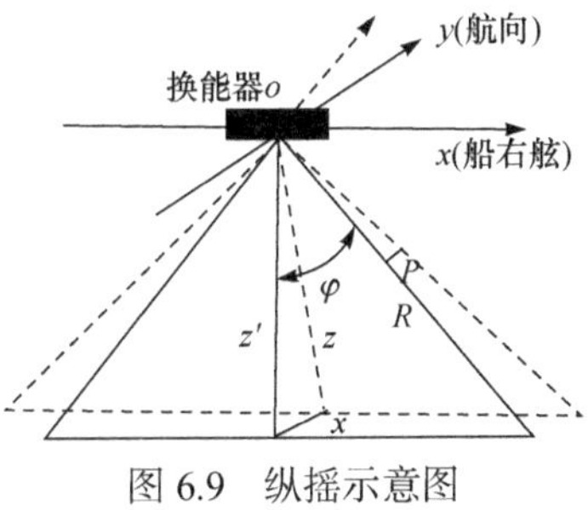

图 6.9　纵摇示意图

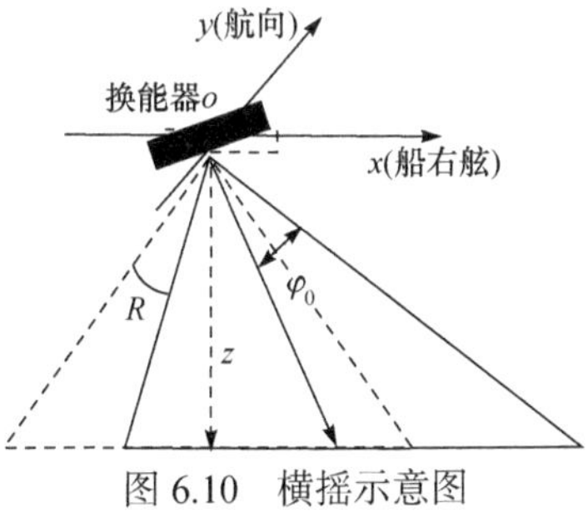

图 6.10　横摇示意图

这样，实际波束入射角便由理想状态下的 φ_0 变化为 $\varphi=\varphi_0+R$，则修正后得到海底回波在船水平坐标系中的位置为

$$\begin{bmatrix} X_v \\ Y_v \\ Z_v \end{bmatrix}=\begin{bmatrix} 1 & 0 & 0 \\ 0 & \cos R & \sin R \\ 0 & \sin R & \cos R \end{bmatrix}\begin{bmatrix} X_a \\ Y_a \\ Z_a \end{bmatrix} \tag{6.3}$$

2. 声速梯度修正

在将回波到达时刻和方位转化为海底的深度信息时，尽管对于中间波束，把声线径迹近似视为直线是合适的，但对于边缘波束，声线弯曲是比较明显的。需要利用海区的声速剖面信息，利用全射线跟踪技术，由传播时间重新建立海底深度值。

根据折射定律，有

$$\frac{\cos\alpha}{c}=\frac{\cos\alpha_0}{c_0}=q \tag{6.4}$$

式中，α 为介质中声传播方向与 x 轴的夹角，称为掠射角；c 为该层中的声速；q 为一常数。

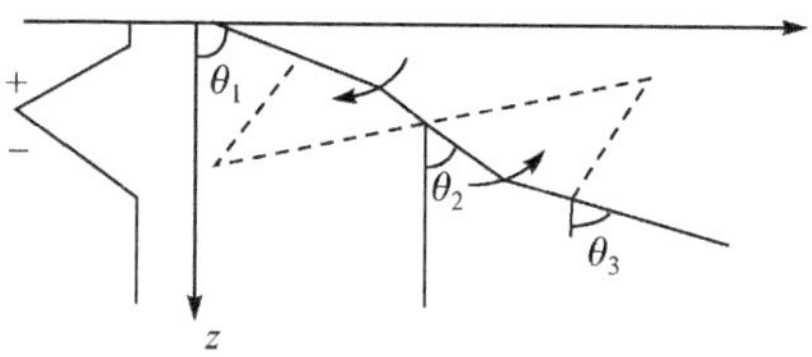

图 6.11　声速剖面对声线的影响

在一定声速分布条件下，随着入射角的不同，可根据式(6.4)确定不同深度处的声线传播方向，从而得到声线轨迹图，如图 6.11 所示。

若已知换能器发射到海底的回波返回换能器的往返时间 t，波束入射角为 θ，在声速为 c 的情况下，由式(6.5)计算照射的海底区域对应的深度：

$$H=\frac{1}{2}ct\cos\theta \tag{6.5}$$

由于不同声速的变化，声线发生了弯曲变化，与垂直方向成不同角度的波束测深时在海底形成了一个弧面。中央波束误差最小，因为这里没有入射角引起的误差，只有选取的计算声速不同而引起的误差，当所取声速小于实际值时，会形成两端上翘、中心部分水深变浅的凹形曲线，当所取声速大于实际值时，会形成两端下榻、中心部分水深变深的凸形曲线。

设 $c_i(z)$ 和 $\alpha_i(z)$ 为某波束第 i 层介质的声速分布和声线掠射角，Δx_i、Δz_i 分别为经过第 i 层的水平距离和垂直距离，$g_i(z)=\mathrm{d}c_i/\mathrm{d}z_i$ 为该层的声速梯度。若海底深度为 H，将其分为 N 层，各层厚度为 Δz_i，可根据声线起始掠射角 α_0 和奈奎

斯特定律，利用式(6.6)求出各层水平距离：

$$\Delta x_i = \frac{c_i}{g_i \cos\alpha_i}\left|\sin\alpha_i - \sin\alpha_{i+1}\right| = \frac{c_0}{\cos\alpha_0}\left|\sin\alpha_i - \sin\alpha_{i+1}\right| \tag{6.6}$$

再利用对应的Δz_i值，便可获得整个声线的轨迹图。因为有N个分层，总的声线水平距离x等于N个分层的Δx_i之和，于是有

$$x = \frac{c_0}{\cos\alpha_0}\sum_{i=0}^{N-1}\left|\frac{\sin\alpha_i - \sin\alpha_{i+1}}{g_i}\right| \tag{6.7}$$

由此得到海底对应点的真实深度及其与测量船的水平偏移距离，如图 6.12 所示。

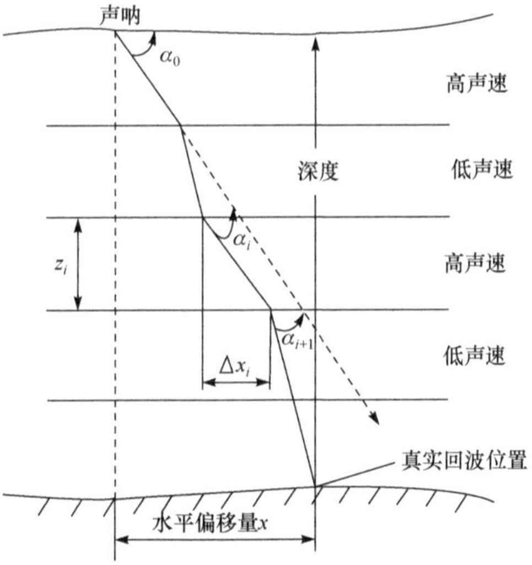

图 6.12　声线跟踪示意图

设$c_i(z)$和$\alpha_i(z)$为第i层介质的声速分布和声线掠射角，Δx_i、Δz_i和$g_i(z) = \mathrm{d}c_i/\mathrm{d}z$分别为经过第$i$层的水平距离、垂直距离和该层的声速梯度。根据声线起始掠射角α_0和折射定律，利用式(6.8)求出m层叠加后的水平距离：

$$x = \frac{c_0}{\cos\alpha_0}\sum_{i=0}^{m-1}\left|\frac{\sin\alpha_i - \sin\alpha_{i+1}}{g_i}\right| \tag{6.8}$$

在恒定声速梯度下，声线穿越每层所用的时间为

$$t = \frac{1}{g}\int_{\alpha_1}^{\alpha}\frac{\mathrm{d}\alpha}{\cos\alpha} \tag{6.9}$$

基于声线跟踪法的海底深度修正结果如图 6.13 所示。

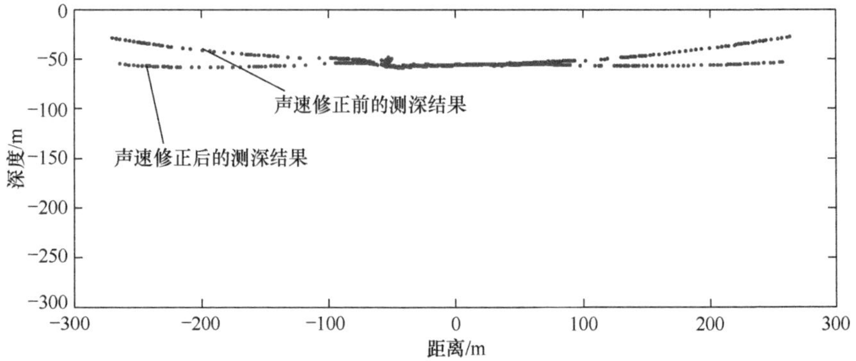

图 6.13　基于声线跟踪法的海底深度修正结果

6.4　应用实例

6.4.1　地形测量

多波束测深仪是地形测量的重要设备，应用多波束测深仪进行地形测量具有测量效率高等优势，本节应用多波束测深仪进行千岛湖湖底地形测量。

千岛湖地区为丘陵地形，20 世纪 50 年代修建水库时淹没了众多山体形成千岛湖，测试区域正是早年老新安江的旧河道以及河道两边的丘陵。地形测量结果如图 6.14 所示，从图中可以清晰地看到流入河道的溪流以及河道中间的三角洲。

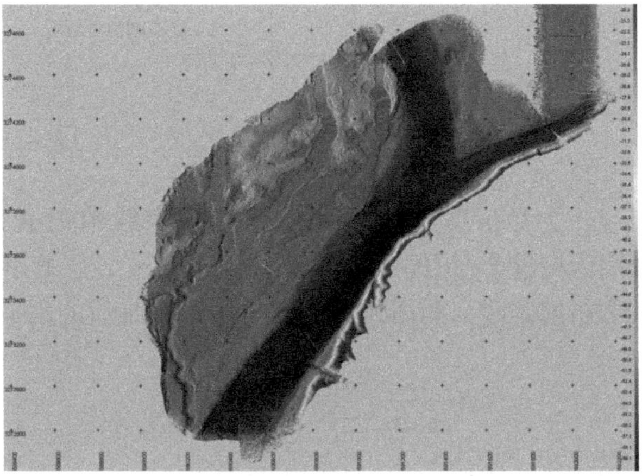

图 6.14　地形测量结果（见书后彩图）

6.4.2　海底管线探测

海底输油气管线受海流侵袭、腐蚀及船锚拖挂等影响，有时容易出现移位、裸露、悬空等危险状态。为保证水下输油气管线的安全，需要定期实施监测。图 6.15 是利用多波束测深系统进行的海底管线探测结果，从图中可以看出，利用多波束系统可以清晰地测量海底管线的位置及掩埋状态，有助于维护海底管线安全[6-10]。

(a)

(b)

图 6.15　海底管线探测结果

6.4.3　海洋生物探测

随着海洋资源开发的不断深入，海上平台的使用越来越多，这会对海洋环境产生一定影响。例如，海上风电场和潮汐能转换装置等对海洋环境及生物带来双重影响：一方面，海洋水下装置会促进当地生物多样性发展，海床上的人工结构可吸引附近的海洋生物，逐渐形成“人造珊瑚”，给多种鱼类提供了繁衍地；另一方面，这类设施会占用海洋生物栖息地，并面临相撞危险以及噪声和电磁辐射等问题，对环境存在负面影响。多波束测深仪是进行海洋生态环境监测的重要装备[10-14]。

多波束测深仪具有扇形的覆盖开角，覆盖开角可高达 160°，波束开角可以达到 0.5°，意味着可以在 30m 处分辨两条 0.5m 长的鱼。图 6.16 是多波束测深仪探测的鱼群示意图，图 6.17 是多波束测深仪探测结果。

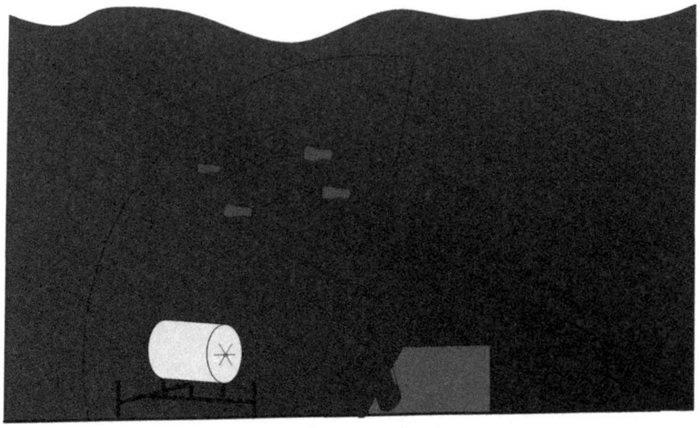

图 6.16　多波束测深仪探测的鱼群示意图

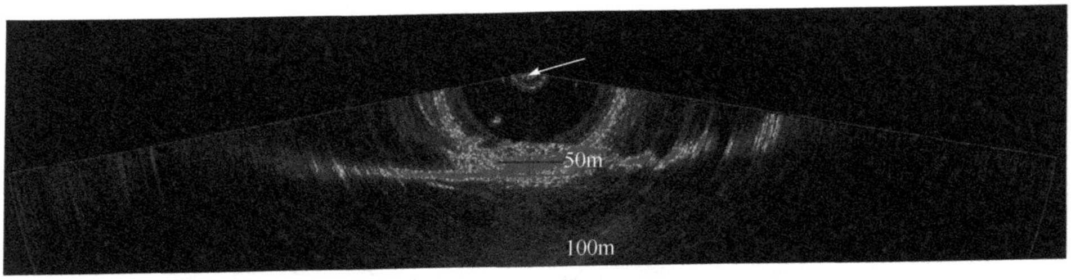

(a) 第19帧

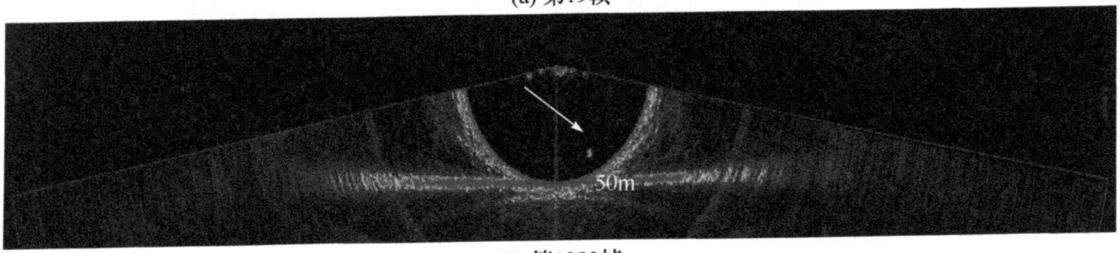

(b) 第1283帧

图 6.17　多波束测深仪探测结果(见书后彩图)

6.5　发展趋势

多波束测深技术经历了短短四十年的发展，其研究和应用已达到较高的水平，特别是近十年，随着电子、计算机、新材料和新工艺的广泛使用，多波束测深技术已经取得突破性进展。浅水多波束测深系统具有以下几个特点。

(1)覆盖角度宽。波束覆盖角度是指接收波束两侧最外缘波束所组成的夹角，它决定着单次测量的测量范围，增大波束覆盖角度可以有效地提高测绘效率。目前，通过换能器设计技术的不断进步以及信号处理方式的优化，国际领先设备的波束覆盖角度可以达到 160°。

(2) 运动姿态稳定。接收方向的相控技术可以实现横摇稳定，发射方向的相控技术可以实现纵摇稳定，姿态稳定技术可以改善由船体姿态变化引起的测绘不均现象，有助于提升测绘质量和测绘效率，实现全覆盖测绘技术。然而，发射相控会增加系统复杂度，如 Kongsberg 的 2040 多波束探测系统重量比其他同类产品要大很多。

(3) 便携性好。为便于使用安装，多波束测深设备越来越趋向于便携式设计。几款主流产品的最大孔径都不大于 500mm，而且重量也严格控制，如 RESON 的 7125 和 R2Sonic 的 2024 湿端重量都不大于 20kg。

(4) 测量精度高。根据测量扇区内波束传播的特点，将波束形成和底检测技术多种方法相结合，充分利用海底回波信号的特征信息，保证测量扇面内的测量精度。为保证中央波束和边缘波束分辨率的一致性，采用等角度和等脚印的波束形成方法，使中央波束的脚印面积与边缘波束的脚印面积较为接近，测点间距基本一致。采用幅度和相位多种底检测技术相结合，改善边缘波束的测量精度。

(5) 工作频率高。采用多频工作方式有助于增加使用的灵活性，可以兼顾测量深度与浅水地形描述的精细度，是目前主流设备的特点之一，如 R2Sonic 的 2024 和 Kongsberg 的 2040 可以实现 200～400kHz 内多频点测量。

(6) 测量参数多。随着测绘需求的增加，多波束测深系统大都集合了深度测量、地貌测量甚至底质测量等测量功能，通过多参数测量可以有效地提高测绘效率。

参考文献

[1] 田坦, 刘国志, 孙大军. 声呐技术[M]. 哈尔滨: 哈尔滨工程大学出版社, 2000.

[2] 周天. 超宽覆盖海底地形地貌高分辨探测技术研究[D]. 哈尔滨: 哈尔滨工程大学, 2005.

[3] 李家彪. 多波束勘测原理技术与方法[M]. 北京: 海洋出版社, 1999.

[4] 聂良春. 多波束相位差法海底 TOA 估计理论分析及实用性研究[D]. 哈尔滨: 哈尔滨工程大学, 2003.

[5] 刘伯胜, 雷家煜. 水声学原理[M]. 哈尔滨: 哈尔滨工程大学出版社, 1992.

[6] 阎通, 李萍, 李广雪. 埕北海域海底管线冲刷稳定性研究[J]. 青岛海洋大学学报（自然科学版）, 1999, 19(4):721-726.

[7] 陈兵, 李玉成, 程亮. 绕海底管线悬空段肩部的三维湍流结构的数值研究[J]. 中国造船, 2002, 43(z1):330-335.

[8] 马建林, 金菁, 刘勤, 等. 多波束与侧扫声纳海底目标探测的比较分析[J]. 海洋测绘, 2006, 26(3):10-12.

[9] 张建兴, 宋兴东, 栾阵东, 等. 声学探测技术在海底管道外检测中的应用[J]. 广西科学, 2020, 27(3): 217-224.

[10] 王颖婕. 论我国潮汐能开发利用中的环境责任[D]. 青岛: 中国海洋大学, 2012.

[11] Inger R, Attrill M, Bearhop S, et al. Marine renewable energy: potential benefits to biodiversity? An urgent call for research[J]. Journal of Applied Ecology, 2009, 46 (6) :1145-1153.

[12] Wilson B, Batty R S, Daunt F, et al. Collision risks between marine renewable energy devices and mammals, fish and diving birds[R]. Scottish Association for Marine Science, Oban, 2007.

[13] Wiltschko W, Wiltschko R. Magnetic orientation and magnetoreception in birds and other animals[J]. Journal of Comparative Physiology A: Neuroethology, Sensory, Neural and Behavioral Physiology, 2005, 191 (8) : 675-693.

[14] Luschi P, Benhamou S, Girard C, et al. Marine turtles use geomagnetic cues during open-sea homing[J]. Current Biology, 2007, 17 (2) :126-133.

7 浅地层剖面测量技术

海底地层剖面声呐是应海洋石油勘探需要而产生的，深地层剖面声呐可以得到海底以下几千米的地层资料，浅地层剖面声呐可以穿透海底几十米到上百米，一般浅地层剖面声呐地层分辨率较高，可达 10cm 左右。

海底是固态不均匀的，对声波的吸收能力比水大得多，所以剖面声呐的声源一般功率都很大，所采用的声源有气枪、电火花、炸药、机械碰撞、电磁脉冲、压电陶瓷换能器、磁致伸缩换能器等。前四种多用于深地层剖面声呐，第 5 种和第 6 种多用于浅地层剖面声呐，第 7 种目前使用较少。值得指出的是，电火花声源和炸药声源对环境具有破坏作用。

海底地层剖面声呐主要用于以下几个方面：①海底石油等矿物勘探；②海洋地质研究；③海洋工程勘探；④海洋环境调查。浅地层剖面声呐多用于后两方面，在救捞作业中，可以了解沉船下方的地层分布和底质成分，以判断能否进行冲砂、穿缆、挖洞作业及计算打捞所需的浮力等。

7.1 工作原理

浅地层剖面仪是一种水下声呐系统，采用正入射方式重复发射脉冲信号，接收从地层反射回来的回波信号，实现对水下从几米到几十米范围内的沉积物的有效探测。当剖面仪沿着测线移动时，就可以获得其所经过的正下方沉积物的一系列反射回波信号，形成二维水下沉积物剖面声图。浅地层剖面声呐的工作方式和测深仪差不多，只不过测深仪只测量换能器到海底的水深，而浅地层剖面声呐不但测量换能器到海底的水深，而且能探测换能器正下方海底以下的地层情况，它可以测量地层分层情况和各层底质的某些特征，其工作示意图如图 7.1(图中，V_{sb} 为海底回波；V_{in} 为入射波；V_{sc} 为散射波；V_{tr} 为透射波；V_{b} 为界面回波)所示[1,2]。

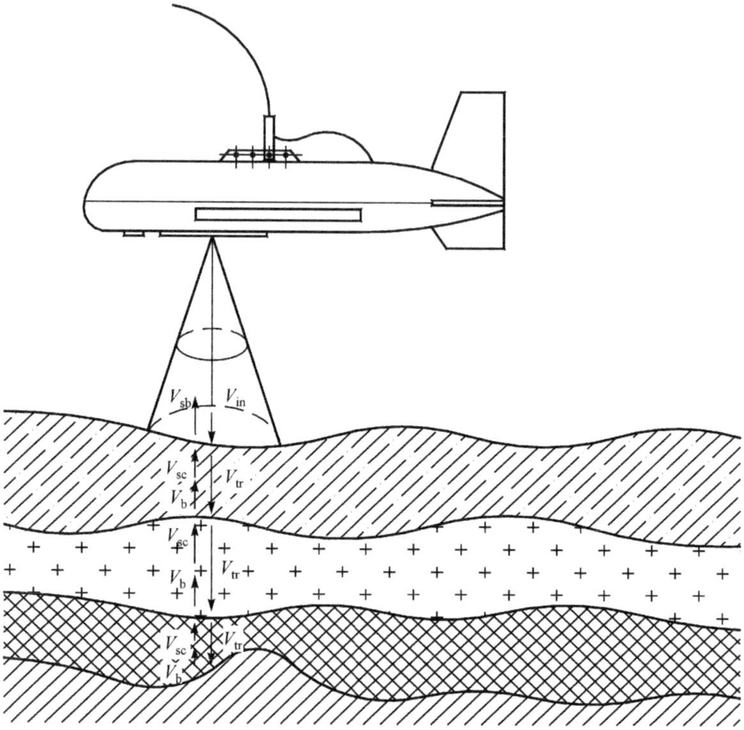

图 7.1　浅地层剖面声呐工作示意图

浅地层剖面声呐工作时，换能器按一定时间间隔向下方发射声脉冲，声脉冲穿过海水触及海底以后产生反射，这部分反射的能量反方向传回换能器，这就是海底回波。另一部分能量穿透海底继续向地层深处传播，由于地层不均匀，会产生散射，一部分散射能量反方向传回换能器，这就是地层散射波。另一部分能量继续向地层深处传播，当遇到地层分层界面时，又会产生与海底界面处一样的情形，一部分能量反方向传回换能器，这就是地层界面反射波。还有一部分能量继续向地层深处传播，就这样能量逐步损失，直到声脉冲的能量耗尽为止。

发射线和海底线的间距对应换能器到海底的水深，也称为“鱼高”；各层面线间的间距对应层厚度；各层面线间的灰度对应层间底质的散射强度，散射强度和底质组成成分、颗粒大小及均匀度有关；地层界面线的宽度、灰度和两层底质的差别及过渡情况有关(图 7.2)。如果海底由一种底质构成，海底本身就没有分层结构，地层剖面图上也就不会显示层面线。

浅地层剖面仪有多种类型，总的来说，可以分为单波束剖面仪和多波束剖面仪。

常见的二维剖面声呐是垂直向下收发的单波束声呐，通过走航形成二维地层剖面图像。单波束剖面仪的换能器只能形成一个发射波束和一个接收波束，它通

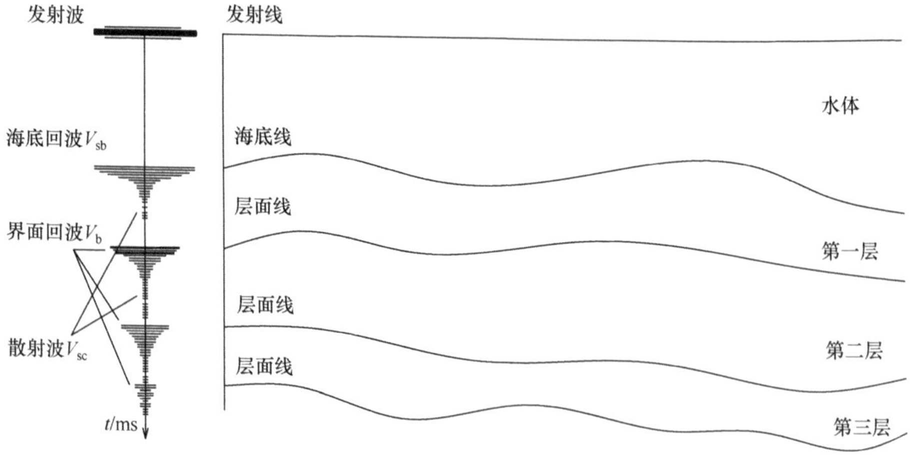

图 7.2　地层层面线

过垂直向下发出能量，然后接收这个发射波束所覆盖的海底地层内的回波，进而获取这个探测点处的地层信息，即一根幅度变化的曲线，幅度代表回波的强度。当声呐向前运动时，这样探测到的曲线将一根根排列下来形成一个“面”。如果将幅度映射到伪彩色的颜色值上，那么这个面将代表海底地层沿声呐前进的线垂直向下的切面内的信息。

单波束剖面仪形成对海底地层切面的二维图像，也称为二维剖面仪。单波束剖面仪设备简单、价格低廉，但是扫测速度较慢，对海底掩埋物的探测概率较低。图 7.3 为单波束剖面仪声图。

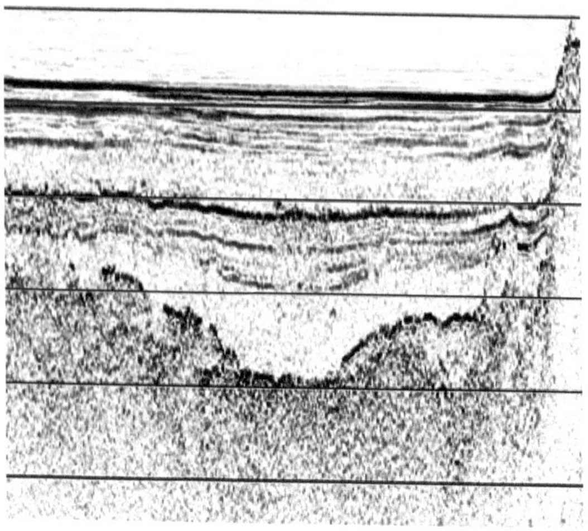

图 7.3　单波束剖面仪声图

多波束剖面仪的发射换能器和接收换能器呈 T 型布置，且都是多阵元的，可以进行发射波束和接收波束的波束控制。发射波束往往是一个扇形波束，扇面垂直于声呐前进方向，扇面的厚度即发射波束的宽度可以通过波束形成做到极窄。接收阵往往通过波束形成算法预成多个波束，接收波束也是一个扇面，扇面和声呐前进方向一致，扇面的厚度即接收波束的宽度可以通过波束形成做到极窄。实际上，发射波束和接收波束是互相垂直的，二者的交点形成高分辨率的探测点。多波束剖面仪一次发射将获得一个垂直声呐前进方向的竖直截面的地层图像，而声呐运动过程中一帧帧图像的叠加可以形成扫测地区内海底地层的三维图像，也称为三维剖面仪。图 7.4 为多波束剖面仪示意图。

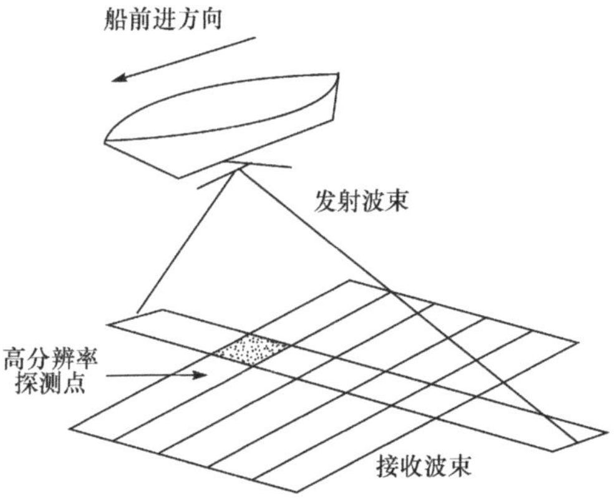

图 7.4　多波束剖面仪示意图

采用 T 型安装的线列阵，发射阵沿拖体纵向安装，接收阵沿拖体横向安装。发射阵和接收阵都是多元线阵，发射阵在拖体的横向上形成窄的发射波束，接收阵在拖体的纵向上形成多个窄的接收波束，二者的交汇点形成高分辨率的探测点。一帧数据能够形成一个海底地层的二维断面，拖体前进过程中可以连续不断地形成断面，利用这些断面能够合成三维海底地层剖面图。图 7.5 为多波束剖面仪的阵列示意图。

二维剖面声呐一次发射形成一根“剖线”，线动成面，故称为二维。三维剖面声呐一次发射形成一个“剖面”，面动成体，故称为三维。三维剖面声呐的一个接收波束走航所形成的剖面图等价于一个二维剖面声呐的剖面图。在实际使用中，对于海底掩埋物的探测，二维剖面声呐就像用一根线去搜索，而三维剖面声呐是用一个面去搜索。图 7.6 为三维剖面声呐和二维剖面声呐的波束示意图。

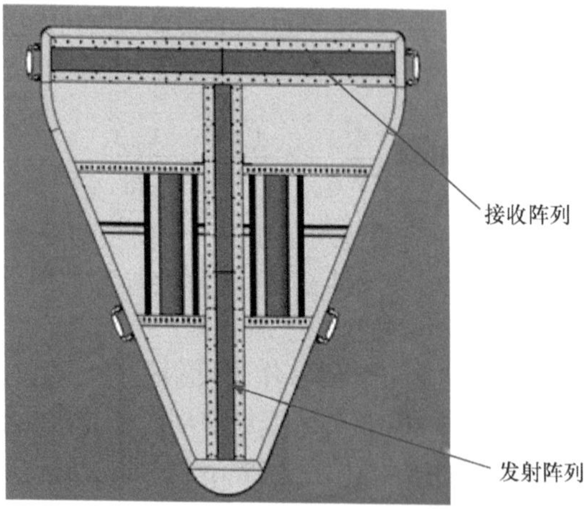

图 7.5　多波束剖面仪的阵列示意图

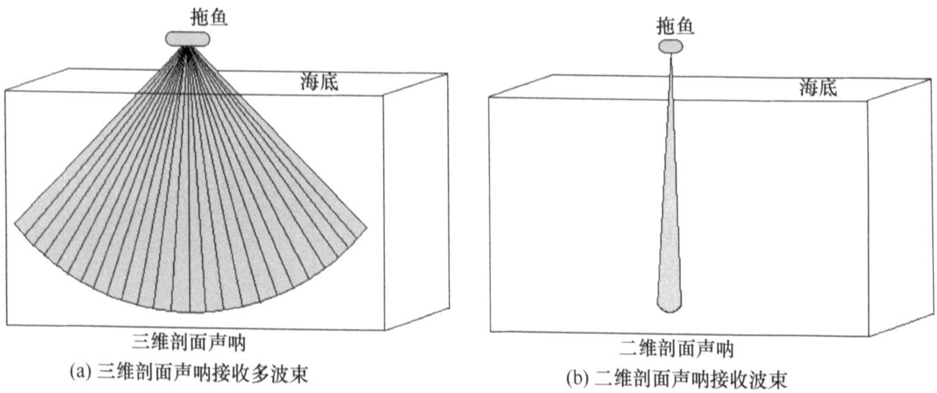

图 7.6　波束示意图

传统浅地层剖面仪所用的发射脉冲是等幅 CW 脉冲，CW 脉冲在空间分辨率和信噪比方面存在矛盾。设水中声波速度为c，发射脉冲时域宽度为T，接收机输出脉冲宽度为τ，剖面仪对地层的垂向分辨率为ΔR，则理论上，CW 脉冲的地层分辨率为

$$\Delta R = \frac{c\tau}{2} \tag{7.1}$$

设定A_{rms}为信号的均方根幅度，BW 为带通滤波器的带宽，N_0为噪声功率谱密度，则信噪比为

$$\mathrm{SNR} = \frac{A_{\mathrm{rms}}^2}{\mathrm{BW}N_0} \tag{7.2}$$

如果带通滤波器的带宽取为CW脉冲的−3dB带宽，则有$\mathrm{BW}=1/T$，此时$\tau=T$，因此得到

$$\mathrm{SNR}=\frac{A_{\mathrm{rms}}^2}{\mathrm{BW}N_0}=\frac{A_{\mathrm{rms}}^2 T}{N_0}=\frac{A_{\mathrm{rms}}^2 \tau}{N_0} \tag{7.3}$$

由此可见，地层分辨率和信噪比均正比于τ。信号幅度受换能器输出功率所限，为了增大信噪比，就必须增大脉冲宽度，这样会导致地层分辨率降低，使用线性调频(Chirp)信号可以有效地解决这个矛盾。

Chirp 浅地层剖面仪使用 Chirp 信号作为发射脉冲，CW 脉冲和 Chirp 脉冲波形示意图如图 7.7 所示。图 7.8(a)是传统浅地层剖面仪的接收机示意图，图 7.8(b)是 Chirp 浅地层剖面仪的接收机示意图。设 Chirp 信号的频率调制范围为$f_1 \sim f_2$，则匹配滤波实现脉冲压缩后的输出脉冲等效宽度为

$$\tau=\frac{1}{f_2-f_1}=\frac{1}{\mathrm{BW}} \tag{7.4}$$

此时地层分辨率为

$$\Delta R=\frac{c\tau}{2}=\frac{c}{2(f_2-f_1)}=\frac{c}{2\mathrm{BW}} \tag{7.5}$$

匹配滤波器的输出信噪比为

$$\mathrm{SNR}=\frac{A_{\mathrm{rms}}^2 T}{N_0} \tag{7.6}$$

匹配滤波器输入脉冲的持续时间T决定了输出信噪比，输出脉冲的持续时间τ决定了分辨率。因此，合理地选择发射脉冲的持续时间和线性调频的频率范围，就可以同时获得高分辨率、高信噪比的性能[3]。

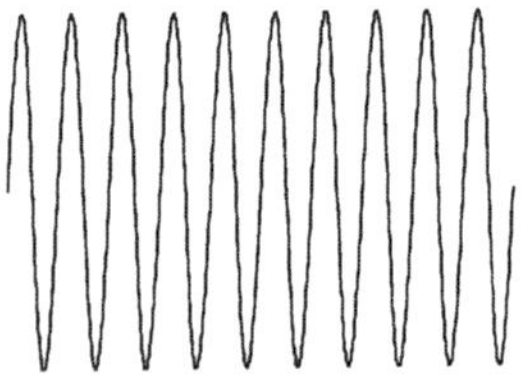

(a) CW脉冲波形

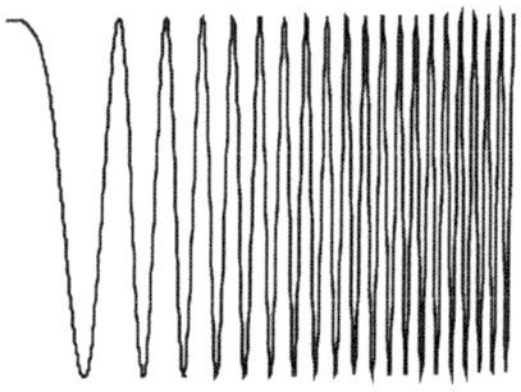

(b) Chirp脉冲波形

图 7.7　CW 脉冲和 Chirp 脉冲波形示意图

因此，Chirp 浅地层剖面仪能够获取高质量、高分辨率的宽带反射回波数据。Chirp 浅地层剖面仪已经由早期侧重于描述沉积物的分层信息发展到拥有对水下沉积物进行遥测分类的功能，从而减少了对沉积物实地取样的需求。

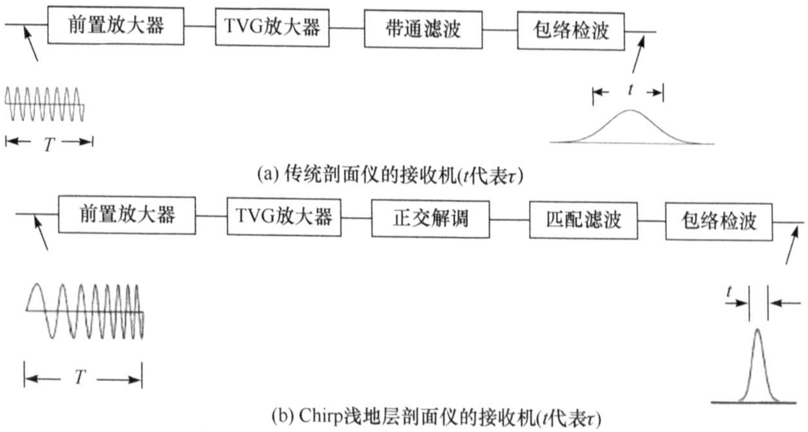

图 7.8 传统剖面仪和 Chirp 浅地层剖面仪的接收机对比

7.2 系统组成及关键技术

7.2.1 Chirp 浅地层剖面仪声呐

1. 系统组成

Chirp 浅地层剖面仪的硬件系统包括上位机(计算机)、数字信号处理(DSP)模块、接收机模块、发射机模块和换能器等部分，如图 7.9 所示。

上位机是整个系统的控制中心，负责启动和终止数据采集，监视和控制 DSP 模块、发射机和接收机的工作状态，并对采集到的数据进行记录、分析、显示和存储。对系统的操作通过友好的人机界面来完成。

DSP 模块接受上位机的控制，通过双口 RAM 与上位机进行数据通信。DSP 模块通过 DA 转换器为发射机提供发射源信号和增益补偿信号，通过 AD 转换器从接收机获得采样数据。DSP 模块从上位机获取必要的系统参数，对采集到的回波信号进行滤波、求包络等初步的处理，并将处理结果和其他数据送至上位机，以供保存和显示。

软件系统可以分为两个部分：上位机显控软件和 DSP 模块嵌入式软件。上位机的硬件平台选用基于 PC104 总线结构的工控机主板和 X86 架构的 Wafer6820 型 CPU，运行 Windows 操作系统；DSP 模块的核心是信号处理芯片，这里采用 TI 公司的 32 位数据总线、24 位地址总线的浮点数字信号处理器 TMS320VC33-120，主频为 60MHz，单个指令周期为 17ns，每秒可以完成 1.2 亿个浮点指令[4-14]。

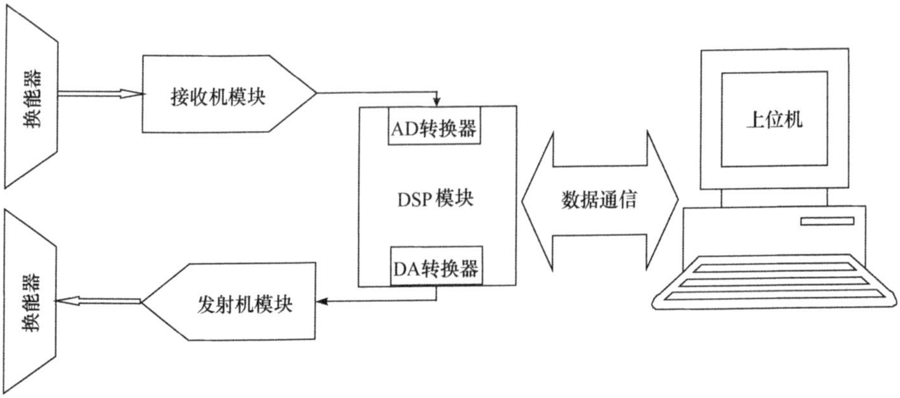

图 7.9 Chirp 浅地层剖面仪的系统模块结构

2. 关键技术

1) 发射波形选择技术[4,5]

Chirp 浅地层剖面仪用于获取高分辨率、高信噪比的宽带数据，由式(7.5)可以看到，ΔR 与脉冲带宽成反比，而发射脉冲在沉积物中传播后，由于衰减的关系，脉冲的频域带宽会减小，从而使 ΔR 变大，导致地层分辨率变差。而如果发射脉冲的频谱具有近似高斯形状，随着脉冲在衰减介质中传播，能量会不断损失，但是脉冲的带宽几乎保持不变。这个现象可以简单证明如下：发射脉冲频谱具有高斯形状，表示为

$$X(f)=A\mathrm{e}^{-b(f-f_c)^2} \tag{7.7}$$

式中，f_c 为中心频率；$b=1/(2\sigma^2)$，σ 为标准方差，那么−3dB 带宽就等于 1.62σ。

假设介质的衰减与频率呈线性关系，那么衰减介质的传输函数为

$$H(f)=\mathrm{e}^{-2kfx} \tag{7.8}$$

式中，k 为衰减系数；$2x$ 为脉冲的双程传播距离。

衰减与频率呈线性关系的假设可能与实际海底沉积物不符，这里只是为了证明具有高斯形状频谱的脉冲的一个特有的性质。结合式(7.7)和式(7.8)可以得到经过衰减后的频谱为

$$Y(f)=X(f)H(f)=A\mathrm{e}^{-b(f-f_c)^2-2kfx} \tag{7.9}$$

对式(7.9)的指数部分进行变形，得到

$$Y(f)=B\mathrm{e}^{-b(f-\overline{f}_c)^2} \tag{7.10}$$

式中， $B = A\mathrm{e}^{-b(f_c^2-\overline{f}_c^2)}$ ； $\overline{f}_c = f_c - \dfrac{k}{b}x$ 。

观察式(7.10)可以看出，经过衰减后的频谱幅度有所减小，中心频率发生了变化，但是依然具有高斯形状，而且标准方差不变，那么带宽和脉冲宽度依然保持不变。如果实际的衰减与频率不呈线性关系，那么就会有带宽损失。上面的分析说明，如果 Chirp 浅地层剖面仪采用具有高斯形状频谱的发射脉冲，那么地层分辨率不会因为地层的衰减而显著下降。

要使发射脉冲的频谱具有高斯形状，可以采用时域或者频域加窗的形式来实现。由于高斯函数收敛至无穷大，因此选择收敛性能更好的 4 阶 Blackman-Harris 窗，其时域波形如图 7.10 所示。可以看出，Blackman-Harris 窗具有近似高斯形状，因而具有上述保持带宽近似不变的特性，且具有−92dB 的旁瓣级。4 阶 Blackman-Harris 对数幅度谱如图 7.11 所示。

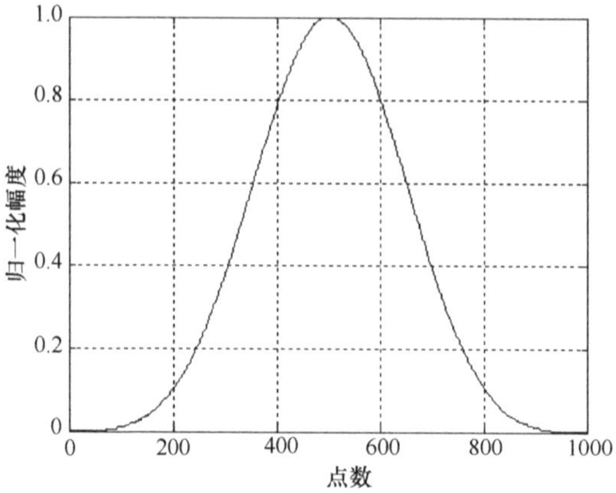

图 7.10　4 阶 Blackman-Harris 窗时域波形

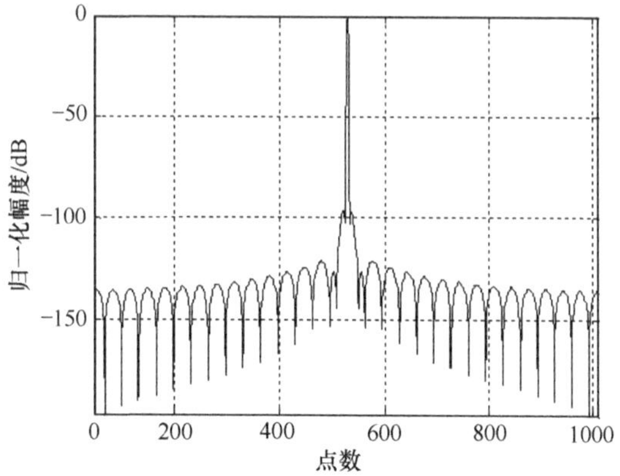

图 7.11　对数幅度谱

发射脉冲的频谱形状对声呐的作用性能影响很大，但是频谱形状的选择却是一个折中的过程。因为一方面希望获得高的空间分辨率，相关器输出脉冲的主瓣必须尽可能地窄，但伴随而来的是旁瓣很大；另一方面，如果想要探测到强发射地层附近的弱反射层，如海底附近，硬底上面有液化的沉积物，此时就要求较低的旁瓣级。采用 4 阶 Blackman-Harris 窗可以有效地抑止旁瓣，但与此同时，主瓣会有所增大。

考虑用 4 阶 Blackman-Harris 窗对发射脉冲进行时域加权的情况。发射脉冲采用 Chirp 信号，脉宽 30ms，线性调频范围为 2～7kHz，采样频率为 25kHz，分别对时域不加窗和时域加窗所产生的两种发射脉冲信号进行对比，如图 7.12 所示，对应的对数归一化幅度谱如图 7.13 所示。

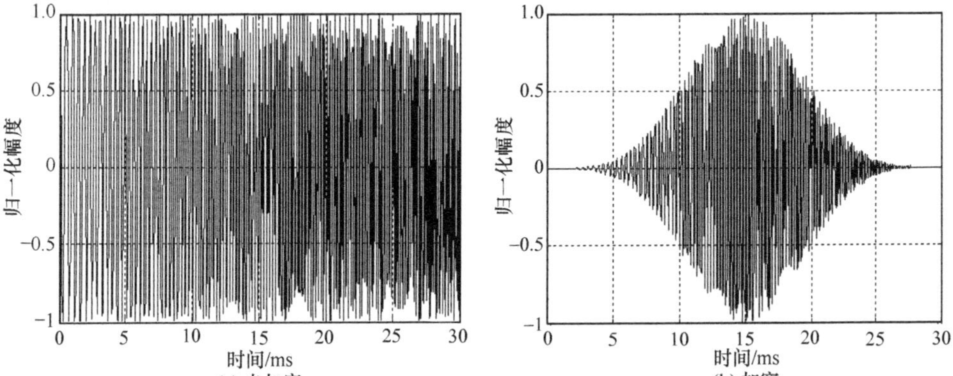

(a) 未加窗　(b) 加窗

图 7.12　时域归一化波形

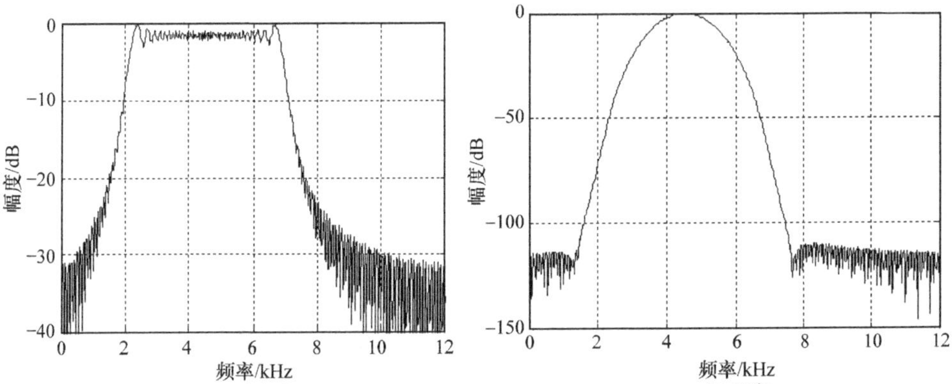

(a) 未加窗　(b) 加窗

图 7.13　脉冲对数幅度谱

由图 7.13 可以看出，在时域对发射脉冲的幅度用 4 阶 Blackman-Harris 窗进行加权，其频谱具有近似高斯形状。理想情况下，没有经过沉积物的衰减，发射脉冲经过相关处理后的时域归一化输出脉冲如图 7.14 (a) 和 (b) 所示，对应的包络如图 7.15 (a) 和 (b) 所示。

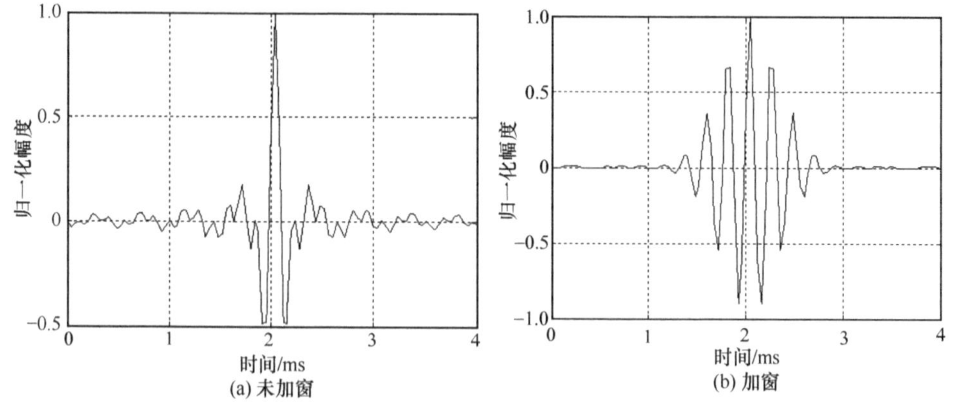

图 7.14　相关器的输出脉冲波形

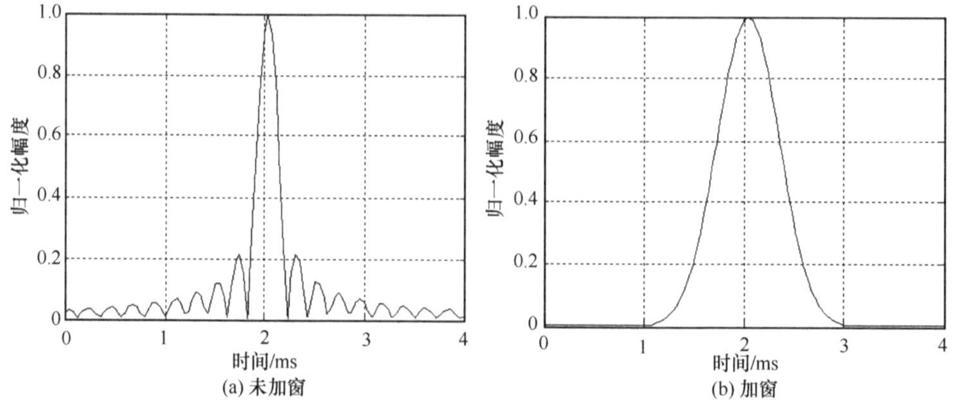

图 7.15　相关器的输出脉冲包络

从图 7.15 中可以看出，采用 4 阶 Blackman-Harris 窗加权后很好地抑止了旁瓣，但是主瓣却被明显地展宽。图 7.16 是输出脉冲包络的分贝表示形式，从而可以粗略得到–3dB 等效时域宽度分别为 0.18ms 和 0.52ms 。因为线性调频的范围是 2～7kHz，理论上的等效时域宽度为 0.2ms 。计算得到未加窗的时域宽度与理论值接近，计算误差使其比理论值小；而加窗的时域宽度约是理论值的 2.5 倍，因此加窗改善了发射脉冲的频谱形状，但是导致空间分辨率下降。

2) 增益控制技术

与光波和其他各种电磁波相比，声波在海洋中的衰减最小，因此被广泛应用于声学遥测系统，但是声波的传播衰减并不能因此而忽略。声强在介质中的传播衰减主要分为三类：扩展损失、吸收损失和散射损失[13,14]。

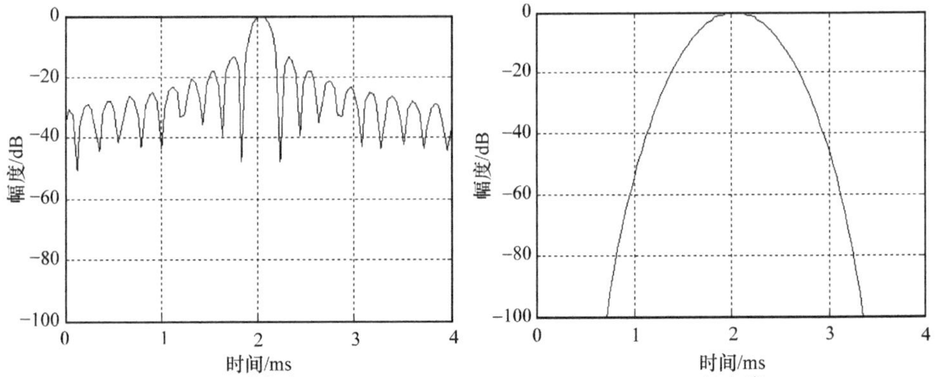

(a) 未加窗 (b) 加窗

图 7.16 相关器的输出脉冲包络的分贝表示形式

(1) 扩展损失。

沿着矢径 r 方向传播的简谐均匀球面波的声压可以表示为

$$p=\frac{p_0}{r}\exp\left[-\mathrm{i}\left(wt-kr\right)\right] \tag{7.11}$$

式中，$\frac{p_0}{r}$ 为声压振幅，而声强 I 与声压振幅成正比，即 $I\propto p_0^2/r^2$，因此球面扩展产生的传播损失可以表示为

$$\mathrm{TL}=10\lg\frac{I(1)}{I(r)}=20\lg r \tag{7.12}$$

(2) 衰减系数。

在介质中，由于吸收和散射引起的声传播损失经常同时存在，实际测量时，难以把它们区分开来。对于平面波，声强可以表示为

$$I(x)=I_0\mathrm{e}^{-\alpha x/10} \tag{7.13}$$

式中，α 为比例常数，称为吸收系数；x 表示传播距离；I_0 表示 $x=0$ 时的初始声强。

则吸收和散射所产生的传播损失可以表示为

$$\mathrm{TL}=10\lg\frac{I(1)}{I(r)}=10\lg\frac{I_0\mathrm{e}^{-\alpha/10}}{I_0\mathrm{e}^{-\alpha x/10}}=\alpha(x-1) \tag{7.14}$$

水声学中，通常满足 $x\gg 1$，因此有

$$\mathrm{TL}=\alpha x \tag{7.15}$$

由于传播损失会使声波的声压振幅减小，而接收回波信号的采样模块对声压振幅大小有一定的范围要求，因此需要对回波信号进行增益补偿，以消除扩展损失或者吸收损失的影响。另外，精确地计算海底反射系数也需要准确的扩展损失

补偿。扩展损失的增益补偿曲线如图 7.17(a)所示，横轴表示从换能器起始计算的传播距离；吸收损失的增益补偿曲线如图 7.17(b)所示，横轴表示从水底起始计算的在沉积物中经历的传播距离。在实际应用中，需要将这两种增益补偿叠加起来，合成为一条增益补偿曲线，需要注意的问题是衰减系数α的合理选择。另外，增益补偿还包括手动增益调节，以使增益补偿得到最佳效果。

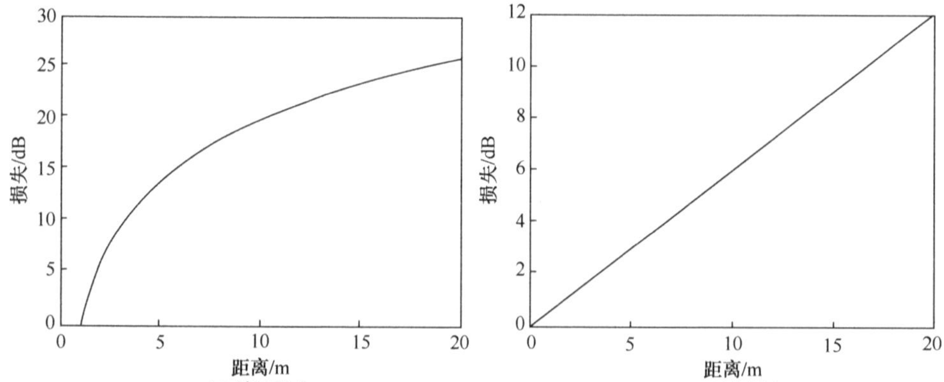

(a) 扩展损失
(b) 吸收损失

图 7.17　增益补偿曲线

吸收增益补偿会使回波信号中包含的原有的沉积物衰减信息发生变化，如果只是为了清晰地对沉积物成层，应该选择合适的吸收增益补偿；如果要利用衰减信息对底质进行分类识别，那么吸收增益补偿会扰乱回波信号包含的原始衰减信息。

7.2.2　三维剖面声呐

1. 系统组成

三维剖面声呐由工控机、拖鱼、绞车和吊杆等组成。拖鱼包括接收换能器阵、发射换能器阵、多通道发射机、多通道接收机、信号处理板及拖曳平台等；绞车和吊杆是拖曳系统，用于拖鱼的收放、拖曳及信号的传输；工控机用于信号的显示、控制。系统组成图和构成框图分别如图 7.18 和图 7.19 所示。

2. 关键技术

1) 近场聚焦波束形成

Chirp 三维剖面声呐系统的接收阵列有效孔径长度为

$$R = 36 \times 0.0375 = 1.35\text{m} \tag{7.16}$$

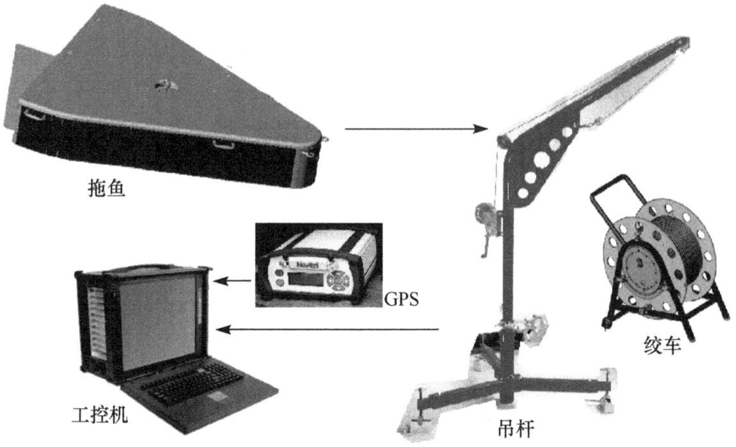

图 7.18　三维剖面声呐系统组成图(见书后彩图)

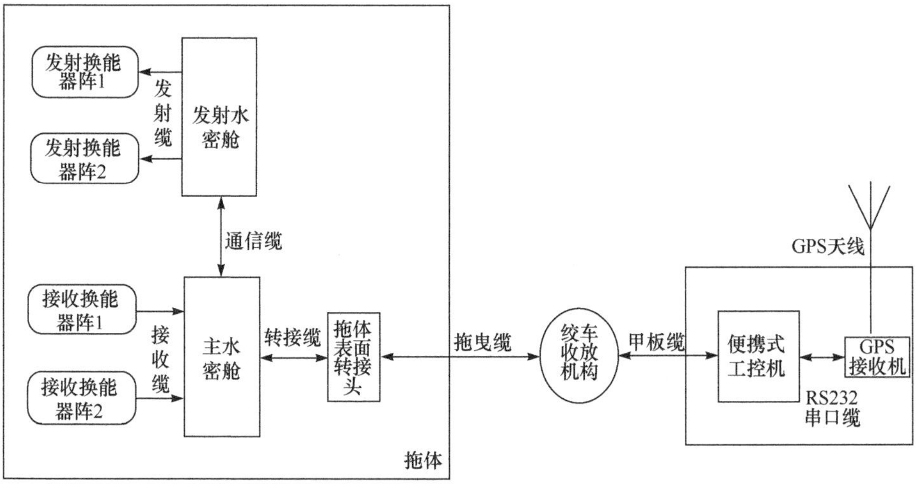

图 7.19　三维剖面声呐构成框图

系统的工作频率为 20kHz，设定声波在水中的传播速度为 1500m/s，则系统的工作波长为 0.075m。而波的近场工作区域与远场工作区域的分界为

$$D = \pi \frac{R^2}{\lambda} = 76.34\text{m} \tag{7.17}$$

三维剖面声呐的主要功能是进行海底测绘，因此工作的距离范围内大部分属于近场，对近场信号要获得理想的阵指向性，必须进行聚焦波束形成。可知，三维剖面声呐采用的波束形成方法为近场聚焦波束形成方法。

在以往的声场定位研究中，将基阵假设在目标的远场范围，而在三维剖面声呐系统中，基阵通常位于目标信号的近场。因此，在声场假设中，就不能将目标信号当成平面波传播，而是球面波传播。声场中，假设空间各向均匀的球面波声场中势函数为ϕ，它与传播时间t和到球心距离r有关，则球面波的波动方程可表示为

$$\nabla^2\phi-\frac{1}{c^2}g\frac{\partial^2\phi}{\partial^2 t}=0 \tag{7.18}$$

利用球面坐标系求解，并只考虑实际情况中沿半径方向传播的球面波，可得均匀球面波在空间扩散时的声压为

$$p(r,t)=\frac{A}{r}\mathrm{e}^{\mathrm{j}(\omega t-kr)} \tag{7.19}$$

而近场聚焦波束形成的基本原理是，根据声源到达各个阵元曲率半径不同，按球面波规律对基阵接收数据进行相位补偿，根据基阵与声源的空间位置重建测量平面，得到重建测量平面上目标声源的空间位置分布和强度分布，实现目标的声场定位。三维剖面声呐近场聚集波束形成原理示意图如图 7.20 所示。

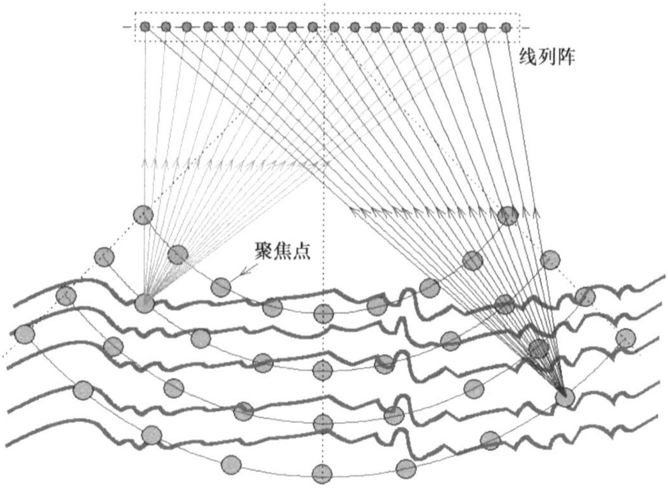

图 7.20　三维剖面声呐近场聚焦波束形成原理示意图

均匀线阵近场声传播理论模型如图 7.21 所示。参考点选在阵列中心处，目标信号与阵列参考点处相距r_s，r_m是目标信号与第m个阵元的距离，d是阵列中相邻阵元间距，d_m是第m个阵元与参考点处的间距。

由图 7.21 可以看出，只要求得目标信号到达任意一个阵元处的距离，就可以求得阵列流型，经过几何运算可以得到

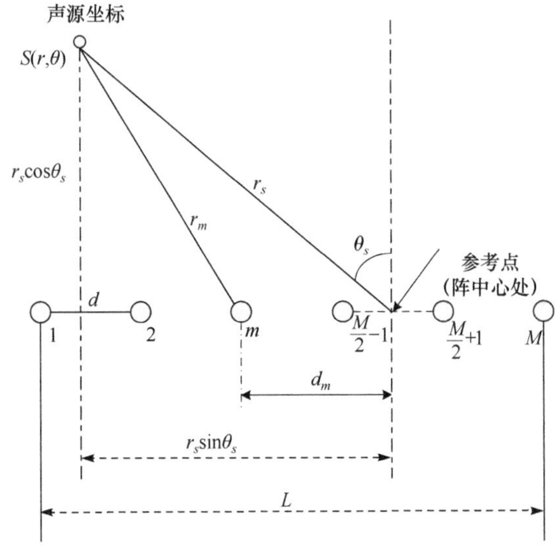

图 7.21　线阵近场声传播理论模型

$$r_m = \sqrt{(r_s \cos\theta_s)^2 + (r_s \sin\theta_s - d_m)^2} \tag{7.20}$$

式中，

$$d_m = \left(m - \frac{M+1}{2}\right)d \tag{7.21}$$

根据常规波束形成原理，可将参考点处接收到的信号相位设为初始相位，即零相位，其他阵元接收到的信号由于声程差导致与参考点处的相位不同，由此可以得到频率为 f 的信号所对应的阵列流型为

$$\boldsymbol{a}_s(\theta_s, f) = \left[\frac{r_s}{r_1}\mathrm{e}^{-\mathrm{j}2\pi f\frac{r_1 - r_s}{c}}, \frac{r_s}{r_2}\mathrm{e}^{-\mathrm{j}2\pi f\frac{r_2 - r_s}{c}}, \cdots, \frac{r_s}{r_M}\mathrm{e}^{-\mathrm{j}2\pi f\frac{r_M - r_s}{c}}\right]^{\mathrm{T}} \tag{7.22}$$

式中，θ_s 为声源或目标的方位信息。

目标在 5m、0°时的聚焦波束和非聚焦波束形成仿真结果如图 7.22 所示。

2) 增益控制技术

增益控制技术同 7.2.1 节。

3) 自适应底跟踪技术

自适应底跟踪技术是三维剖面声呐系统的关键技术之一。通过设定合理的跟踪窗，可以滤除来自水流、鱼群等的干扰回波信号，提高三维剖面声呐系统测深结果的稳定性。

系统依据海底的坡度走势和深度以及当前跟踪效果设计合理的跟踪策略，实现自适应底跟踪。自适应底跟踪技术采用稳健的算法来保证底跟踪的正确性和连贯性，在长时间无底回波数据导致底丢失的情况下能够自动开启新的底搜索过程。

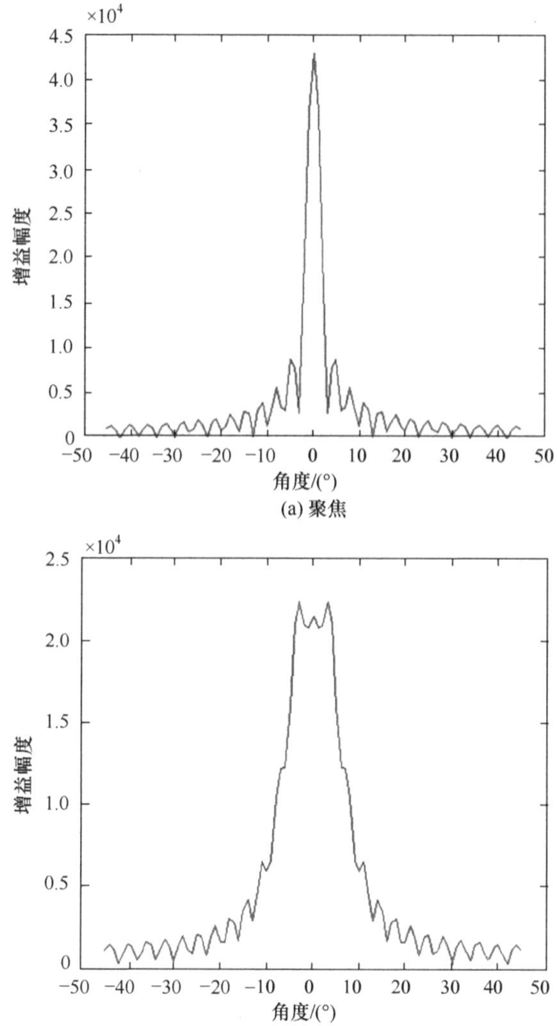

(a) 聚焦

(b) 非聚焦

图 7.22 目标在 5m、0°时的聚焦波束形成和非聚焦波束形成

7.2.3 沉积物声学特性选择

水下沉积物遥测分类的关键是提取出有效区分不同类型沉积物的特征量。沉积物的基本物理参数包括平均粒径、密度、空隙度和波速等，声学遥测获得的是沉积物的声学特性，沉积物的声学特性与物理特性具有内在关系。通过测量声学特性，可以间接地反映出沉积物的物理特性，因此沉积物声学特性具有实现沉积物

分类的可能。已有多种声学特性参数被应用于底质识别，从 Chirp 浅地层剖面仪的实际回波信号出发，分别在时域和频域尝试选择海底反射系数、能量归一化系数、能量归一化系数比值和弛豫时间四个沉积物声学特性，以便可以从中提取能够实现沉积物分类的特征量。

1. 海底反射系数

海底反射系数的物理意义明确、直观，最早应用于表征海底沉积物的声学特性。不同的沉积物具有不同的密度和速度，因而具有不同的阻抗，反射系数也不相同。

由声呐方程[15]可知，回声信号级为$\mathrm{SL}-2\mathrm{TL}+\mathrm{TS}$，其中SL是声源级，TL是传输损失，TS是目标强度。对于正入射的回波信号，$\mathrm{TS}=10\lg\left(I_r/I_i\right)$，$I_i$表示海底的入射声强，$I_r$表示海底的反射声强，$R_I=I_r/I_i$代表声强反射系数。因此，通过确定声源级、传输损失和回波信号级，可以得到目标强度，从而计算反射系数。

正入射情况下，海底的声压反射系数可以表示为

$$R_p=\frac{\rho_2c_2-\rho_1c_1}{\rho_2c_2+\rho_1c_1} \tag{7.23}$$

式中，ρ_1表示水的密度；c_1表示水中声速；ρ_2表示水下沉积物的密度；c_1表示水下沉积物的声速。

水的密度和水中声速近似为常量，因此通过测量反射系数可以反演沉积物的声阻抗。然而，反射系数是一个绝对量，要精确地测量反射系数较为困难。除了需要准确知道前置放大器的增益外，还需要进行精确的时间增益补偿；同时，航行中载体的姿态、速度都会对测量产生影响。但是，在相同的测量条件下，计算得到的反射系数依然可以用于不同类型沉积物的比较。

2. 能量归一化系数和比值

海底回波的相关器输出信号相对于发射脉冲的相关器输出信号来说会发生畸变，主要源于海底表面的粗糙度和海底内部的不均匀性。对于平坦的海底，形状变化主要取决于海底内部的不均匀性，即由于介质的不均匀性而产生的反射和散射，使得回波信号形成拖尾，拖尾长度和形状则与沉积物的衰减系数有关。文献[15]定义的能量归一化函数和能量归一化系数分别为

$$E(t)=\frac{\int_0^t P^2(\xi)\mathrm{d}\xi}{\int_0^T P^2(\xi)\mathrm{d}\xi},\quad 0\leqslant t\leqslant T \tag{7.24}$$

$$f=\frac{1}{T}\int_0^T E(t)\mathrm{d}t \tag{7.25}$$

式中，$P(t)$为回波包络信号；t的取值是从回波前沿到拖尾结束；T的大小取决于声波穿透深度。

理想包络关于极大值点左右对称，而考虑到衰减，则极值点的右边衰减更快，从而导致左右并不对称。不同类型沉积物对包络的影响不同，极值点右边衰减的快慢也不同，因此衰减的快慢可以反映沉积物的类型。

设回波包络信号为$P(t)$，海底所对应的包络极大值点在t_0处，T表示脉冲的等效时宽，则基于上述考虑的能量归一化函数可以定义为

$$E_{\text{total}}(t)=\frac{\int_{t_0-t}^{t_0+t}P^2(\xi)\mathrm{d}\xi}{\int_{t_0-T/2}^{t_0+T/2}P^2(\xi)\mathrm{d}\xi},\quad 0\leqslant t\leqslant T/2 \tag{7.26}$$

运用式(7.26)计算得到典型试验数据的能量归一化曲线。由式(7.26)可定义能量归一化系数为

$$f_{\text{total}}=\frac{1}{T/2}\int_0^{T/2}E(t)\mathrm{d}t \tag{7.27}$$

考虑t_0左边的包络，可以定义左包络的能量归一化函数和归一化系数分别为

$$E_{\text{l}}(t)=\frac{\int_{t_0-t}^{t_0}P^2(\xi)\mathrm{d}\xi}{\int_{t_0-T/2}^{t_0}P^2(\xi)\mathrm{d}\xi},\quad 0\leqslant t\leqslant T/2 \tag{7.28}$$

$$f_{\text{l}}=\frac{1}{T/2}\int_0^{T/2}E_{\text{l}}(t)\mathrm{d}t \tag{7.29}$$

考虑t_0右边的包络，可以定义右包络的能量归一化函数和归一化系数分别为

$$E_{\text{r}}(t)=\frac{\int_{t_0}^{t_0+t}P^2(\xi)\mathrm{d}\xi}{\int_{t_0}^{t_0+T/2}P^2(\xi)\mathrm{d}\xi},\quad 0\leqslant t\leqslant T/2 \tag{7.30}$$

$$f_{\text{r}}=\frac{1}{T/2}\int_0^{T/2}E_{\text{r}}(t)\mathrm{d}t \tag{7.31}$$

若考虑左右包络的相对衰减情况，则由式(7.29)和式(7.31)可以定义能量归一化系数比值为

$$f_{\text{relative}} = \frac{2f_{\text{r}}}{f_{\text{l}} + f_{\text{r}}} \tag{7.32}$$

对于数字信号，回波包络信号为 $P(n)$，海底所对应的包络极大值点在 $n = n_0$ 处，脉冲的等效时宽为 $2N$，则式(7.26)和式(7.27)分别变为

$$E_{\text{total}}(n) = \frac{\sum_{m=n_0-n}^{n_0+n} P^2(m)}{\sum_{m=n_0-N}^{n_0+N} P^2(m)}, \quad 0 \leqslant n \leqslant N \tag{7.33}$$

$$f_{\text{total}} = \frac{1}{N}\sum_{n=1}^{N} E(n) \tag{7.34}$$

其他各式的数字化形式与式(7.33)和式(7.34)类同。

3. 弛豫时间

水下饱和沉积物会呈现出一种弛豫现象。弛豫时间就是沉积物在外来压力作用下要改变自身密度所需要的那一段有限时间。衰减的机制有很多种，如黏滞损失、固体摩擦和热弹性弛豫等，每一类都表现出自己的弛豫时间[16]。假定对于 Chirp 浅地层剖面仪所用的有限频率范围来说，水下沉积物是宏观同质的，并且许多种不同机制的弛豫时间可以归结为单一的弛豫时间，那么弛豫时间的状态方程可以表示为

$$p = V^2\rho + R\dot{\rho} \tag{7.35}$$

式中，p 为压力增量；ρ 为密度增量；V 为绝热声速；R 为与弛豫过程有关的常量。

把物态方程、连续性方程和运动方程综合起来，可以得到波动方程：

$$\ddot{\xi} = V^2\left(\frac{\partial^2 \xi}{\partial x^2} + \tau\rho\frac{\partial \dot{\xi}}{\partial x}\right) \tag{7.36}$$

式中，τ 为弛豫时间，$\tau = R / V^2$；x 为声波传播方向。

式(7.36)的解是平面简谐波，即

$$\xi = \xi_0 \mathrm{e}^{-\alpha x}\mathrm{e}^{\mathrm{j}(\omega t - kx)} \tag{7.37}$$

式中，α 为衰减系数；k 表示波数。

将式(7.37)代入式(7.36)可以得到

$$k^2 - \alpha^2 = \omega^2 / [V^2(1+\omega^2\tau^2)] \tag{7.38}$$

$$2\alpha k = \omega^3\tau / [V^2(1+\omega^2\tau^2)] \tag{7.39}$$

可以解得衰减系数和波数分别为

$$\alpha = \omega^2 \tau V_p / [2V^2(1+\omega^2\tau^2)] \tag{7.40}$$

$$k = \omega / V_p \tag{7.41}$$

式中，V_p 为相速度，即

$$V_p = \left(\sqrt{2}V / (\omega\tau)\right)\left[\left(1+\omega^2\tau^2\right)\left(\sqrt{1+\omega^2\tau^2}-1\right)\right]^{1/2} \tag{7.42}$$

对于低频情况，即满足不等式 $\omega\tau = 1$，式(7.42)可以近似为

$$V_p \approx V\left(1+3\omega^2\tau^2/8+\cdots\right) \tag{7.43}$$

忽略二阶和高阶无穷小量，可以得到衰减系数的近似公式为

$$\alpha \approx \frac{\omega^2\tau}{2V} \tag{7.44}$$

式中，ω为角频率。

可见，对于低频情况，衰减系数与频率的二次方成正比，与波速成反比。可得到

$$\tau = \frac{2V\alpha}{\omega^2} = \frac{2\alpha}{\omega^2} gV = \frac{2\alpha}{\omega^2} g\frac{\Delta x}{t_x} = \frac{2\alpha\Delta x}{t_x\omega^2} \tag{7.45}$$

式中，Δx 为传播距离；t_x 为传播时间；$\alpha\Delta x = \ln\left|A_1 / A_2\right|$。由此，弛豫时间 τ 可以通过试验测量传播时间、传播距离及 A_1 和 A_2 的幅值比计算得到。

LeBlanc[16]使用 Buchan 等[17]、Hamilton 等[18-20]、McCann 等[21]和 Shumway[22]的试验数据，运用式(7.40)，将衰减系数转换为弛豫时间。其给出的弛豫时间和沉积物平均粒径的拟合曲线为

$$\tau = a\left(\phi - b\right)\mathrm{e}^{-c(\phi-b)^d} \tag{7.46}$$

式中，ϕ 表示平均颗粒直径；a、b、c 和 d 是待定常数。

基于 Nelder-Meade 简单算法，采样非约束非线性的优化方法，可以得到

$$\tau = 0.0848\left(\phi - 0.415\right)\mathrm{e}^{-0.0437(\phi-0.415)^2}\left(\mu\mathrm{s}\right) \tag{7.47}$$

由此给出各类沉积物的平均弛豫时间，如表 2.2 所示，依据弛豫时间可以对沉积物进行分类。

沉积物声学特性参数主要包括海底反射系数、能量归一化系数和比值、弛豫时间等，但是从计算方法的效率、运算量的大小等方面考虑，这四种参数并非全部适合提取特征并用于底质的分类和识别[23-26]。

7.3 发展趋势

7.3.1 国外发展趋势

1. 技术发展

浅地层剖面探测技术起源于20世纪60年代初期,其后广泛应用于港口建设、航道疏浚、海底管线布设、海上石油平台建设等方面。70年代以来，随着近海油气资源的大规模开发和各种近岸水上工程建设项目的不断增加，以及各种地质灾害的频繁发生，浅地层剖面探测的重要性越来越被人们认识。同时，浅地层剖面探测设备呈现多元化的发展趋势。

国外在该领域的研究正逐步向测量高精度、适应能力广泛的方向发展。美国ODEC公司浅地层剖面仪已形成系列化产品，其中Bathy-2000型地层剖面仪采用扫频工作，工作频率为2.75～6.75kHz、3～11kHz扫频或12～200kHz中任一单频，具有11000m的测深能力，在6000m水深时有75m的水下地层穿透能力，其地层分辨率达8cm。美国EdgeTech公司用于AUV上的浅地层剖面仪主要有3100/3200/3300型，都具有较宽的工作频带和较高的分辨率，拖鱼的深度为300m，探测的深度可达6000m。英国GeoAcoustics公司GeoChirp型浅地层剖面仪用于水下拖体，其地层分辨率达6cm。近年来，挪威Konsberg公司推出了型号为Topas的参量浅地层剖面仪，利用非线性效应得到相对带宽为100%的0.6～6kHz的差频信号，其穿透能力达100m。德国Innomar公司用于AUV的浅地层剖面仪产品型号为SES-2000。

2. 应用实例

当前剖面声呐的研究主要有四个方向：第一是以低频、宽带、大功率发射信号为主，如拖曳式单波束海底浅地层剖面声呐；第二是以高频发射信号为主，通过参量技术获得低频、小波束角的浅地层剖面声呐；第三是以一维线阵为基础，获得地层的二维剖面图像，可以通过空间拟合的方法获得三维立体的剖面图像；第四种是以二维基阵为基础，实时获得目标的三维剖面图像。下面将分别予以介绍。

1) 单波束浅地层剖面声呐(3200-XS Sub-bottom Profiling System)

3200-XS Sub-bottom Profiling System是由美国EdgeTech公司研制的一系列低频、大功率、单波束浅地层剖面声呐系统，如图7.23所示。该系列声呐通过发射0.5～24kHz的线性调频信号进行海底地层剖析，既可以采用0.5～12kHz的大穿透能力的发射信号，也可以采用4～24kHz的高分辨率频率范围，具有4～20cm的垂直分辨率，在典型的石灰岩中可以穿透20m，在泥砂中可以穿透200m。该系统采用拖曳式结构，最深可以工作在水下 300m，可广泛用于考古调查、沉积物分类、海底掩埋管线探测定位、河口疏浚研究、河流的冲刷和侵蚀调查、海洋工程调查、桥墩侵蚀调查、危险废弃物定位等多个领域。

(a) SB-424　(b) SB-2165　(c) SB-0512i

图 7.23　EdgeTech 公司 3200-XS 系列剖面声呐

此外，英国 GeoAcoustics 公司的 GeoChirp Ⅱ浅地层剖面声呐、Imagenex 公司的 DF-1030 数字型浅地层剖面声呐以及哈尔滨工程大学研制的基于 TB-1 型水下堤坝安全检测机器人的堤坝安全检测的单波束高分辨率剖面声呐都属于第一种剖面声呐系统。

2）参量阵浅地层剖面仪（SES-2000）

SES-2000 是世界上第一套便携式参量阵浅地层剖面声呐，能够提供测深、浅地层剖面测量解决方案。系统采用差频原理进行浅地层剖面探测和精确水深测量，具有很高的分辨率（100kHz 换能器波束角仅为 1.8°），换能器主频为 100kHz，次频 5～12kHz 可选，适合于浅地层及海底管线等目标的精确探测。仅由一个工作站就能完成数据采集及后处理等全部工作，换能器小巧轻便，安装快捷，是进行浅地层剖面及高精度水深测量的最佳设备。从所获得的海底地层剖面图（图 7.24）可以看出，系统分层结构清晰，非常有利于海底掩埋目标（如沉船、石油管线等）的发现和识别。

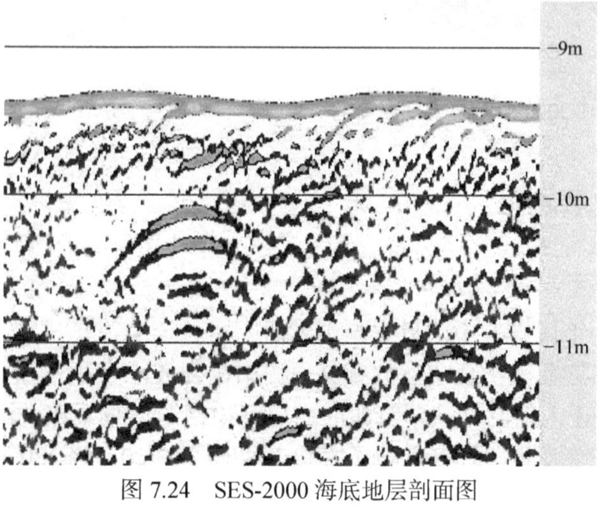

图 7.24　SES-2000 海底地层剖面图

3）二维多波束剖面声呐（Delta T 2000）

近年来，国外的剖面声呐公司在原有的单波束浅地层剖面声呐基础上开发出多波束线阵接收、可以用于水平方向扫描的多波束剖面声呐，声呐通过线阵获得海底地层剖面的二维结构，再通过载体的移动重构出被测区域的三维剖面结构。典型的多波束剖面声呐为Imagenex公司的Delta T 2000型多波束剖面声呐，如图7.25所示，该型声呐具有120°×30°波束开角，可以精确地进行多波束方位搜索。

4）三维剖面声呐（GeoChirp 3-D）

为了解决二维剖面声呐剖析相邻区域之间结合处的平稳过渡，能够真实地体现出被测区域的三维立体剖面信息，南安普顿大学国家海洋中心和GeoAcoustics公司合作，在原有GeoChirp Ⅱ浅地层剖面声呐的基础上开发出第一款商业用途的三维剖面声呐GeoChirp 3-D。该声呐采用4个GeoChirp Ⅱ的发射换能器，发射1.5～13kHz的调频信号，60个接收换能器采用刚性连接形成二维面阵进行回波信号接收。

该声呐可以广泛用于掩埋物体探测、定位显示、浅海地层分类、浅海地层显示、浅海考古研究、管线导航等多个方面。图7.26为GeoChirp 3-D显示的三维剖面结构图。

图7.25 Delta T 2000型多波束剖面声呐

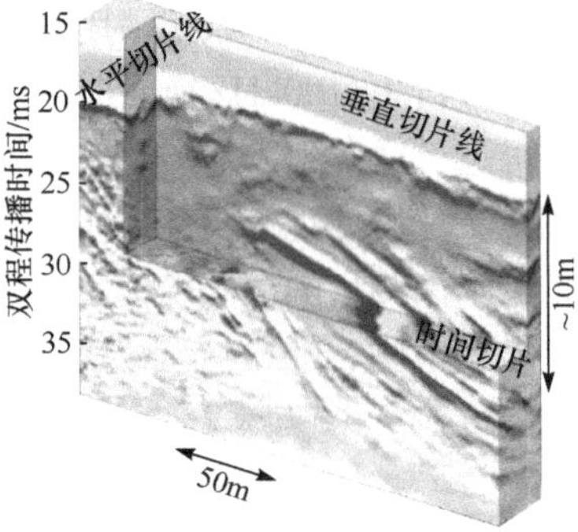

图7.26 三维剖面结构图

7.3.2 国内发展趋势

1. 技术发展

20世纪80年代初，中国科学院声学研究所孟金生等[27]进行了相关研究，发现回波能量积累与沉积物衰减系数有关，提出用回波能量积累归一化函数进行底质分类，并对用正入射脉冲法估算海底表层沉积物的衰减系数进行了研究。

中国科学院南海海洋研究所梁元博和卢博[28,29]在20世纪80年代以来一直从事海底沉积物方面的研究。他们对海底沉积物的物理力学特性、声学特性以及二者的关系进行了系统分析，并从试验中获得了我国南海海域沉积物的大量数据。

其他方面的研究还包括中国科学院声学研究所周志愚等[30]对南海和黄海海域海底声速垂直分布的测量，张仁和等[31]提出的射线法应用于海底参数研究，蒋德军等[32]所做的海底参数反演以及其他一些相关的研究。

中国科学院声学研究所研制开发了海底表层底质探测系统。作为实时走航式的表层底质声学分类系统，它利用一次回波信号，通过提取信号的反射系数、衰减系数、能量特征参数等多个特征量，对海底表层沉积物进行分类。

对海底底质的声学研究，是为了将对底质的声学遥测实用化，实现底质的快速、方便、准确的识别分类。纵观国内所做的研究，多因为经费问题和采集设备短缺而局限于理论分析，无法做到先研制试验设备，进行大量海上试验，采集数据，经过分析后再对探测设备进行改进。

2. 应用实例

我们利用中国科学院声学研究所研制的 PM-Q1 型浅地层剖面声呐对长江水域进行底质探测。PM-Q1 型浅地层剖面声呐是一种小型浅地层剖面声呐，它的换能器体积小、重量轻，适合小型船只舷挂使用，非常适合内河河道、水库、湖泊、近海沿岸沉积层测量。浅地层剖面声呐采用 Chirp 技术，解决了浅地层剖面探测距离和分辨率的矛盾，最大穿透深度达 60m 左右。

1) 护岸固底块石的探测情况

沙市观音矶冲刷坑为防洪护堤的重要江段，每年都抛投大量块石用于固底护岸。每次试验重点在于探测江底所抛投块石(可能已被砂掩埋)的状态，借此来掌握护岸的效果，是否有继续抛投的必要。通过试验，浅地层剖面声呐在测量船只低速航行的状态下，可清晰地反映出砂掩埋下的块石状态，如图 7.27 所示。从试验中可以得到如下结论：可以探测到被砂掩埋 14m 的抛石，并能探测到抛石剖面。在适当的测量方式下(低速航行)，可以探测到护岸固底的抛石被砂掩埋的剖面。

2) 滑坡情况的探测

我们在抚仙湖水域进行了滑坡底质的探测工作。湖底是否滑坡在浅地层剖面声呐的声图上有不同的表现，如图 7.28 所示，通过浅地层剖面声呐探测，可以明显看出两次滑坡体清晰完整，说明此水域湖底经历过两次滑坡。

浅地层剖面仪在实际生产生活中有着广泛的用途，通过对海洋海底浅地层的图形化显示，为人们提供丰富的海底浅地层信息。浅地层剖面声呐广泛应用于海域搜索、探雷、小目标探测、水道测量、水下工程、石油勘探等领域。

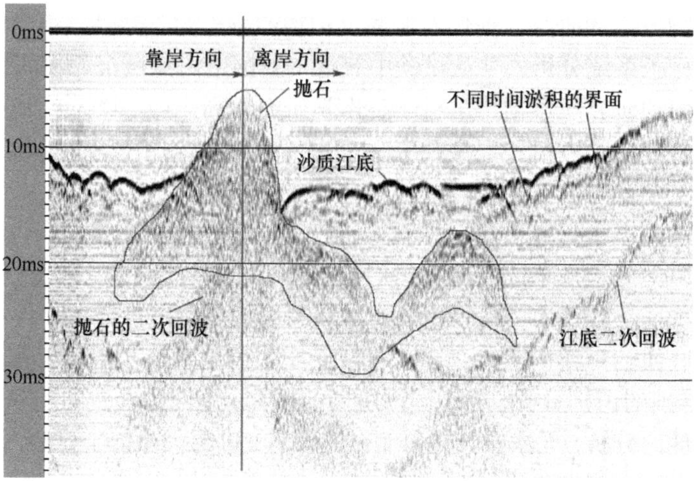

图 7.27　浅地层剖面声呐探测的观音矶冲刷坑抛石声图

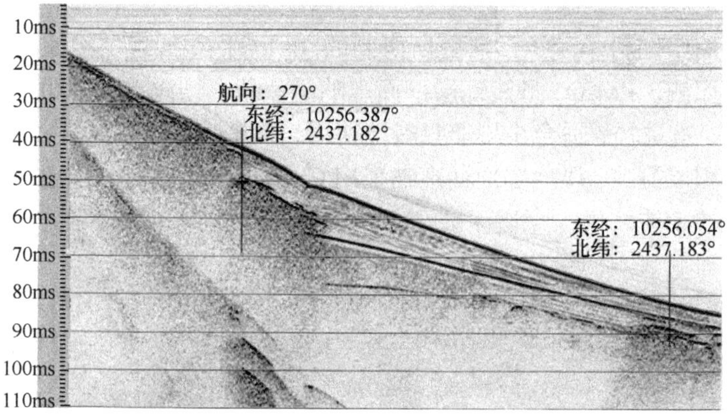

图 7.28　抚仙湖两次滑坡剖面声图

参 考 文 献

[1] Ehrenberg J E, Torkelson T C. FM slide (Chirp) signals: A technique for significantly improving the signal-to-noise performance in hydroacoustic assessment systems[J]. Fisheries Research, 2000, 47(2/3):193-199.

[2] Matthew D R, Somers M L. Chirp sub-bottom profiler for TOBI, a deep ocean survey vehicle[C]//Seventh International Conference on Electronic Engineering in Oceanography- Technology Transfer from Research to Industry, Southampton, 1997:107-112.

[3] 樊昌信, 张甫翊, 徐炳祥, 等. 通信原理[M]. 5 版. 北京: 清华大学出版社, 2000.

[4] Qi L, Tao R, Zhou S, et al. Detection and parameter estimation of multicomponent LFM signal based on the Fractional Fourier transform[J]. Science in China Series F Information Sciences, 2004, 47(2): 184-198.

[5] Gutowski M, Bull J, Henstock T, et al. Chirp sub-bottom profiler source signature design and field testing[J]. Marine

Geophysical Researches, 2002, 23(5):481-492.

[6] Schock S G, Leblanc L R, Panda S. Spatial and temporal pulse design considerations for a marine sediment classification sonar[J]. IEEE Journal of Oceanic Engineering, 1994, 19(3):406-415.

[7] Fredric J H. On the use of windows for harmonic analysis with the discrete Fourier transform[J]. Proceedings of the IEEE, 1978, 66(1):51-83.

[8] Vesetas R, Manzie G. AMI: a 3D imaging sonar for mine identification in turbid waters[C]// Oceans 2001 MTS/IEEE—An Ocean Odyssey , Honolulu, 2001:12-21.

[9] Sternlicht D D, Lemonds D W. Detection and classification of buried object with an adaptive acoustic mine-hunting system[C]// Oceans 2001 MTS/IEEE—An Ocean Odyssey , Honolulu, 2001:212-219.

[10] Duguet A. Autonomous underwater vehicle navigation by means of a bottom imaging sonar[C]//Oceans 2001 MTS/IEEE—An Ocean Odyssey, Honolulu, 2001: 375-379.

[11] Jerry M G. Proof of concept naval oceangraphic office survey operations center[C]// Oceans 2001 MTS/IEEE—An Ocean Odyssey, Honolulu, 2001: 1257-1261.

[12] David A M, Brain B. A high-frequency narrow-beam subbottom profiler for archaeological applications[C]//Oceans 2001 MTS/IEEE—An Ocean Odyssey , Honolulu, 2001:1-5.

[13] 蒋立军, 杜文萍, 许枫. 侧扫声纳回波信号的增益控制[J]. 海洋测绘, 2002, 22(3):6-8.

[14] 刘伯胜, 雷家煜. 水声学原理[M]. 哈尔滨: 哈尔滨工程大学出版社, 2010.

[15] Haniotis S, Negreira C A. Acoustics seafloor classification using backscattered local angular responses obtained at sea[C]// Acustica 2012—Ⅷ Congresso Iberoamericano de Acustica, Evora, 2012:1-12.

[16] LeBlanc L R, Panda S, Schock S G. Sonar attenuation modeling for classification of marine sediments[J]. Journal of the Acoustical Society of America, 1992, 91(1):116-126.

[17] Buchan S, Dewes F C D, Jones A S G, et al. The acoustic and geotechnical properties of North Atlantic Cores[R]. University College of North Wales, 1971.

[18] Hamilton E L, Shumway G, Menard H W, et al. Acoustic and other physical properties of shallow-water sediments off San Diego[J]. Journal of Acoustical Society of America, 1956, 28: 1-15.

[19] Hamilton E L, Bucker H P, Keir D L, et al. Velocities of compressional and shear waves in marine sediments determined in situ from a research submersible[J]. Journal of Geophysical Research Atmospheres, 1970, 75(20): 4039-4049.

[20] Hamilton E L, Compressional-wave attenuation in marine sediments[J]. Geophysics, 1972, 37(4): 620-646.

[21] McCann C, McCann D M. The attenuation of compressional waves in marine sediments[J]. Geophysics, 1969, 34(6):882-892.

[22] Shumway G. Sound speed and absorption studies of marine sediments by a resonance method[J]. Geophysics,1960, 25(2): 451-467.

[23] Robb G B N, White P R, Bull J M, et al. The estimation of geoacoustic properties from broadband acoustic data, focusing on instantaneous frequency techniques[R]. ISVR Technical Report No. 298, 2002.

[24] Panda S, LeBlanc L R, Schock S G. Sediment classification based on impedance and attenuation estimation[J]. Journal of Acoustical Society of America, 1994, 96(5):116-126.

[25] LeBlanc L R, Mayer L, Rufino M, et al. Marine sediment classification using the chirp sonar[J]. Journal of the Acoustical Society of America, 1992, 91(1):107-115.

[26] Hamilton E L, Bachman R T. Sound velocity and related properties of marine sediments[J]. Journal of the Acoustical Society of America, 1982, 72(6): 1891-1904.

[27] Meng J, Guan D. Acoustic method for classification of seafloor sediments[J]. Chinese Journal of Acoustics, 1982, 1(1): 48-53.

[28] 梁元博, 卢博. 海底沉积物力学性质影响声速的物理机制[J]. 海洋学报(中文版), 1985, 7(1): 111-119.

[29] 卢博, 梁元博. 南海某海区海底沉积物物理、声学和弹性性质[J]. 海洋科学, 1995, 19(3): 42-46.

[30] 周志愚, 杜继川, 赵广存, 等. 南海、黄海海底声速垂直分布的测量结果[J]. 海洋学报(中文版), 1983, 5(5): 543-552.

[31] 张仁和, 高天赋, 周志愚, 等. 数值声场预报[Z]. 中国科学院声学研究所, 2000.

[32] 蒋德军, 高天赋. 一种计算浅海海底衰减系数的方法[J]. 声学学报, 1997, 22(5): 455-462.

8 水声通信技术

海洋覆盖着地球表面的 70%以上，蕴藏着丰富的矿产资源、生物资源和能源，是资源的宝库、战略的重地和交通的要道。随着海洋的开发和信息产业的发展，通过海水进行数据传输的需求大为增加，如海洋污染监控、水下无人航行器的遥控、深海平台的数据收集、海上石油工业的遥控、海底勘探、水下电视图像的传输、水下无缆电话、水文站的数据采集等，这些应用使得水声通信的研究迅速发展起来。水声通信技术在军事、民用和科研上均有广阔的发展前景，特别是以高速水声通信和水声通信网络技术为代表的研究和应用，必将在人类认识海洋、探索海洋和开发海洋中发挥越来越重要的作用[1-3]。在军事上，水面舰艇与潜艇之间、潜艇与潜艇之间的信息交互依赖于水声通信的发展，同时，探测距离和探测精度需求的提高，要求水声通信系统有更高的传输速率、更远的传输距离和更低的传输误码率；在民用上，对海洋渔业资源的开发和监控，海洋资源如石油、天然气的开发，海洋自然灾害如飓风、地震活动的监测和预警，海洋环境的保护等，都需要实时传递信息，对水声通信提出了更高的要求；在科研上，水声通信主要应用在海洋探测仪器的组网监测和数据回传，载人潜水器、无人潜水器与母船间的语言、数据、图像和指令通信等。

8.1 基本原理

水声通信是在水中利用声波进行信息的传输，其技术性能严重受限于水声信道的特性。水声信道不同于电磁波信道，其多径传播复杂、传输衰减大、通信带宽窄、多普勒效应显著，且有着严重的时变特性。这些因素严重影响着水声通信系统的设计和性能提升[4]。

8.1.1 吸收衰减对水声通信的影响

在海水中声波的衰减量会随频率的提高而迅速上升，与频率的平方近似成正比，在 500Hz 时衰减量只有约 0.02dB/km，在 10kHz 时衰减量约 0.7dB/km，在 100kHz 时衰减量约 25dB/km。这就造成通信距离越远，可用频率越低，带宽越小，通信速率越低。一般用通信距离和通信速率的乘积来表征一个水声通信系统的性能，目前最高的指标大约是 100kbit/s · km。按通信距离对水声通信系统的分类如表 8.1 所示。

表 8.1　按通信距离对水声通信系统的分类

水声通信系统分类	通信距离/km	通信速率/(bit/s)
近程水声通信	<1	几千～几万
中程水声通信	1～10	几百～几千
远程水声通信	10～100	几十～几百
超远程水声通信	>100	零点几～几十

8.1.2 声速对水声通信的影响

声速及其不均匀分布对水声通信的影响巨大。声速对水声通信的影响分为两个方面：

(1)声波在水体中传播速度较低，水中的声速一般在 1500m/s 左右，与光速 3×10^8m/s 相比差了 5 个数量级。与声速相比，载体的运动速度、水面的起伏速度等无法忽略，因此信道的时变性、多径效应和多普勒效应更加明显。

(2)声速受海洋中多种因素的影响，在空间上分布不均匀，因此声波的传播路径就会发生弯曲，传播方向就会发生改变。声速主要受深度、盐度和温度的影响，其中温度对声速的影响最大，深度的影响次之，盐度的影响最小。由于温度和盐度在水体中随深度变化较大，造成了声速由水面到水底有着明显的变化，具有分层的特性。声速剖面是研究水体声学特征的重要手段之一，水体的声速剖面随着维度、时间和季节呈现明显的变化。声波在不均匀介质中传播会发生明显的反射和折射，并且会改变传播方向，因此不稳定的声波传播方式是对水声通信性能影响最大的因素之一。

8.1.3 多径传播对水声通信的影响

水体中多径现象的产生源于两种物理机制：水面、水底以及其他水中物体造成的声反射；水体中声速变化而形成的声折射，声压的射线总是弯向低声速的区域。当一个声源发声时，不同角度的声压射线将沿着不同的路径传播，接收源将观察到多径信号的到达，称为时延扩散。声信号在水声信道中的折射和反射决定了传播路径的数目、到达信号的强度及时延。多径时延扩展在深海信道为几十微秒到几秒，在浅海信道可达几百毫秒，如图 8.1 所示。信号传输速率越高，符号的持续时间越短，相同多径时延扩展影响到的符号数目越大，接收信号质量越差，系统性能越差。

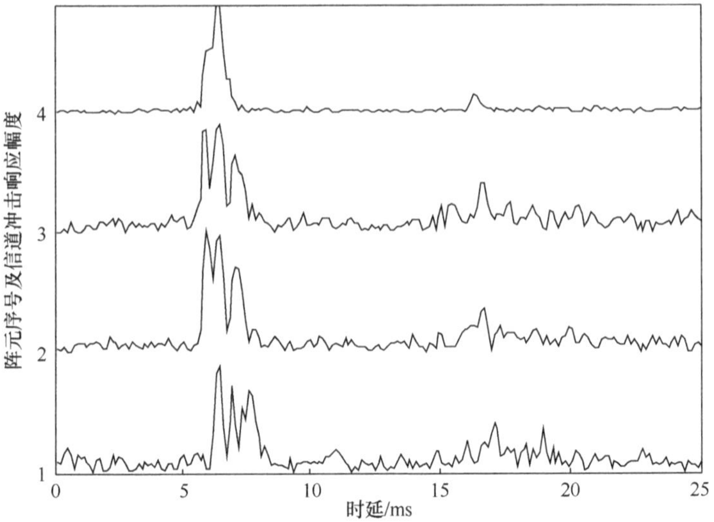

图 8.1　浅海 1000m 距离水声通信的信道冲击响应

8.1.4　多普勒频移对水声通信的影响

当水声通信的发射端与接收端相对运动时，接收信号的频率将会发生偏移，这种频率的变化称为多普勒频移。除了通信设备相对运动之外，起伏的海面对声波的反射、水中湍流对声波的折射等现象也会引入多普勒频移，使得接收端的多普勒偏离变化不是单一的，而是一种不连续的分布，称为多普勒频移扩散。

多普勒效应的程度取决于声波传播速度 c 和载体间相对移动速度 v 的比值，定义多普勒频移因子 α 来衡量多普勒频移的严重程度。因为声波在水中的传播速度较慢（约 1500m/s），水声信道的多普勒效应明显。水下无人航行器的航速在 1.5m/s 时多普勒频移因子就达到了 1×10^{-3} 。而在无线移动通信系统中，当载体运动速度达 20m/s 时，其多普勒频移因子仅为 9×10^{-8} 。由此可见，水声通信中的相对多普勒偏移比无线电通信中的多普勒偏移高几个数量级，因此载体之间的相对移动造成了不能被忽略的多普勒频移和扩展。多普勒效应在时域上表现为数据的扩展和压缩，在频域上则表现为频谱的拉伸和压缩。时域上数据帧的拉伸或压缩将直接影响相干通信的信号同步，因此为了提高通信系统的性能，需要对多普勒效应做出补偿。

8.1.5　噪声对水声通信的影响

水声信道中的噪声主要是海洋环境背景噪声，以及特定环境中的噪声，如极地环境中的破冰噪声和水生动物的觅食声音等。海洋环境背景噪声是指安静背景下的噪声，来自洋流、波浪、下雨及远处行船噪声的混合等，这些噪声通常表现为高斯分布但非白噪声。而特定环境中的噪声不同于海洋环境背景噪声的一个特点就是它具有很明显的非高斯成分。

一般来说，海洋环境背景噪声决定了水声信道可用频带的下限，上限则取决于海水的吸收特性，两者的共同作用造成了水声信道的窄带特性，严重制约了水声通信的可用数据率。

8.1.6　水声信道的时变性对水声通信的影响

水声信道具有时变性，因此水声信道称为时变的时延-多普勒频移双扩散信道。由于声波的传播速度低、通信的信号周期较长，信道的时变性对通信的影响更加明显，对时延扩散和多普勒频移扩散的处理变得更加困难。

水声信道时变主要来自两个方面：传播媒介（水体）自身特征的变化引入的时变和通信发射接收端所依赖的载体相对运动而引入的时变。传播媒介引起的变化难以衡量，跨度较大，从对通信几乎没有影响的长时间（温度、盐度、静态水流）的变化到水面波浪导致的声波反射面的移动（将会引起信号散射和不同路径上的多普勒扩展）。不同于无线通信信道的是，目前无法总结出这些变化对信道响应影响的统计特性，水声信道没有一个被广泛认可并且统一的统计信道模型。一些试验证实了某些信道可以被确定为 Rice 或者 Rayleigh 衰落特性，而且水声信道的相干时间也随着水文环境的改变而变化，其变化范围从数百毫秒到数十毫秒不等。因为没有稳健的统计模型作为支撑，水声通信系统的性能应通过试验来验证。

8.2　关键技术

水声通信关键技术主要分为水声物理层技术、水声通信节点技术和水声通信网技术。水声物理层技术主要解决利用水声信道进行点对点的可靠通信，是水声通信的算法基础。水声通信机作为水声通信网络中的通信节点，是水声通信的基本设备，相关技术称为水声通信节点技术。而水声通信网络中各节点协同作业、观测、数据沟通的相关技术称为水声通信网技术。

8.2.1 水声物理层技术

水声通信信道是复杂的信道，信道带宽窄、传播速度慢、时变性强、频率选择性衰落、噪声严重等不利因素在水声通信信道中都很明显。如何针对水声信道特点，采取高性能、可实现的通信算法，是水声通信领域的关键问题。物理层技术方案主要包括纠错码和调制解调两部分内容。对于水声通信中的调制解调技术，一般根据接收端是否恢复原始载波相位分为相干水声通信和非相干水声通信。

1. 信道纠错码技术

水声信道是一种极其复杂多变的时-空-频变参信道，其信道窄、强多径干扰、信号起伏衰落严重，一直是水声通信中可靠高速传输的主要障碍。为了满足一定要求的低误码率指标，合理设计基带信号，选择合适的调制解调方式，应用先进的时域、频域均衡等技术，可以在一定程度上降低误码率，但要达到更低的误码率要求，就必须采用信道编码技术。通过强有力的差错信道编码技术来克服水声信号的强干扰性与强衰落性，才能在较低信噪比情况下实现水下信息的可靠性传输。在水声通信系统中，常用的差错控制编码有 Reed-Solomon（RS）码、卷积码、Turbo 码、低密度奇偶校验（low density parity check，LDPC）码等。在水声通信中，为提高通信系统性能，应采用基于迭代译码的纠错码，即 Turbo 码或者 LDPC 码，这对通信机信号处理平台研制提出一定的要求。

RS 码是一类有很强纠错能力的多进制 Bose-Chaudhuri-Hocquenghem（BCH）码，是差错控制领域中最重要，也是研究最多的码类之一，目前被广泛应用于深空通信、卫星通信、军事通信、移动通信和磁盘阵列等各种差错控制系统中。RS 码是伽罗瓦域 GF(q)（q=2m 且 m≠2）上的本原 BCH 码，特别适用于纠正突发错误，效率较高，但不具有实时性，需等信息位全部输入完后才能进行编码。美国 Aquatec Electronics Limited 公司的水下遥测和通信系统 AQ203 就选用 BCH 编码和 RS 编码作为差错控制编码。

卷积码是 1955 年由麻省理工学院的 Elias[5]提出的，它与分组码不同，不是把信息序列分组后再进行单独的编码，而是一个有限记忆系统。当对某一分组进行编码时，根据本时刻及以前的码组共同决定输出码字，最终由连续输入的信息序列得到连续输出的已编码序列。卷积码适用于连续的信息流，其码字间的相关性较好。1967 年，Viterbi[6]提出了最大似然译码算法，随着大规模集成电路的发展，Viterbi 算法已广泛应用于水声通信中，至今仍是主要的卷积码译码方法。Benthos 公司的水声通信设备即采用了 Viterbi 译码的卷积码方法。

Turbo 码是 1993 年由法国学者 Berrou 等[7]提出的。通过在编码器中引入随机交织器、分量码并行级联和采用接近最大似然译码的迭代译码方法，使其性能接近于香农信道编码的理论极限(简称香农限)，可在信噪比为 0.7dB 时达到 10^{-5} 的误码率，在编码理论上具有革命性的意义。Turbo 码的编码器由 2 个反馈的系统卷积码编码器通过一个交织器并行连接而成，编码后的校验位经过删余阵，从而产生不同码率的码字。正交频分复用(orthogonal frequency division multiplexing，OFDM)技术由于频带利用率高，具有良好的抗多径传播能力，信道均衡实现简单，为实现高速水声通信提供了一种可行的选择。但由于水声信道的极其恶劣性，采用信道编码来进一步提高水声通信系统的可靠性是十分必要的。采用 Turbo 码的 OFDM 水声通信系统抗干扰性能得到明显改善，较高信噪比时的误码率与未编码时相比下降了几个数量级，并且明显优于卷积码，明显提高了水声通信系统的传输速率和可靠性，在水声通信中具有良好的应用前景。由 van Walree 等[8]研制的水声通信系统使用扩频调制结合 Turbo 编码，在一定程度上取得了满意的效果。我国研制的“蛟龙”号载人潜水器中的水声通信机采用了 Turbo 码与网格编码调制相结合的方法[9]。

1962 年，Gallager[10]提出了 LDPC 码。LDPC 码是通过构造具有稀疏特性的校验矩阵来定义的一种线性分组码，校验矩阵是维数很大，但每行、每列非零元素个数非常少的稀疏矩阵；LDPC 码的译码算法主要是基于 Tanner 图的迭代译码算法——和积算法。由于 LDPC 码字很长，迭代译码算法受当时计算能力的限制，直到 Turbo 码问世以后，MacKay 等[11]才重新认识到 LDPC 码具有良好的距离特性、低的译码复杂度、可完全并行操作等优越性能。LDPC 码的重新发现是继 Turbo 码后在纠错编码领域的又一重大进展，被广泛认为是下一代通信网纠错码的最优方案。规则的 LDPC 码在短帧传输时优于卷积码，在中长帧传输时优于 Turbo 码，帧长为 107、码率等于 0.5 时，不规则的 LDPC 码离香农限只有 0.0045dB。由于 LDPC 码具有随机码特性，不需要额外加交织器，并且在译码端采用了并行迭代译码算法，因而其复杂度和延迟都要比 Turbo 码低。另外，对 LDPC 的编码可以通过构造准循环 LDPC 码降低复杂度，译码可以采用 FFT 等方法降低复杂度。这些综合特点使其具有其他纠错码无可比拟的性能，对提高信道编码纠错能力、进行可靠的水声数字通信具有重要意义。

最近几十年来，纠错编码理论与实践的发展主要沿两方面展开，即构造长的渐进好码及在可接受的译码复杂度范围内实现最大似然译码。1966 年，Forney[12]首先提出利用两个确定的短码来构造长码的串行级联码纠错编码方法，从而提高纠错性能，它是较好接近香农限的渐进好码，分别用两个确定的短码作为内码和外码来构成长码，内码和外码之间根据实际需要用交织器相连。通常内码采用卷积码，充分利用码字间的相关性，并采用 Viterbi 译码算法获得高编码增益；外码采用 RS 码，继续纠正内码未纠正的错误或内码译码产生的突发错误。串行级联码编译码简单、时延较小等特点使其在水声通信中具有良好的性能，并且串行结构的级联码总体纠错能力是内码与外码纠错能力之和。Turbo 码已经广泛用于无线和水声通信系统中，它具有反馈迭代的译码结构和对软信息的利用能力，因此具有极为优越的性能，也能够与其他技术相结合。同时，迭代技术不只用于译码本身，在接收处理中对解调、信道均衡、信道估计、信道纠错码进行联合迭代处理，即 Turbo 均衡技术，可以提高整个接收机的性能，同时对水声通信机处理能力要求更高。近十多年来，基于迭代译码的纠错码(如 LDPC 码、Turbo 码)在相干水声通信中已经有深入的研究和应用，取得了很好的纠错效果。

在水声通信系统中，根据水声信道特性，研究级联码以实现纠错性和计算复杂度之间的权衡，研究不同的内码与外码组合方案以及进一步对级联编码方案中的交织器进行优化设计，提高水声通信系统的整体纠错性能。例如，相关研究显示，将多进制 LDPC 码和 Hadamard 码进行级联，应用于 Rayleigh 独立衰落信道且信道幅度、相位未知的非相干水声通信，在实际应用中有明显的优势。

2. 相干水声通信

相干通信需要在接收端恢复原始载波相位信息，一般应用于信道不太恶劣的情况。相干通信信道利用率高，一般超过 1bps/Hz，即传输速率超过信道频率宽度。如果信道衰落严重，则采用多阵元接收的方式获得空间分集。

相干水声通信根据发射载波数目，可划分为单载波调制、OFDM[13]及介于二者之间的多子带传输。OFDM 的并行载波数一般在 100 以上，多子带传输的并行载波数一般为 4～8。

20 世纪 90 年代早期的相干水声通信接收机处理技术主要是基于自适应判决反馈均衡器，并且采用多接收阵元获得足够的空间增益。其自适应的特点可以跟踪水声信道的时变特性，但是自适应判决反馈均衡器本身在低信噪比和高调制阶数情况下的错误传播效应使其应用受到极大的限制。随着对数据可靠性要求的提高，引入了差错控制编码技术，增加了数据的冗余，但是随之而来的是降低了数据传输速率。为了获得更高的数据传输速率，需要增加符号速率和提高相干通信的调制阶数，这些又对水声通信信号处理中的均衡技术提出了考验。为了保证可靠的相干水声通信数据传输，将概率译码和均衡技术结合起来的 Turbo 均衡技术逐渐被运用到水声通信中[14]。利用 Turbo 码的译码原理，在接收端，均衡器与译码器联合处理，即一种迭代算法在对同一组接收到的数据进行重复的均衡和译码，这种处理就是 Turbo 均衡。图 8.2 给出了 Turbo 均衡相干水声通信系统结构图。在 Turbo 均衡接收机内部，软输入软输出(soft input soft output，SISO)均衡器与软输入软输出译码器联合处理，利用一种迭代算法对同一组接收所得数据进行重复的均衡译码。由于水声通信信道的时延扩展较长，而且为了获得空间分集增益，采用多接收阵元，无线通信中广泛使用的基于信道估计最小均方误差准则或者最大后验概率准则下的 SISO 均衡器的运算复杂度较高，为了跟踪水声信道的时变特性，需要频繁地使用矩阵求逆更新均衡器系数。较高的计算复杂度使得这两类 SISO 均衡器模型不具备在相干水声通信接收机上运用的实用性。2008 年，美国伊利诺伊大学香槟分校提出了一种不需要通过矩阵求逆的自适应更新均衡器系数的 SISO 均衡器模型，并将其运用在水声相干通信接收机中[15]。这种类型的 SISO 均衡器拥有类似于自适应判决反馈均衡器的简单结构，因此其计算复杂度较低，便于实现。

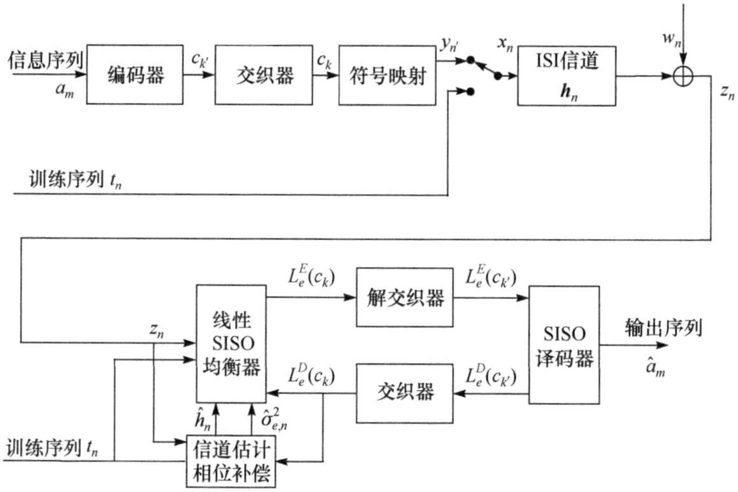

图 8.2 Turbo 均衡相干水声通信系统结构图

OFDM 采用多个正交的子载波进行传输，其优势在于频域均衡计算量小，利用加长符号周期可直接克服多径。图 8.3 为 OFDM 系统模型，输入端输入二进制数据，经过多进制调制后进行串并转换，在特定时间和频率的子载波上插入导频符号，进行 IFFT，将频域信号转换为时域信号。为避免多径带来的码间串扰（intersymbol interference，ISI），在 OFDM 符号前添加一定长度的循环前缀，之后经并串转换发送到多径信道。在接收端，接收到的信号经串并转换、去除循环前缀、FFT 之后利用导频进行信道估计，去掉信道影响，进行符号检测。最后，经过星座图逆映射、解交织、信道解码即可得到发射的二进制数据。接收端的最终目的是要恢复出发送端信号，只有通过准确的信道估计才能达到。基于导频符号的信道估计方法是先在发送端把已知的导频符号按一定的时间间隔插入 OFDM 符号一定位置中，经过信道传输后，数据符号和导频符号一起被接收端接收。接收端利用导频符号提取出导频位置的信道响应，再利用这些位置处的信道信息做内插，得到整个时段的信道信息。

时间反转（time reversal，TR；简称时反）通信技术是针对水声信道特点的接收处理方法，用于多阵元接收，降低接收机的复杂度。图 8.4 为被动时反处理过程示

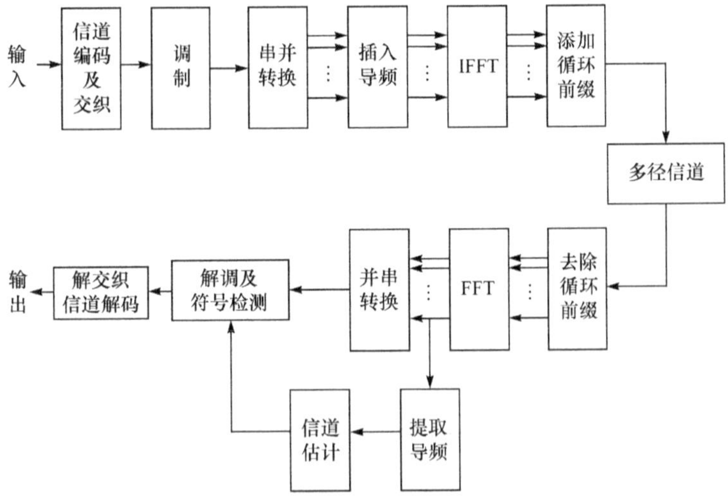

图 8.3　OFDM 系统模型

意图。未来的 TR 通信研究将基于时变信道模型开展。TR 处理是一种将海洋自身作为复本，对信道响应进行解卷积的技术，其概念和可行性在 20 世纪 90 年代的多次海上试验中得到充分验证。TR 技术在水声通信中具有明显优势，因为其无需知道信道准确的先验信息，具有环境自适应性。对于具有复杂多径的水声信道，通过时间压缩和空间聚焦，TR 处理能有效地减少码间串扰。近年来，无线通信中的多进多出（multiple input multiple output，MIMO）技术被应用到水声通信中，利用空间分集降低误码率，或者利用空时编码提高传输速率。在系统技术的执行上，MIMO 与 TR 构成自然的组合。

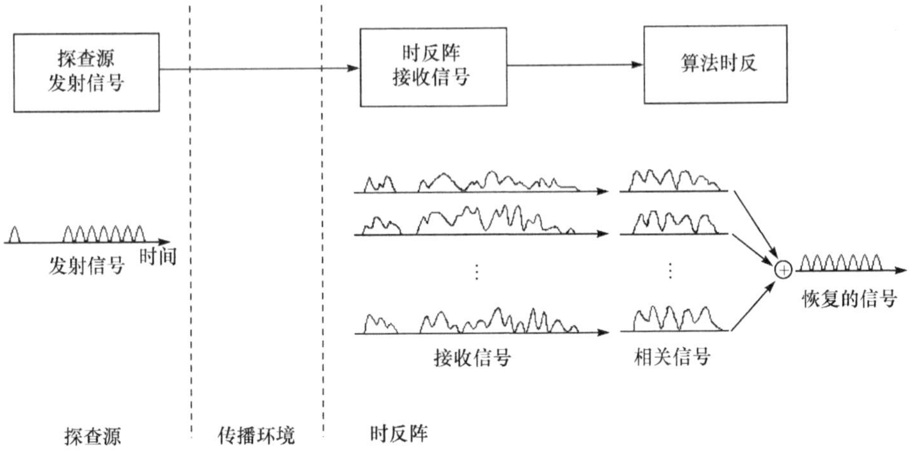

图 8.4　被动时反处理过程示意图

未来相干水声通信研究将针对水声信道特点，充分利用信道的空间特性、信道冲击响应稀疏特性、噪声突发特性，利用迭代技术，实现可靠的高阶调制通信，并降低计算复杂度，实现低信噪(混)比要求、低计算量、高传输速率的可靠水下通信。

3. 非相干水声通信

在非相干通信中，接收端不需要恢复原始载波相位信息。非相干通信可应用于信道较为恶劣的情况，一般采用单阵元接收即可。非相干通信信道利用率低，传输速率小于信道频率宽度，相对于相干通信每比特传输能耗大。在相干和非相干并存的通信系统中，大量数据传输一般优先采用相干通信，而一对多的命令传输、信道恶劣的情况采用非相干通信。

非相干通信体制的水声通信机已在美国货架产品中广泛应用，非相干通信避免了信道起伏和收发端时钟偏差导致的相位起伏漂移等问题，并可结合 OFDM 技术将信道划分成若干个相对平坦的子信道，以克服信道多径衰落的影响，采取时频分组的方式构造多频移键控(multifrequency-shift keying，MFSK)信号，当信道多径时延较短时，这种方式抗多径能力最佳，当信道多径时延较长时，结合 Hadamard 码，利用 Hadamard 码的正交性特点，对多径进行抑制。非相干通信常见方式为编码频域调制，在接收端进行匹配滤波、平方率检测、纠错译码即可，其算法简单、鲁棒性好。非相干通信技术相对成熟，国外商品化的水声通信机一直沿用非相干技术作为首要通信方式。在国家 863 计划水声通信网项目中，采用多进制卷积码、恒重码、开关键控(on-off keying，OOK)调制的方案作为信令、低速数据传输的方式，保证不同参加单位(中国科学院声学研究所、中船重工 715 所、哈尔滨工程大学)研制的水声通信机之间的互通。未来如果各单位硬件平台能够支持，将采用基于多进制 LDPC 码的非相干方案。

基于多进制 LDPC 码和 Hadamard 码级联码的非相干水声通信系统框图如图 8.5 所示。首先将要传输的信息进行多进制 LDPC 编码，之后进行 Hadamard 编码、OOK 调制。采用 IFFT，实现多个载波同时发送，降低各子载波的符号速率，结合保护间隔具有较好的克服信道多径的效果。在接收端利用 FFT 实现各载波的匹配之后，利用各载波处的模平方值，得到各 Hadamard 码字的概率取值，再经过多进制 LDPC 译码实现比特的正确接收。

扩展频谱通信中的跳频通信、直接序列扩频通信也属于非相干通信，与编码频域调制相比速率更低。扩频通信具有独特的处理增益，这种以带宽效率来换取功率效率的方式使得其能在低信噪比和恶劣的水文条件下进行稳健通信[16]。国内的扩频通信研究主要集中于低速率远程通信的应用方面，然而扩频通信并非低速率通信代名词。国外则更多研究高速水声扩频通信技术并已有了商用设备出售，由于扩频序列具备良好的正交性，解扩的过程就是将窄、宽带干扰和多径干扰成

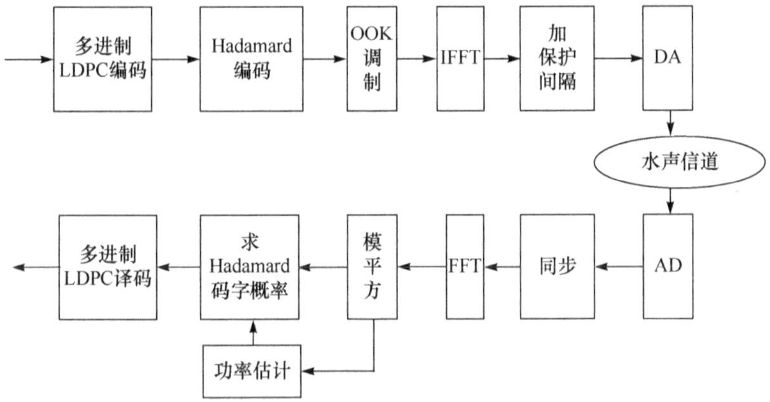

图 8.5　基于多进制 LDPC 码和 Hadamard 码级联码的非相干水声通信系统框图

倍衰减，因此这种方法在抗干扰方面具有明显优势。扩展频谱通信可以实现码分多址，在吞吐量高的网络中可实现多节点的快速接入，但同时带来了远近效应、码同步等技术问题。

4. 远程通信技术

远程水声通信一般是指水下的移动体与固定地点之间，或者移动体相互之间通过声波信道进行的远距离通信，通信距离一般在几十千米以上，最远可达数百甚至上千千米。远程水声通信是解决水下远距离无线信息传输问题的有效技术途径，它能够实现水下平台之间的广域信息交互，从而为人类远海乃至远洋水下活动提供信息支持。

远程水声通信以编码声信号为载体，以海洋声波导为途径，以声传播机理研究为基础，以现代通信技术为手段，与无线电通信相比，其有着更为复杂的传输媒介和特有的物理规律，同时体现着学科交叉的特点。目前，远程水声通信所面临的主要技术难题是远程传播导致的低信噪比以及大尺度水下声波导的复杂性和特殊性，而水下声波导传播机理研究的不断深入和现代通信技术手段的日新月异是推动远程水声通信不断进步的动力。总而言之，远程水声通信作为一项基础性的前沿战略技术，已成为水声通信研究的新热点。

远程水声通信按通信信号的调制解调方式可分为非相干通信、相干通信和扩频通信等。非相干水声通信技术主要是采用 MFSK 加编码的技术克服多径引起的干扰，其带宽利用率较低，一般属于中程水声通信技术，较少应用于远程水声通信。

20 世纪 90 年代初期，美国麻省理工学院提出了包括信号相位自适应补偿的自适应均衡技术[17]，将其应用于中程水声通信，针对具有时延和频移双扩散的水声信道，使单载波的水声相干通信技术取得了突破性的进展，其带宽利用率比非相干通信技术有了显著提高。近年来，将相干通信技术应用于深海远程水声通信成为国际上水声通信研究的新热点。美国 Scripps 海洋研究所和日本海洋研究开发机构等均开展了深海远程水声通信试验，例如，2010 年 9 月，Scripps 海洋研究所[18]在加利福尼亚南部深海海域利用深海信道，采用正交相移键控（quadrature phase shift keying，QPSK）调制方式，通信频段为 200～300Hz，数据传输速率为 50bit/s，采用 64 元水平拖曳阵接收，通信距离达到了 550km。相干通信技术应用于深海远程水声通信有利于提高通信速率和带宽利用率，但与扩频方式相比，相干通信要求的接收信噪比相对较高，且自身的抗多径性能较差，需要增加结构复杂、阶数众多的自适应均衡器。总的来说，相干深海远程水声通信目前尚处于试验研究阶段，离实用化还有一定的距离。

由于水声通信距离远、信号衰减严重，远程、超远程水声通信一般采用扩频通信。近年来，包括美国、俄罗斯、西班牙和英国在内的海军强国均对扩频水声通信进行了研究，挪威海洋研究所、新加坡国立大学等也开展了这方面的研究。扩频水声通信始于无线电隐蔽式数字通信，特点为：编码占用较宽的通信带宽；多路通信可同时复用同一频段，互不干扰；有较强的抗干扰能力，通信可靠性高，隐蔽性好；信号能量分布于宽带内，信号波形幅度小且呈噪声状，适于军事应用。由于其需要占用较宽的通信带宽，而远程水声通信系统通常工作在低频段，可用通信带宽有限，因此数据传输速率一般较低。美国海军于 2011 年 4 月在北冰洋军事演习中高调推出 DeepSiren 潜用通信系统，该系统代表了远程水声通信系统的国际先进水平，通信距离为 150nm（278km），数据传输速率为 15bit/s，英国海军高度评价其为“迈出转变未来潜艇作战方式最重要的一步”。

国内方面，20 世纪 90 年代以来，中国科学院声学研究所声场声信息国家重点实验室规划、开展了大量的相关研究工作，在海洋中远距离声传播、混沌通信理论、技术和试验研究等方面取得了突破性进展，提出了一种在水下采用混沌编码信号传递信息的通信新方法，称为混沌正交码分复用水声通信方法。从本质上讲，这是一种多元通信方法。在相同的码元速率条件下，多元通信系统的信息传输能力比二元通信系统更高，因此 MFSK、多进制相移键控（multiple phase shift keying，MPSK）等技术常用于提高数据传输速率。在采用码分复用技术时，需要建立一个由大量正交伪随机码组成的编码集合，常用的伪随机码数量有限，不利于提高数据传输速率。要建立相对高速的远程水声通信系统，必须研究其他正交编码构造及通信新方法。

中国科学院声学研究所首先提出了一种基于混沌调制原理的扩频编码信号构造新方法，即混沌调频（chaotic frequency modulation，CFM）。混沌序列的类随机特性非常适合于通信中的伪随机调制；更重要的是，由于混沌系统对初始值的敏感依赖性，初始值稍有不同，经过多次迭代之后就能产生不相关的序列，因此混沌映射可以提供大量的正交混沌序列。由于混沌序列不是二元序列，数字扩频通信系统通常要求将混沌序列量化成二元序列后使用，但量化过程部分丧失了原混沌序列的良好相关性能。CFM 方法无须二元化操作，而是采用混沌序列直接调制瞬时频率构造扩频编码，该编码构造方法具有一系列有利于扩频通信的优良特性。

在 CFM 信号的基础上，中国科学院声学研究所提出了一种混沌正交码分复用通信新方法。该方法首先基于 CFM 方法构造出大量正交的扩频编码信号，建立编码集合；在此基础上，根据特定的信息映射关系将需要发送的信息映射到编码集合，集合中每一个 CFM 信号都能携带多个比特的信息，从集合中选取一定数量的 CFM 信号，并行叠加在一起携带信息、同步发出，显然，与常规的直扩系统相比，该方法能大幅度提高数据传输速率，且具有如下的显著技术优点，非常适合用于远程水声通信系统中。

（1）“远”：通信距离远。工作在低频段，通过混沌调制提高频谱利用率，从而具备远程通信能力。

（2）“准”：误码率低。利用混沌扩频信号自身优良的抗多径能力，并采用高效的信道编码和均衡技术，有效提高了通信的可靠性和系统的可通率。

（3）“隐”：隐蔽性、保密性好。混沌扩频信号频带展宽，功率谱级低，隐蔽性好。并且，从有限长度的混沌编码信号无法推导出系统的初始条件和参数，从根本上保证了通信的抗截获性和保密性。

（4）“速”：采用具有自主知识产权的混沌正交码分复用通信体制，在保证远距离通信的前提下，仍具有较高的数据传输速率。

上述远程水声通信技术和系统在海洋研究开发和国防建设方面用途广泛。在海洋研究开发方面，可应用于水下自主机器人等各类水下工作平台的远程控制、信息传递和导航定位；还可以用于构建大尺度的海洋观测网，将海洋中温度、盐度、深度、流速等环境数据由观测节点传回信息中心，并实现各观测节点的协同工作和信息交互。在国防建设方面，现代高技术战争的核心是信息战，远程水声通信是构成水下网络中心战的关键技术，是实现对水下作战平台远程信息传输、导航定位、指挥控制以及敌我识别的重要技术基础，对提高水下作战平台的信息化作战水平具有重大意义。

8.2.2 水声通信节点技术

水声通信节点技术涉及换能器技术、低功耗硬件处理平台、水密结构等。低功耗硬件处理平台技术是制约节点工作时间、可靠性、处理性能的关键。另外，国外水声通信机还扩展了 USBL、长基线（long base-line，LBL）、声学释放器、声信号存储等功能，使用更加方便。水声通信节点的通信性能、工作可靠性、长期工作能力是水声通信能否实际应用的关键。

1. 国外水声通信机产品

国际上，有多家厂商或科研机构生产或研制适用于 AUV 的水声通信机[19]。其中，比较有影响力的有 Benthos 公司的 ATM 通信机和伍兹霍尔海洋研究所（Woods Hole Oceanographic Institution, WHOI）的 Micromodem。Benthos 公司的 ATM-903 系列通信机专用于安装 AUV，与船端水声通信机 UDB-9400 配套使用。ATM-903 可根据需要，选择合适的工作频段及换能器指向性，表 8.2 为 ATM-903 系列的主要指标，实物图如图 8.6 所示，包括换能器、供电缆、串行电缆，可适用于自主式水下无人航行器，安装在设备外壳上。高低频段换能器尺寸和质量可以更小，但通信距离会变短。全向指向性的换能器可用于浅海近似水平的通信，窄的波束指向性适用于深海近似垂直的通信。ATM-903 具有两种通信体制：MFSK 为非相干通信，速率较低，鲁棒性好；MPSK 为相干通信，速率高，对水声信道有一定要求，一般在垂直通信应用时具有直达路径，通信效果较好，而水平远距离通信时效果变差。

WHOI 研制的 Micromodem 可较为方便地进行二次开发[20]，同样包含 FSK 和 PSK 两种通信体制，数据传输速率为 80～5400bit/s。FSK 带宽为 4kHz，数据传输速率为 80bit/s；PSK 带宽为 5kHz，数据传输速率可调。在浅海通信情况下，提供 4 个通道的分集接收，更好地抑制浅海信道的多径影响。Micromodem 实物图如图 8.7 所示。

表 8.2　Benthos 公司 ATM-903 系列的主要指标

尺寸	换能器：ϕ14.0cm×10.1cm 电路板：14.33cm×4.67cm×7.06cm
质量	换能器：不大于 2.27kg 电路板：0.56kg
电源	12～37VDC（外部供电）
工作频率	低频：9～14kHz 中频：16～21kHz C 频段：22～27kHz
换能器	低频全向（180°波束） 中频全向（180°波束） C 频段全向（180°波束） 低频有指向性（30°波束） 中频有指向性（30°波束）
数据传输速率	140～15360bit/s
信号处理	MFSK：重复码，1/2 码率卷积码，保护间隔 MPSK：参数可调
通信距离	2～6km

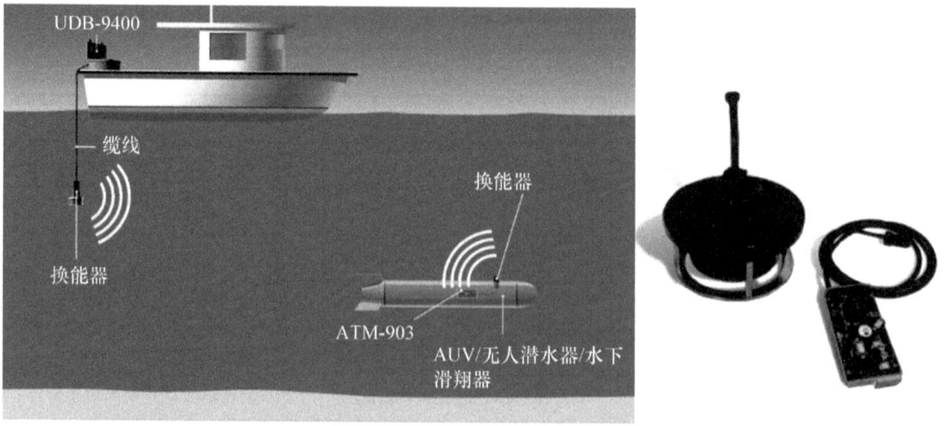

图 8.6 Benthos 公司生产的专用于 AUV 的 ATM-903 水声通信机

图 8.7 WHOI 研制的 Micromodem 实物图

2. 国内水声通信机产品

中国科学院声学研究所海洋声学技术中心研制的 ACN 系列水声通信机可提供可靠的水下点对点数据通信，并具有稳定的组网通信功能、水下声学数据采集功能、水声电话和水下定位功能，其主要技术指标如表 8.3 所示。

作为一种高速和可靠的水下通信设备，ACN 系列水声通信机已经在以下方面取得应用：水声通信网络、海底观测网络、载人潜水器及其他 AUV 的数据传输、ADCP 等海洋环境监测设备的数据传输和水下声学数据采集。

表 8.3 中国科学院声学研究所海洋声学技术中心 ACN 系列水声通信机的主要指标

项目	技术指标参数
工作频率	(8kHz/10kHz)±2.5kHz
最大通信距离	深海条件下≥6km
接收通道	4 通道可选
发射通道	4 通道可选
通信制式	MFSK/MPSK/FH-SS/SSB
信道数据传输速率峰值(比特率)	405bit/s、4000bit/s、16bit/s 实时语音
数据传输正确性	强纠错性能，正常情况下单次无差错传输成功率 90%以上
内部固态存储器	TF 卡，标配 16GB，可扩展
串行口接口	RS232，比特率 9600bit/s(可调)
网络接口	RJ-45
同步	异步工作，但保留同步脉冲和软件协议同步接口
最大工作水深	6000m(通过 70MPa 耐压试验)
供电电源	24VDC/48VDC 可选
休眠功耗	0.43mW
监听功耗	6mW
接收功耗	1.5W(4 通道 AD 采集接收)
发射功耗	2～60W 可调
换能器指向性	垂直/水平/半球形
外壳材料	钛合金
结构形式	换能器安装一体式/分体式

图 8.8 给出了 ACN 系统的基本组成部分，即水声通信机、甲板单元、换能器。以上几部分组合，可构成多种应用类型，目前有基本型、自容型、水下无人航行器型和甲板单元四种类型，均具备组网通信功能。

基本型水声通信机电源需外部提供，可选配电池舱。基本型应用参数调配方便，适用范围广，可用于通信网、观测网等网络应用和水下环境监测数据的回传。具有超低功耗休眠和监听唤醒等功能，休眠状态不影响 RS232 数据接收，监听状态下可检测声学唤醒信号，可大幅减少水声通信机接收状态的持续时间和耗电量。

自容型水声通信机应用范围与基本型大致相同。通信机内装有 48V、7.8AH 锂电池组，可供水声通信机持续 MFSK 解调运算不小于 260h，配合水声通信机低功耗休眠以及监听唤醒功能，此时间将数倍延长。

水下无人航行器型水声通信机实现载人潜水器、AUV 和其他水下无人航行器与母船或基站的实时通信。根据水下无人航行器尺寸和工作模式不同，水声通信机可灵活调整安装和工作方式。

水声通信机甲板单元放置在船上，它可以用于全部 ACN 系列水声通信机的控制和数据接收。通过甲板单元，能够得到水下布放的水声通信机和其他安装有水声通信机的水下无人航行器和海洋观测设备的具体工作状态。甲板单元内装有 24V、20Ah 可充电锂电池组，可供甲板单元连续工作 30h 以上。

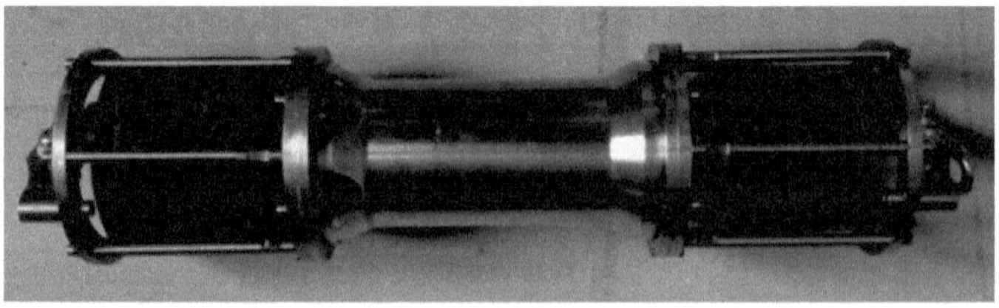

(a) 水声通信机

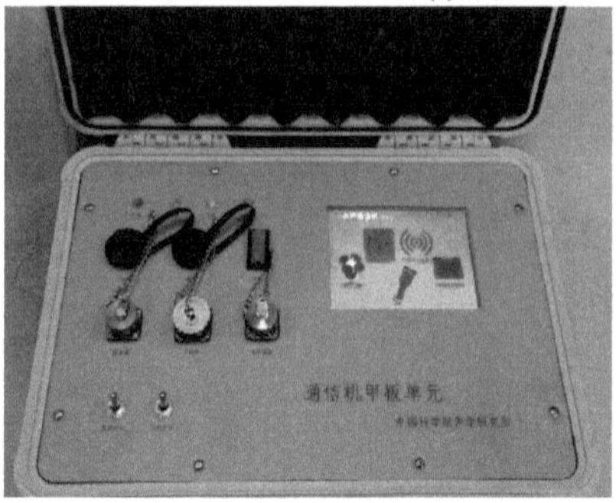

(b) 甲板单元

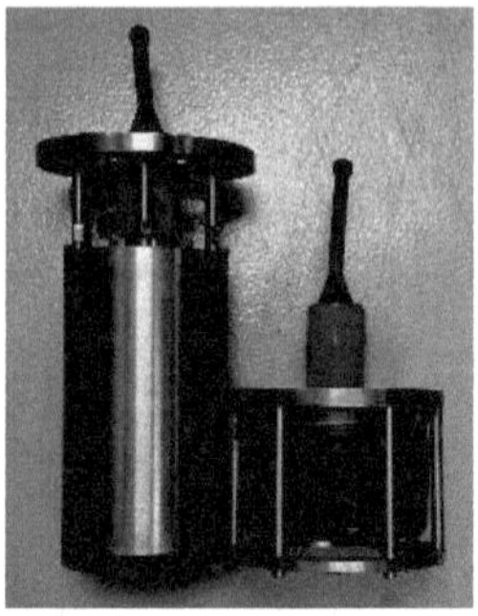

(c) 换能器

图 8.8　水声通信机、甲板单元及换能器

8.2.3　水声通信网技术

水声通信网技术是利用水声通信技术把水下的固定或移动观测站点联系起来，使各站点的数据或者是能够实时传送到岸站，实现实时观测；或者是站点间进行数据沟通，实现协同观测、作业。随着海洋科学和海洋开发的发展，水声通信网络近些年成为研究的前沿方向和热点。

1. 水声通信网技术研究内容

水声通信网络协议在物理层之上，解决多个节点之间数据传输的问题，主要研究内容包括媒体访问控制(media access control, MAC)协议、路由协议、同步和定位技术等。

1)MAC 协议

MAC协议的作用是协调多个水声通信节点如何有效地分享水声通信信道资源。用于水声通信网络中的 MAC 一般可分为随机接入的 Aloha 协议、握手方式的 MACAW 协议、载波侦听冲突检测的 CSMA/CS 协议三类。CSMA/CS 协议需要专门的侦听硬件和算法支持，一般用于吞吐量较大的组网中，在海洋环境监测组网中不常用。因此，对于海洋环境监测水声通信组网，如果数据较短，采用 Aloha 协议，发射端直接使用信道发送数据，收到正确应答即完成一次传输过程，避免握手带来的开销；如果数据较长，采用 MACAW 协议，在数据发射之前发送端利用握手信号占据信道使用权，保证传输不被其他节点干扰。

2)路由协议

路由协议的作用是规划路径，实现数据经过多个通信节点的中继转发最终到达指定的目的节点，包括网络表(全局或局部)的建立、更新维护、路径的优选等。路由协议需根据网络的拓扑结构、数据产生的时间周期、数据流的方向、节点布放的灵活性来综合考虑。另外，水声信道的时变特点可能导致链路的短时中断，各节点的电量需要均衡使用，因而要求水声通信网络具有对路由表进行优化的能力。

对于海洋环境监测，网络拓扑一般是中心式拓扑结合多跳转发的结构，数据传输一般在中心网关[21]和观测节点之间发生，不要求任意两个观测节点之间相互访问数据。一般数据时间产生为固定时间周期，中心网关向观测节点下发命令，观测数据经观测潜标定时回传至中心网关。大部分观测节点为固定布放，允许移动节点接入。

移动节点参与组网过程对网络路由协议有更高的要求，路由的建立过程、维护需要自动、快速完成，一般不能依赖人工参与。移动节点在入水后，或者想要与网络取得连接时就周期性地对外广播短的帧信号。节点接收到该帧信号后等待一定的时间发送回复信号，回复信号中包含等待时间的值。如果移动节点定期没有收到回复信号，则认为周围没有可用的网络，等待一段时间后再次发送帧信号；如果移动节点接收到回复信号，则可以从回复信号中的信息了解到周围有哪些固定节点以及与这些节点的距离。移动节点发现网络后就向其中某个邻节点“主动”索取网络的拓扑信息，收到请求的固定节点将本地保存较为完整的拓扑信息传给移动节点，移动节点获得拓扑信息后则将自身“邻节点表”信息传给网络。由于在“区域性海洋观测网”的应用中，移动节点一般只与网关通信，因此这里只将“邻节点表”传给网关。网关节点获得移动节点的“邻节点表”即标志着移动节点接入网络成功，之后就开始数据传输过程，传输过程与固定节点类似。移动节点拥有全网的拓扑信息，可以通过邻节点向网络任意节点发送数据，在这里仅传给网关。数据一旦发送给固定节点，则由固定节点负责将数据传给网关。移动节点在选择邻节点时要综合考虑节点距离、能量、信道质量等因素。同时网关节点在获得移动节点的“邻节点表”时就拥有了通向移动节点的路由，网关节点随后可以将命令通过固定网络传输给移动节点。

3）同步和定位技术

声学定位技术经过一个多世纪的发展已逐渐成熟，声波在水中的传播规律、声辐射、反射、水声信号的处理等都已基本形成了成熟的理论。水声定位系统利用沿不同距离路径传播的水下声脉冲间的时间差或相位差对水面、水中目标进行定位。水下声学定位系统按照定位基线长度有如下分类：LBL 定位系统、短基线（short base-line, SBL）定位系统、USBL 定位系统、组合定位系统（L/USBL、L/SBL、S/USBL、L/S/USBL 等），以及最新的由 LBL 定位系统发展出的移动长基线（moving long base-line, MLBL）定位系统。

LBL 定位系统在海底较远距离按照一定的几何形状放置应答器阵，相邻的三个或者四个应答器构成一个基阵。布设基阵后先要确定基元的位置，由母船上的应答器发射询问脉冲，多次变换母船位置后，利用声学原理解算迭代方程得到基元的相对位置坐标。基元的相对位置坐标确定后，可以利用解析解法得出目标的位置。通过测量应答器发射询问信号到接收到应答信号的时间延时，可以得到目标到各个应答器间的斜距，从而建立球面或双曲面等方程组，计算目标位置。LBL 定位系统跟踪范围达数百平方千米，精度高，可靠性好。

SBL 定位系统基线长度较短，相对位置固定，它的水听器基阵由四个成直角坐标配置的水听器组成，工作原理与 LBL 定位系统相同。与 LBL 定位系统相比，SBL 定位系统跟踪范围较小，但是可以通过增加基阵的数目来扩大跟踪范围。SBL 定位系统是目前鱼雷[22]靶场使用的一种三维跟踪系统。USBL 定位系统是由 SBL 定位系统中用相位方法测量目标的系统发展而来的，它的基线长度小于半波长，可以精确地安装成一个平面测量阵。工作方式如下，母船的应答器发射询问信号，根据目标的应答时间测出水下目标的距离，同时利用到达各个阵元的应答信号相位差测出目标的方位，从而获得目标的位置。

USBL 定位系统的设备更为简单，在其适用的场合具有很好的灵活性。主要缺点是其定位精度较低，目前国际上此类的定位精度在千分之二左右，国内的定位精度在千分之三左右。要进一步提高其精度，必须进一步研究精度高的接收阵并较大幅度地增加系统的输入信噪比等技术。

MLBL 定位系统通过改进传统的 LBL 定位系统，利用无人水面舰船（unmanned surface vessel, USV）、AUV 或浮标充当 MLBL 定位基阵，通过 GPS 或其他方式实时获得定位基阵的自身位置，然后通过基阵之间的探测和定位方程解算，确定航行器的位置坐标[9]。MLBL 定位系统的实现可以解决传统 LBL 定位系统在深水使用时位置数据更新率低，布放、校准和回收作业过程冗繁，以及仅能提供固定区域的导航定位服务等问题。装有应答器的 USV/AUV 可以随定位目标移动，既无需实现铺设基元，又可以实现大范围远程定位。

LBL 定位系统在节点距离较大时可以很好地满足要求，但当节点距离近时，其精度较低。与 LBL 定位系统相比，SBL 定位系统不仅利用了距离信息，还利用角度信息，因此可以在较短的距离内提供精确的定位。而 USBL 定位系统则主要依靠角度，可以提供更加精确的定位。移动节点一般本身会安装“避障声呐”设备，因此不需要在短距离内提供较为精确的定位，而角度的测量又导致硬件成本的增加。定位过程主要采用声学 LBL 定位系统，通过水下声学测距的方法可以测量移动节点距离网络中固定节点的距离。声学测距是根据声信号在两个节点间的往返时间差来计算距离的过程，信号在两点间传输的时间只有几秒，在此期间移动节点移动的距离相对于节点间距来说可以忽略不计。因此，可直接根据往返时间和数据包的发送时间得到距离。

利用定位过程获得的距离信息，结合单向的传播延迟，可以进行网络的定时同步功能。

2. 国外水声通信网技术发展

美国进行了一系列的 Seaweb 试验，目的在于推动水下通信节点和组网技术的发展，是国际上做得比较成功、公开文献介绍比较全面的水声通信网试验，代表了国际上水声通信试验网络技术水平[23-25]。

Seaweb'98 采用 MFSK 调制技术、频分多址（frequency division multiple access，FDMA）方式、二叉树形式的拓扑结构和静态路由，验证了存储转发、自动重传、简单的路由等网络概念，同时也验证了军用可布放的自主分布系统（deployable autonomous distributed system, DADS）概念的可行性。在 Seaweb'98 的基础上，Seaweb'99 增加了节点和网关，增加了运行在网关上的 Seaweb 服务器，由 Seaweb 服务器管理整个网络、配置 Seaweb 的网关和节点成员，监测和记录网络状态，实现网络配置和网络动态控制。Seaweb'98 和 Seaweb'99 暴露了 FDMA 方式的不足，推动了通信节点硬件的改进。Seaweb'2000 采用混合码分多址（code division multiple access, CDMA）/时分多址（time division multiple access, TDMA）的复用方式设计与实现一个紧凑的结构化网络协议，新增加了协议的控制功能，通过使用握手方式来避免网络通信中的数据冲突。Seaweb'2001 用潜艇作为移动节点，Seaweb'2003～Seaweb'2005 用 1～3 个水下无人航行器[26]作为移动节点，与多个固定在水下的节点协同工作（其中 Seaweb'2004 布设了约 40 个节点），试验了分布式拓扑结构和动态路由协议，如图 8.9 所示。Seaweb'2005 还开展了利用固定的水下节点为 UUV 提供导航功能的试验。

Seaweb 的成功带动了美国的多种 Seaweb 应用计划[27]。依据 Seaweb 的概念，军事应用上可构建 DADS，使得水下的军事任务能以跨系统、跨平台、跨国家的

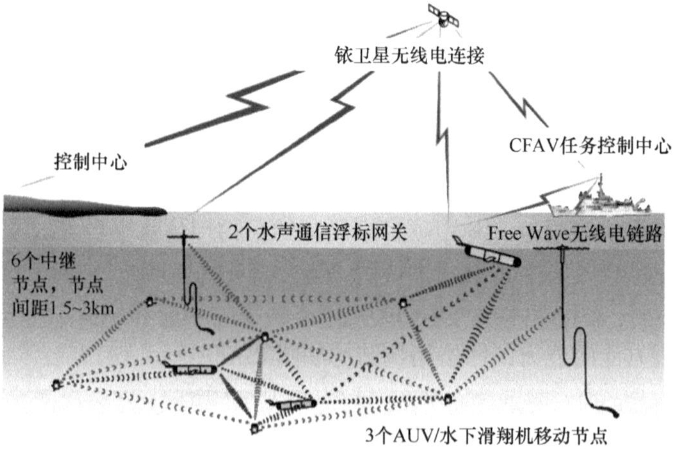

图 8.9　2003 年由 3 个 AUV 参与的美国 Seaweb 组网试验

协作方式进行；还推动了舰队作战实验(FBE-I)、浅海反潜战 ASW(Hydra 项目)、水下通信(Sublink 项目)及 UUV 的命令与控制(SLOCOM 和 EMAIT 项目)等计划，用于沿海广大区域的警戒、反潜战和反水雷系统，实施命令、控制、通信和导航功能。对于非军事方面的应用，构建了 FRONT 监测网，FRONT1～FRONT4 系列实验在 1999～2002 年进行。FRONT1～FRONT3 侧重于研究通过使用握手及自动重传请求(automatic repeat requests，ARQ)来获取可靠的数据传输协议，同时促使了 Seaweb 服务器的产生与发展。FRONT4 包含了使用收集的网络数据来分析网络性能的功能，在用户层应用方面引入了基于 MySQL 数据库构建的图形用户使用界面。

此外，美国还进行了其他有关水声通信网试验，以发展较为复杂的网络通信协议。例如，基于受控洪泛的小型网络和自动水下系统网络，将早期 Seaweb 的静态路由发展到了动态路由，分别适用于短时、非频繁通信和长时、频繁通信。

在水声传感器网络研究方面，美国开展了 PLUSNet、SNUSE、UW-ASN、AMOUR 和 SPAWAR DSSN 等研究计划，目前大部分工作还处在试验研究阶段。

欧盟支持的海岸水声通信监测网(the acoustic communication network for monitoring of environment in coastal areas，ACMEnet)项目是一个以长期、实时进行沿海环境观测为目的构建的水下声通信网络，分别于 2002 年 9 月和 2003 年 9 月进行了两次实际的海试。ACMEnet 采用基于 MFSK/TDMA 的主从式网络协议，主节点可调整网络的调制方式和声源级，可用轮询或定时方式直接或经过中继获得从节点的数据，中继通信采用静态路由，进行了 CDMA 通信试验，但非实时处理。

美国麻省理工学院计算机科学与人工智能实验室构建了移动节点与固定节点相结合的水下传感网络，移动节点负责定位固定节点，并采用近距离光通信的方式与固定节点通信来传达命令和回收数据。美国南加利福尼亚大学进行了水下移动传感网络在水声通信网络、各节点时间同步与定位和网络通信协议等问题上的研究，对水下声通信调制解调技术进行了研究。

3. 国内水声通信网技术发展

863 计划海洋技术“水声通信网络节点及组网关键技术”重点项目开展了面向不同应用的水声通信网络协议仿真研究，并主要针对海洋调查应用制定完成了一套水声通信网络协议规范，利用项目组研制的半物理仿真平台完成了实验室测试后，在海南近海开展了持续 45 天的海上试验，实现了对海区水温、压力和流场的连续、实时观测，验证了水声通信节点、网络协议的功能和性能，展示了水声通信网在组网观测方面的能力，网络拓扑结构如图 8.10 所示。

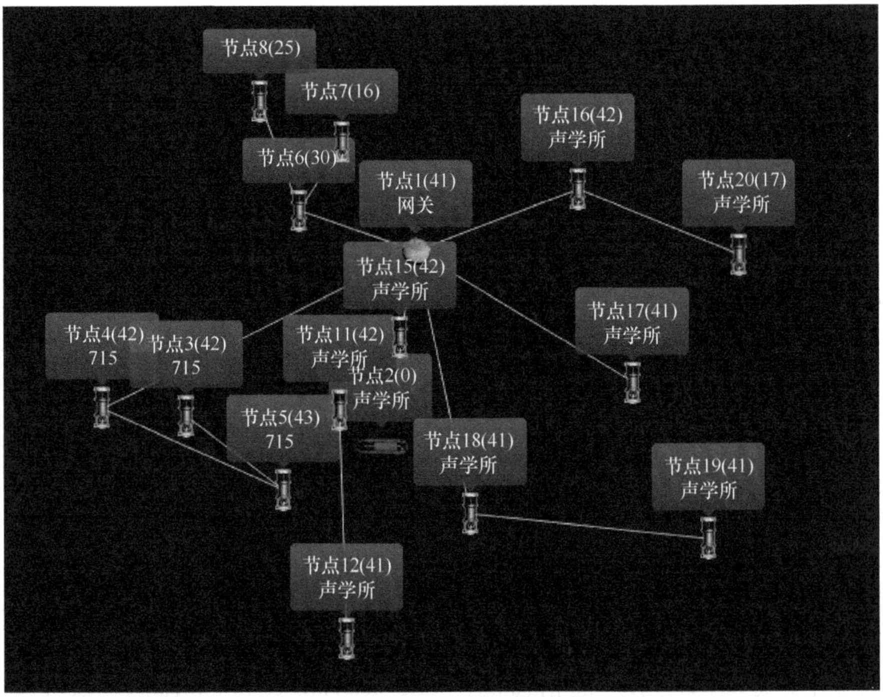

图 8.10　水声通信海上试验网络拓扑结构(连线表示通信链路；括号中数据表示已传输数据包的个数)(见书后彩图)

从 2014 年 5 月 28 日开始水声通信网运行试验，6 月 18～20 日、7 月 2～3 日因为网关设备故障网络暂停运行，至 7 月 16 日网络停止运行，共运行了约 45 天。

组网试验期间，各节点每 25min 定时回传一组温度深度(temperature and depth，TD)传感器观测数据，声学所节点还同时回传通信节点状态数据。图 8.11 为通信网各节点观测的海域温度数据，图 8.12 为通信网各节点观测的节点深度数据，其中深度的日变化是潮汐造成的海面高度变化和潮流造成的潜标自身深度变化这两方面因素的总和，6 月 11～15 日海水温度特征有明显变化。

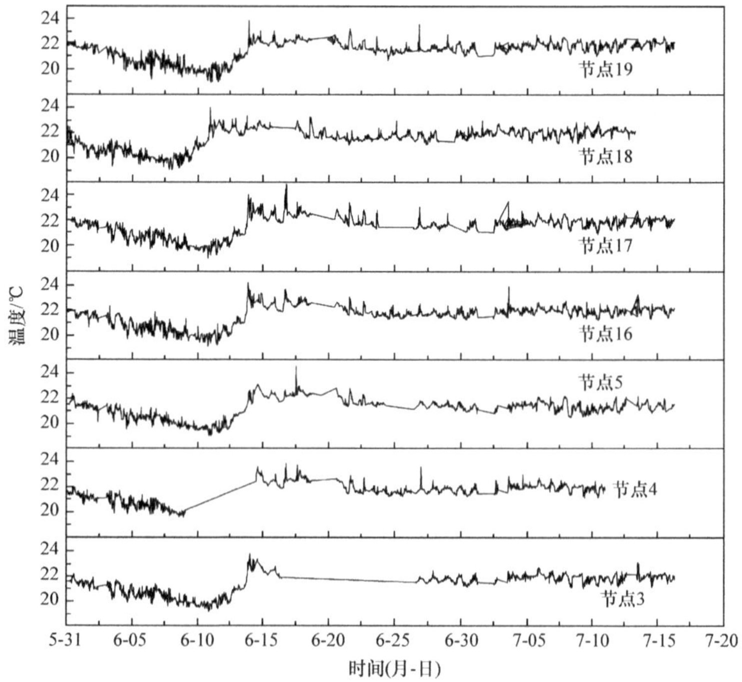

图 8.11　通信网各节点观测的海域温度数据

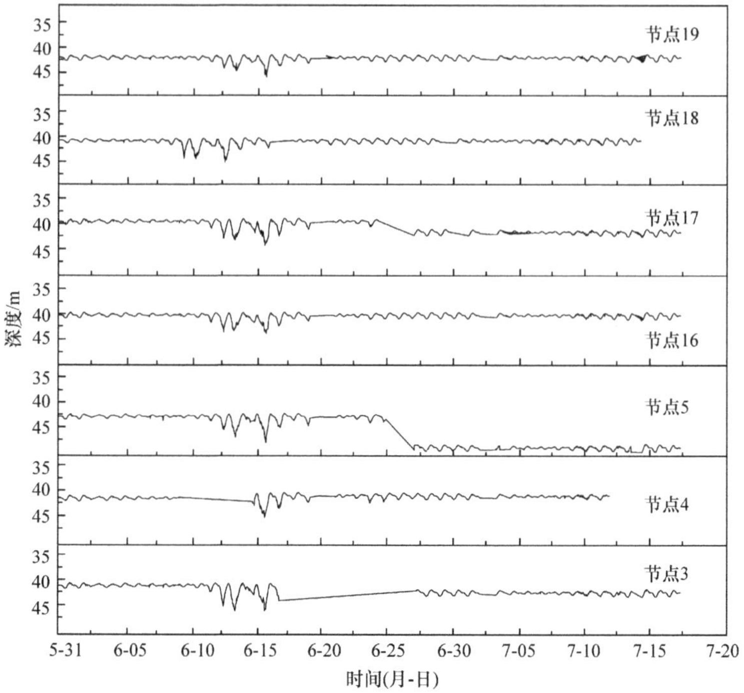

图 8.12　通信网各节点观测的节点深度数据

网络中节点 20 安装了一套中国科学院声学研究所研制的 ADCP，坐底向上观测，层厚为 4m，扣除发射盲区和水面盲区，有效观测层数为 9～10 层，每 1h 回传一组海流剖面数据。图 8.13 和图 8.14 分别是试验期间观测的海流剖面数据中的东西向和南北向流速。这些观测数据表明通信网具备了对海域温度、压力、海流流速等参数的实时、网络化观测能力。

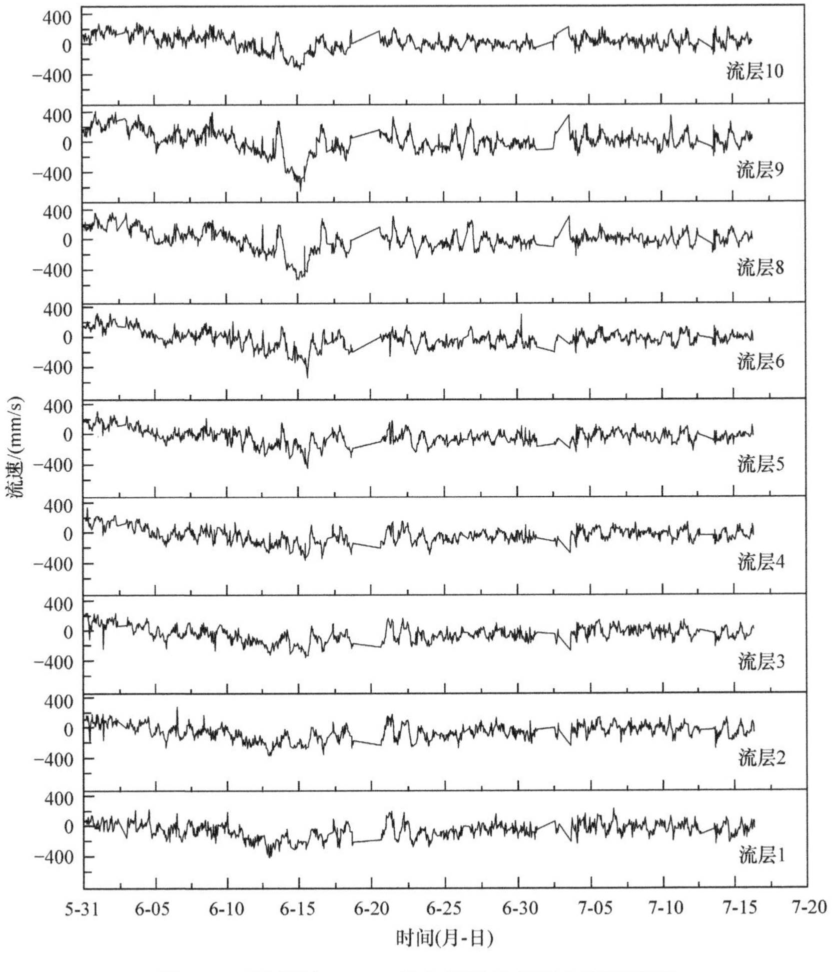

图 8.13 通信网 ADCP 节点观测的东西向海流流速

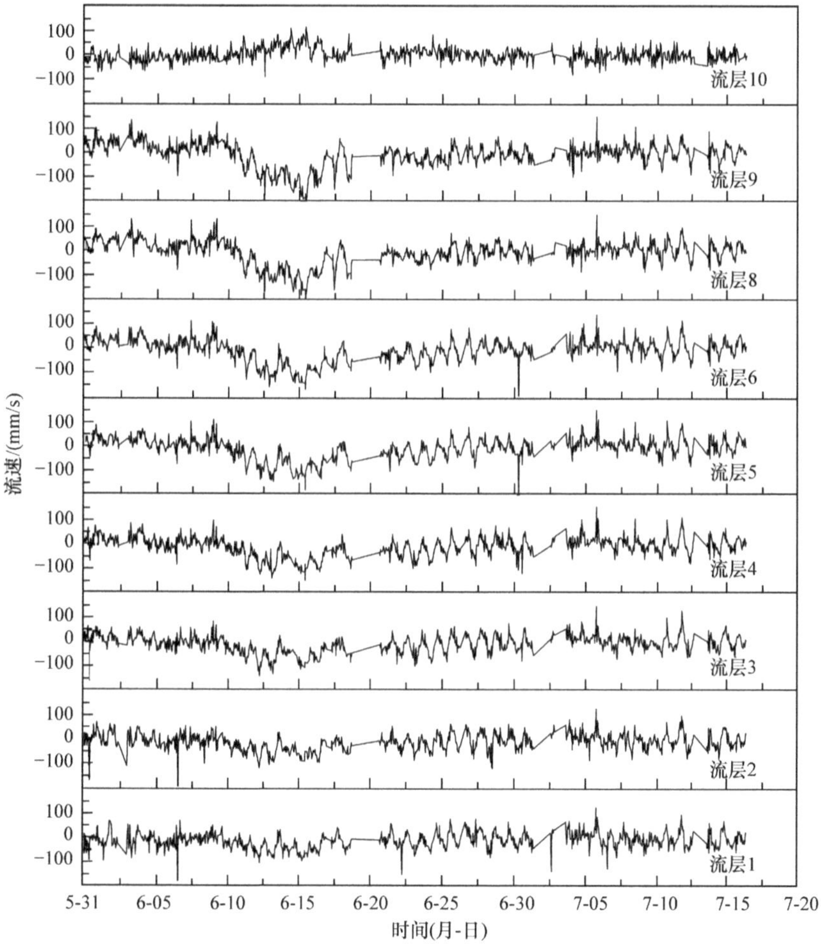

图 8.14 通信网 ADCP 节点观测的南北向海流流速

8.3 应用实例

水下无人航行器包括 AUV[28]、ROV、水下滑翔机和水下集矿机等。其中，AUV 与水声通信与组网技术的结合最紧密[29,30]；在 ROV 和水下集矿机中以有线通信为主，水声通信机仅作为应急备用通信手段；在水下滑翔机中受功耗限制，水声通信机的应用较少。因此，下面主要介绍水声通信与组网技术在 AUV 中的应用。

AUV 作为水下移动平台，通过装载不同模块来执行不同的任务。可与已布放好的水下监测网络建立动态链接，进行信息的获取和发送。即按照指令进入水下监测网络布放的相关区域，与该网络建立链接后，通过水声通信方式，接收该网络检测的数据信息，而后携带相关信息返回主基地；或者将 AUV 通过自身携带的模块测量的海洋数据通过水声通信方式发送给监测网络的各个节点，以便该网络能够更好地完成水下监测任务。水下移动监控网络的结构特点使其具有广泛的应用空间，主要体现在以下几个方面：

(1) 环境监测。通过在河流、浅海、湖泊中布置传感器网络，可以完成水域三维环境重构，实时水质监测等任务；通过对洋流和风向数据的监测，可以对天气预报提供有效的参考数据；通过监测海洋气候的变化，可以了解并预测渔业对海洋生态系统的影响。

(2) 灾害预测。监测水下地震活动的传感器网络可以向海岸区域提供海啸预警信号，或研究海底地震活动规律。

(3) 辅助导航。水下移动传感器网络也可以用来识别海床的障碍物、定位浅海的岩石、漂浮物的位置、失事船只位置等。

(4) 海洋资源探测。装备了水声和光传感器的多 AUV 联合形成水下移动传感器网络，能够实现快速的水下油气或煤炭资源勘探。

(5) 侦察预警。在关键航道和港口等附近布置传感器网络，以监测外部变化，对可能的危险或威胁发出预警。

(6) 水声通信及组网技术可用于保障母船与水下 AUV 的实时信息交互，完成 AUV 与水下多个固定节点的定位及数据搬移，实现多个 AUV 水下编队自主作业[31-33]。未来 AUV 的作业任务及工作环境将更加复杂，参与作业的 AUV 种类和数量增加，水下工作时间更长，水声通信及组网技术是提升系统实时交互能力、协调作业的关键。

8.3.1 海洋立体监测网络

水下传感器网络能够为促进海洋环境管理、资源保护、灾害监测、海洋工程、海上生产作业和海洋军事等活动提供更好的技术设备和信息平台，因此得到了世界各国政府部门、工业界、学术界的极大关注。水下传感器网络部署在极其复杂可变的水下环境中，主要利用水声进行通信。传统的水下节点可以在海床上固定部署；而将水下节点搭载在 AUV 等水下移动设备上成为水下移动节点，可以扩大监测区域。

海洋立体监测网络由水面无线传感器网络和水下传感器网络两部分组成，二者结合为一个统一的网络，如图 8.15 所示。水面无线传感器网络利用无线电进行通信，具有传输速度快、可靠性高、耗能低、可与 GPS/北斗精确定位、直接与卫星通信等优点。水下传感器网络由固定节点和移动节点组成。固定节点可由带有气囊的水下节点锚定在海底，形成固定的监测网络；移动节点搭载在 AUV 上，多个 AUV 可构成移动三维监测网络[34-36]，或与固定节点形成三维混合监测网络。这样，扩展了整个监测网络的范围，各个 AUV 根据需要，可以安装不同模块，可以对大片海域内的波高、潮汐、水温、光照、水质污染、温度、盐度、海水透明度、海流流速等数据进行三维监测，并且负责与水下网络、陆基基站的信息传输等。

图 8.15　海洋立体监测网络

在移动节点与水下网络通信时，信息可双向传递：AUV 可以将周边海域的信息或者基地的命令通过水声通信方式传递给水下传感器网络；水下网络可以将采集的信息发送给 AUV。在这种情况下，AUV 起信使作用。图 8.16 为水下移动传感器网络信息传递示意图。

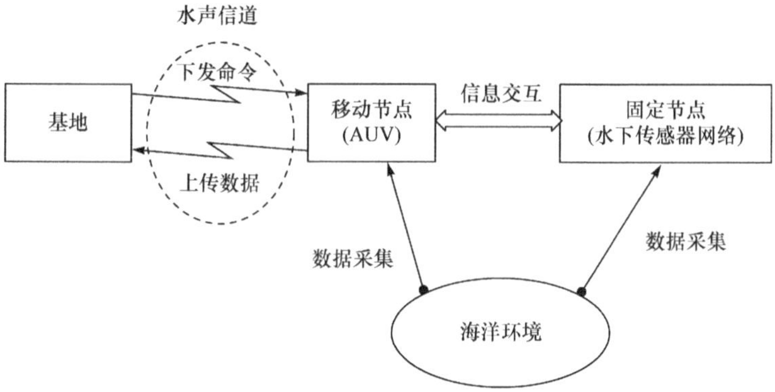

图 8.16　水下移动传感器网络信息传递示意图

8.3.2　水下定位

AUV 在水下一般采用罗盘+声学测速的组合导航技术，其导航误差会随时间积累，可以利用水声通信网中的固定节点对 AUV 提供水下定位的支持，以提高 AUV 在水下作业的定位精度。

在 AUV 每次与固定节点通信时，可以获得 AUV 与该节点的距离信息，通过不同位置与同一个固定节点的距离信息可以修正 AUV 的轨迹。该方法的优点是利用了通信过程，不需要单独的定位过程，缺点是周期较长、算法复杂、精度与 AUV 轨迹相关。

另一种定位方法是 AUV 发送询问脉冲，周围的固定节点应答，采用长基线定位方式实现 AUV 的水下定位。该方法的优点是简单、快速、精度高，但缺点是会打断水声通信网的工作。

8.4 发展趋势

未来水声通信算法研究将会在时变信道的稀疏性、自适应迭代信号处理算法、先进的纠错码等方面形成技术优势。在节点应用方面，需要完善低功耗技术、降低换能器成本、提高节点信息融合能力，并结合应用形成系列化的产品。未来国内水声通信的主要技术方向包括以下几个：

(1) 近程高速水声通信节点与组网技术。研制作用距离在 1～2km 的近程高速水声通信节点，具备高处理能力、低功耗、小体积重量，集成定位信标和释放器功能。研究近程高速水声通信技术，重点提高在浅海信道下的性能，以满足浅海组网观测中大量数据的交互需要；研究优化组网协议和技术方案。

(2) 远程和超远程低速通信技术。发展远程和超远程低速通信技术，提高通信距离和数据传输速率，研究与远程低速相适应的网络协议。

(3) 与水声通信网能力相匹配的协同观测技术。由于水声通信网的信道容量有限，网络节点间可以交互的信息量较少，为了充分发挥网络观测的协同优势，需要发展协同观测技术，提高观测站的数据预处理能力，从大量的原始数据中提取出少量的特征信息即可达到协同观测的目标。

(4) 海上演示验证试验。结合海洋观测、安全防护等应用需求，在港口、近海、深海等不同试验海区类型开展海上演示验证试验，扩大网络规模和运行时间长度，网络组成和任务使命复杂度更高，以充分检验网络观测的能力。将水声通信网与海底观测网相结合，实现水声通信网络与海底光电缆网络之间的更好衔接和优化，提高深远海观测网络的灵活性。

参考文献

[1] Dhanak M R, Xiros N I. Springer Handbook of Ocean Engineering[M]. Berlin: Springer International Publishing, 2017.

[2] 朱敏, 武岩波. 水声通信及组网的现状和展望[J]. 海洋技术, 2015, 34(3): 75-79.
[3] 贾宁, 黄建纯. 水声通信技术综述[J]. 物理, 2014, 43(10):650-657.
[4] Stojanovic M, Preisig J. Underwater acoustic communication channels: Propagation models and statistical characterization[J]. IEEE Communications Magazine, 2009, 47(1): 84-89.
[5] Elias P. Coding for noisy channels[J]. IRE Conv. Rec., 1955: 37-46.
[6] Viterbi A. Error bounds for convolutional codes and an asymptotically optimum decoding algorithm[J]. IEEE Transactions on Information Theory, 1967, 13(2): 260-269.
[7] Berrou C, Glavieux A, Thitimajshima P. Near Shannon limit error-correcting coding and decoding: Turbo-codes[C]//Proceedings of ICC'93: IEEE International Conference on Communications, Geneva, 1993: 1064-1070.
[8] van Walree P, Sangfelt E, Leus G. Multicarrier spread spectrum for covert acoustic communications[C]//Proceeding of OCEANS 2008, Quebec City, 2008: 1-8.
[9] 朱维庆, 朱敏, 武岩波, 等. 载人潜水器“蛟龙”号的水声通信信号处理[J]. 声学学报, 2012, 37(6): 565-573.
[10] Gallager R. Low-density parity-check codes[J]. IRE Transactions on Information Theory, 1962, 8(1): 21-28.
[11] MacKay D J C, Neal R M. Near Shannon limit performance of low density parity check codes[J]. Electronics Letters, 1997, 33(6): 457-458.
[12] Forney G. Generalized minimum distance decoding[J]. IEEE Transactions on Information Theory, 1966, 12(2): 125-131.
[13] Zhou S L, Wang Z H. OFDM for Underwater Acoustic Communications[M]. London: John Wiley & Sons, 2014.
[14] Wu Y B, Zhu M, Li X G. Sparse linear equalizers for turbo equalizations in underwater acoustic communication[C]//OCEANS 2015-MTS/IEEE, Washington, 2015: 1-6.
[15] Choi J W, Drost R J, Singer A C, Preisig J. Iterative multi-channel equalization and decoding for high frequency underwater acoustic communications[C]//The 5th IEEE Sensor Array and Multichannel Signal Processing Workshop, Darmstadt, 2008: 127-130.
[16] 刘磊. 跳频通信技术在网络鱼雷中的应用研究[D]. 北京: 中国舰船研究院, 2011.
[17] Stojanovic M, Catipovic J A, Proakis J G. Phase-coherent digital communications for underwater acoustic channels[J]. IEEE Journal of Oceanic Engineering, 1994, 19(1): 100-111.
[18] Wei M, Sandwell D T. Decorrelation of L-band and C-band interferometry over vegetated areas in California[J]. IEEE Transactions on Geoscience and Remote Sensing, 2010, 48(7): 2942-2952.
[19] Freitag L E, Catipovic J A, Eastwood R L, et al. Acoustic communications system for the AMMT program[C]//Proceedings of Ocean'96 MTS/IEEE Conference, Fort Lauderdale, 1996: 87-92.
[20] Saigol Z A, Frost G, Tsiogkas N, et al. Facilitating cooperative AUV missions: Experimental results with an acoustic knowledge-sharing framework[C]//Proceedings of IEEE-MTS Oceans'13, San Diego, 2013: 1-14.
[21] Grund M, Ball K. A Mobile communications gateway for AUV telemetry[C]//Proceedings of IEEE-MTS Oceans'13, San Diego, 2013: 1-5.
[22] 淦华东, 冀邦杰, 周德善, 等. 网络鱼雷概念及关键技术探讨[J]. 鱼雷技术, 2008, 16(2): 5-8.
[23] Glotzbach T, Schneider M, Otto P. Cooperative line of sight target tracking for heterogeneous unmanned marine vehicle teams: From theory to practice[J]. Robotics and Autonomous Systems, 2015, 67: 53-60.
[24] Stojanovic M, Freitag L. Multichannel detection for wideband underwater acoustic CDMA communications[J]. IEEE Journal of Oceanic Engineering, 2006, 31(3): 685-695.
[25] Pompili D, Melodia T, Akyildiz I F. A CDMA-based medium access control for underwater acoustic sensor networks[J]. IEEE Transactions on Wireless Communications, 2009, 8(4): 1899-1909.

[26] 孙现有, 焦泽健, 宋长会. 无人水下航行器发展与应用[J]. 水雷战与舰船防护, 2012, 20(2): 51-54.

[27] Sozer E M, Stojanovic M, Proakis J G. Underwater acoustic networks[J]. IEEE Journal of Oceanic Engineering, 2000, 25(1): 72-83.

[28] Circle B N. Underwater mobile docking of autonomous underwater vehicles[C]//OCEANS 2012-MTS/IEEE, Hampton Roads, 2012: 1-15.

[29] Hollinger G A, Choudhary S, Qarabaqi P, et al. Communication protocols for underwater data collection using a robotic sensor network[C]// IEEE GLOBECOM Workshops, Houston, 2011: 1308-1313.

[30] Hollinger G A, Choudhary S, Qarabaqi P, et al. Underwater data collection using robotic sensor networks[J]. IEEE Journal on Selected Areas in Communications, 2012, 30(5): 899-911.

[31] 丁明惠. AUV 群体协调通信网络设计与实现[D]. 哈尔滨: 哈尔滨工程大学, 2013.

[32] Delande J, Balasubramanian R, Duarte C, et al. Task consensus among a team of heterogeneous AUVs under intermittent communication[C]//Proceedings of IEEE-MTS Oceans'13, San Diego, 2013: 1-4.

[33] Gill B, Arias J F M, Edwards D, et al. Natural language-based correction method for autonomous underwater vehicle communications[C]//Proceedings of IEEE-MTS Oceans'13, San Diego, 2013: 1-10.

[34] Ma C, Zeng Q S. Distributed formation control of 6-DOF autonomous underwater vehicles networked by sampled-data information under directed topology[J]. Neurocomputing, 2015, 154: 33-40.

[35] Fallon M F, Papadopoulos G, Leonard J J, et al. A measurement distribution framework for cooperative navigation using multiple AUVs[C]// 2010 IEEE International Conference on Robotics and Automation, Anchorage, 2010: 4256-4263.

[36] Millan P, Orihuela L, Jurado I, et al. Formation control of autonomous underwater vehicles subject to communication delays[J]. IEEE Transactions on Control Systems Technology, 2014, 22(2): 770-777.

索　引

B

避障声呐成像与波束控制技术 · 18

C

侧扫声呐 ············ 67
侧扫声呐发射波的反射和散射 · 68
侧扫声呐换能器的指向性 ······ 67
测流测速声呐技术 ·········· 39
测深侧扫声呐技术 ·········· 124
测深数据处理 ············ 146
测深系统 ·············· 129
沉积物声学特性选择 ········ 199

D

底跟踪技术 ············· 173
底检测技术 ············· 172
地形测量 ·············· 178
定位数据和潮汐修正 ········ 143
多波束测深 ············· 170
多径传播 ·············· 212
多普勒测速声呐 ··········· 40
多普勒频移 ············· 213

E

二维避障声呐 ············ 14

F

幅度动态和动态压缩 ········ 69

G

高分辨率测深侧扫声呐 ······ 126

H

海底管线探测 ············ 178
海底声图 ·············· 72
海洋立体监测网络 ·········· 236
海洋生物探测 ············ 179
换能器水平指向角 ·········· 77

J

基于目标模型的三维避障技术 · 32
基于十字阵形的三维声成像
　技术 ················ 35

L

路径规划策略技术 ·········· 30

M

目标分类识别技术 ·········· 24
目标检测技术 ············ 22

P

偏差校准 ·············· 159

Q

浅地层剖面测量技术 ········ 183
Chirp 浅地层剖面仪声呐 ····· 189

S

三维避障声呐 ············ 16
三维剖面声呐 ············ 195
深度修正技术 ············ 174
声呐测深精度评估 ·········· 161

声呐阵深度 ······················ 138
声速剖面修正 ···················· 139
声图 ································ 71
DTA-6000 声学深拖系统 ······ 166
水声通信技术 ···················· 211
水声通信节点 ···················· 223
水声通信网 ······················ 227
水声物理层 ······················ 215
水声信道的时变性 ·············· 214
水下定位 ························ 237

T

特殊海洋环境 ···················· 79
图像处理 ························· 81
图像拼接 ························· 89
图像三维重构 ···················· 105

W

6000m 无人无缆水下无人航行器系统 ························ 164
误差分析 ························ 147

X

相关测速声呐 ···················· 44
小型化技术 ······················· 34

Y

一体化设计 ······················· 35
一维避障声呐 ···················· 13

Z

姿态数据处理 ···················· 135

彩　图

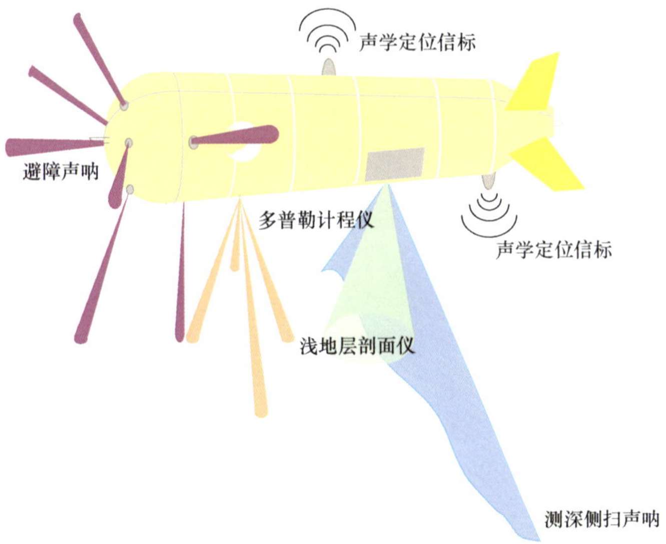

图 1.1　“潜龙一号”水下无人航行器声学探测声呐分布图

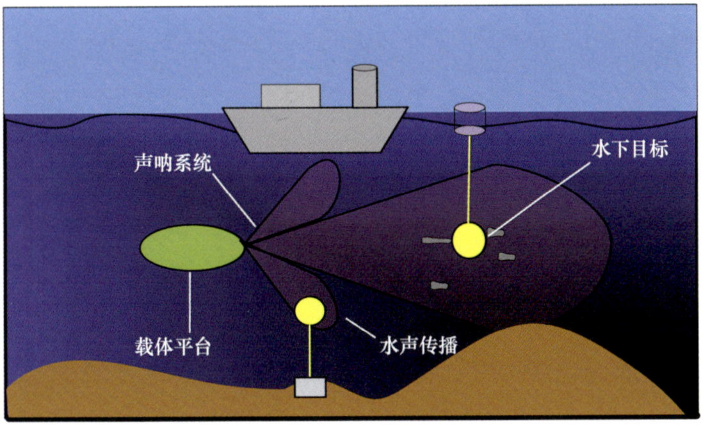

图 2.8　避障声呐探测模型组成示意图

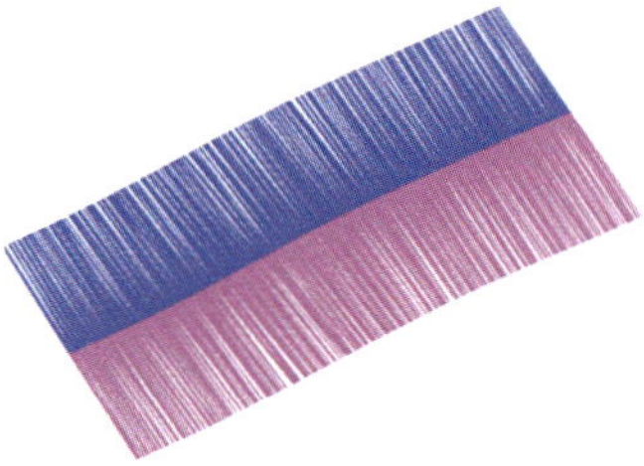

(a)

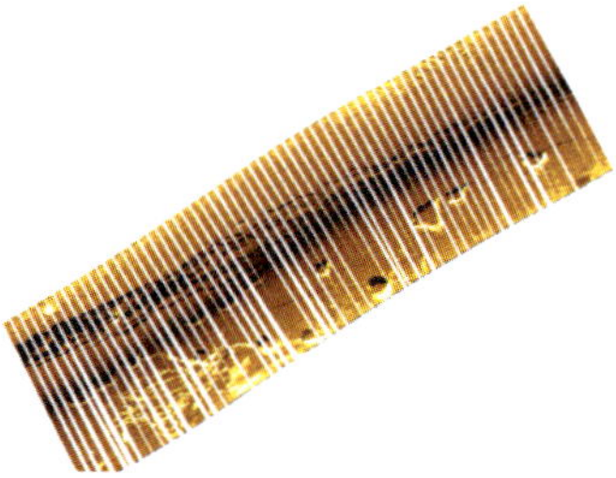

(b)

图 4.14　侧扫声呐图像缝隙

(a) 原始图像

(b) 处理后图像

图 4.18　处理前后对比图

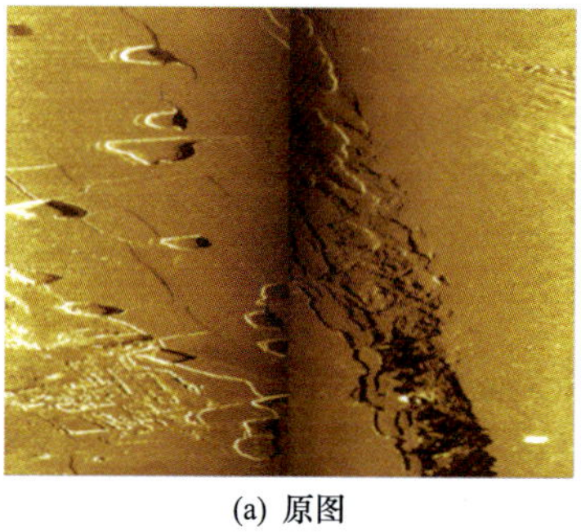

(a) 原图

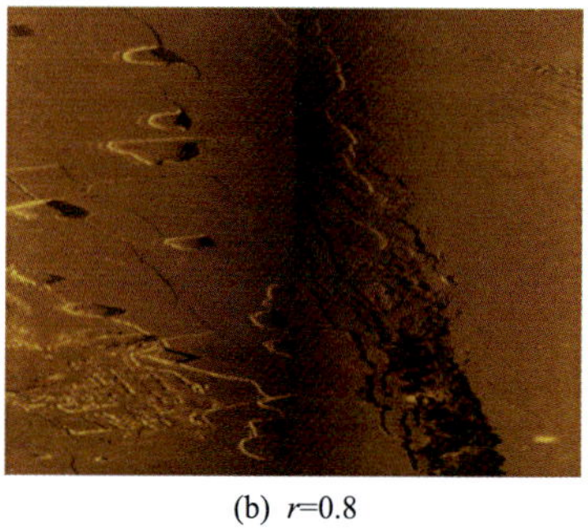

(b) r=0.8

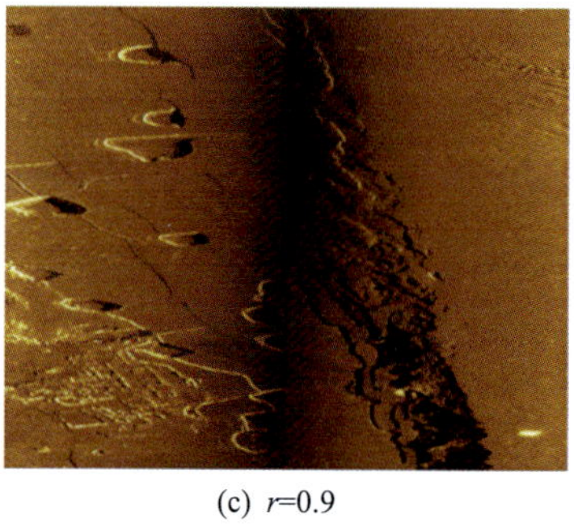

(c) r=0.9

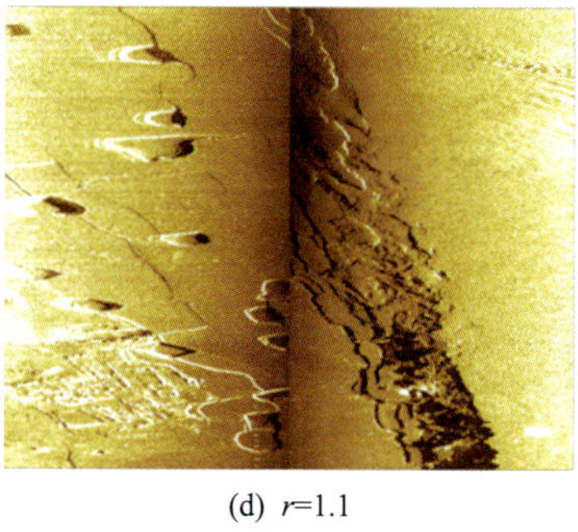

(d) r=1.1

图 4.23　灰度校正结果与原图对比

(a)　　　　　　　　　　(b)

图 4.25　图像地理编码结果

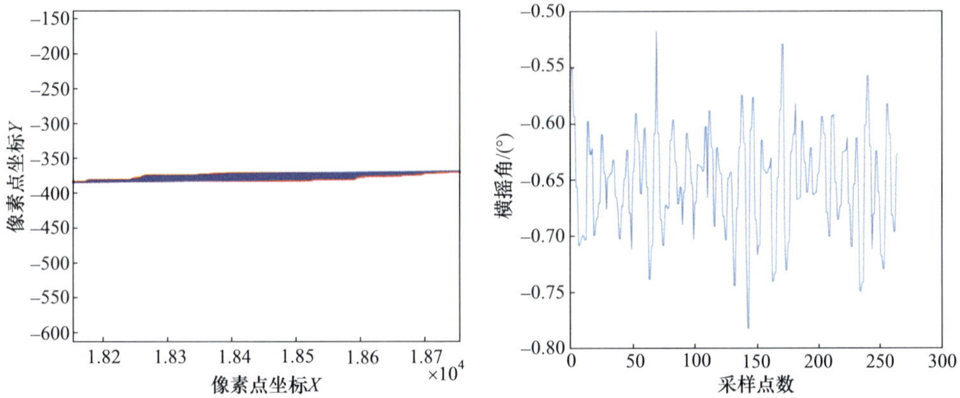

(a) 像素点变化　　　　　　　　(b) 横摇角变化

图 4.30　横摇角校正

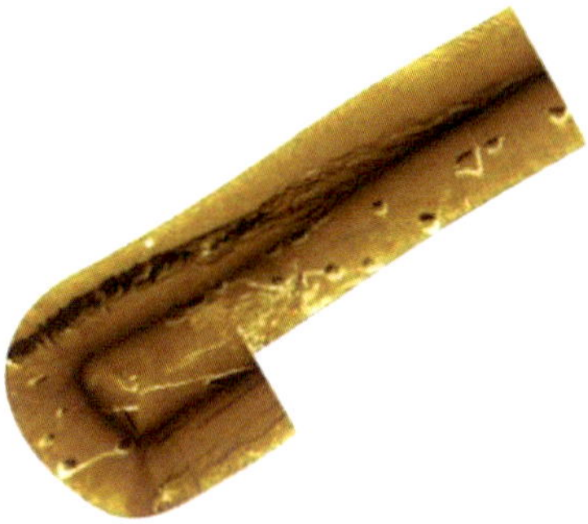

图 4.31　姿态校正图像

图 4.32　图像匹配结果

(a) 覆盖法

(b) 平均值法

图 4.34　融合结果

图 4.36　图像拼接结果 1

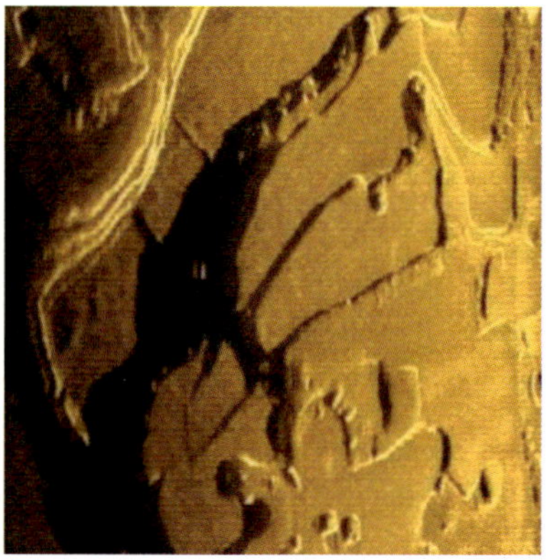

(a) 梯田图像

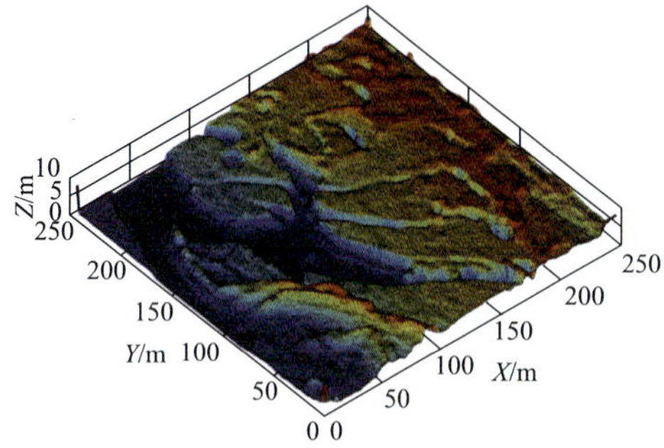

(b) 线性化SFS方法重构图像

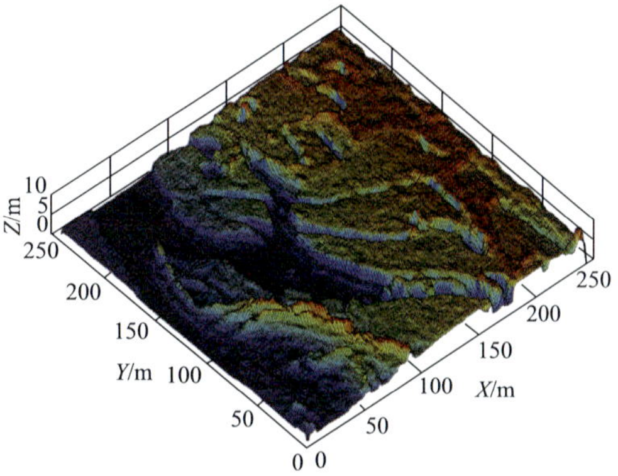

(c) 最小化SFS方法重构图像

图 4.46　海底地貌的三维重构结果对比

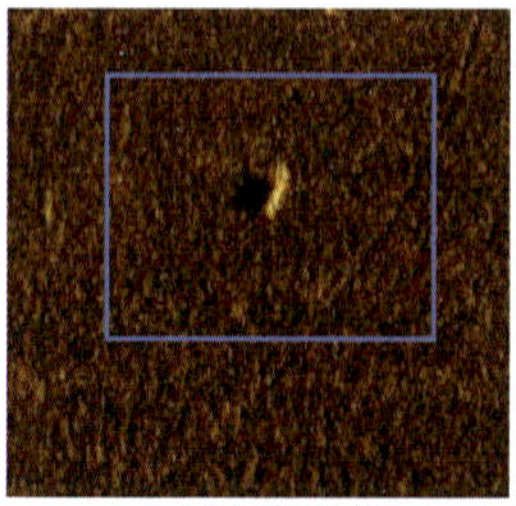

(a) 目标图像

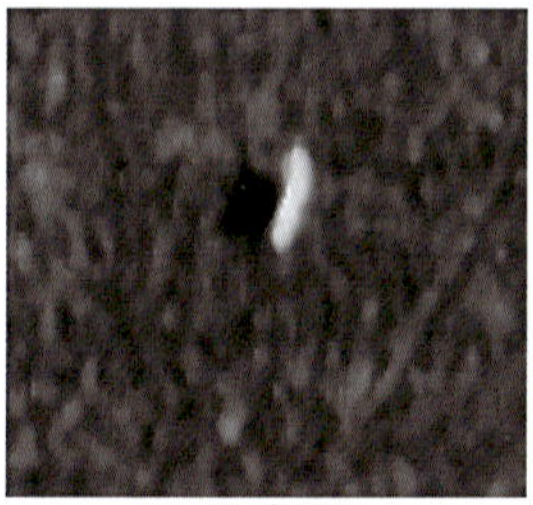

(b) 高度图

(c) 视角一(方位角–20°、仰角86°)显示的三维图像

(d) 视角二(方位角150°、仰角87°)显示的三维图像

图 4.47　海底小目标的三维重构结果

图 5.24　DTΛ-6000 声学深拖系统

图 5.25　声学深拖系统拖曳示意图

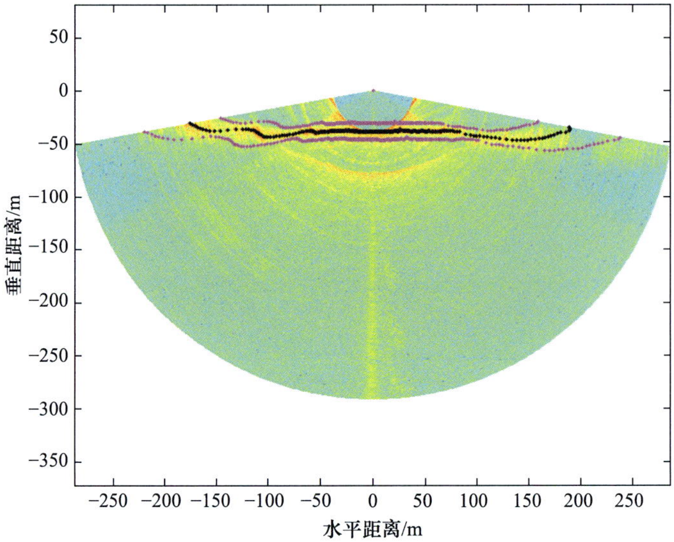

图 6.8　海底剧烈起伏状态下的自适应跟踪曲线

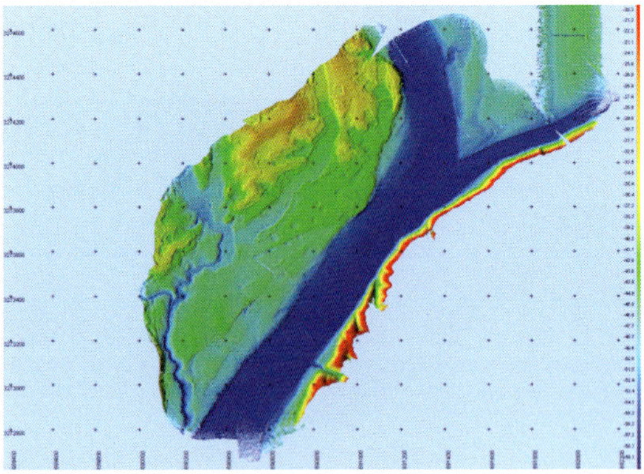

图 6.14　地形测量结果

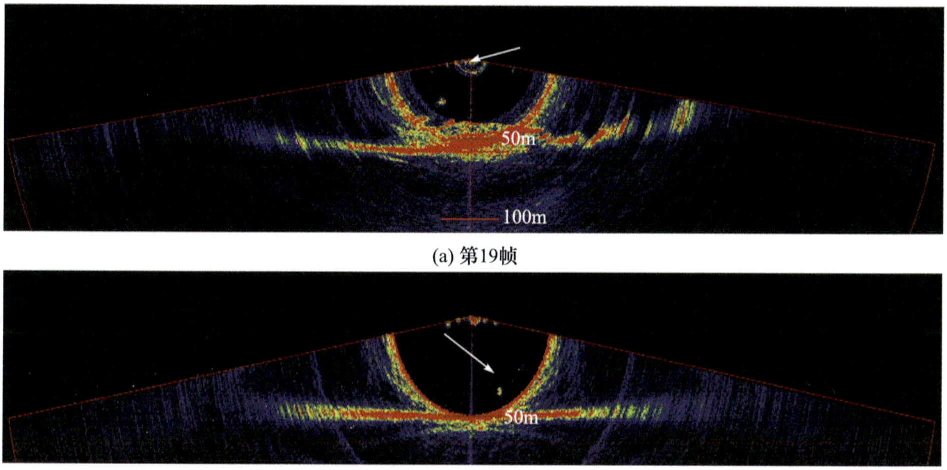

(a) 第19帧

(b) 第1283帧

图 6.17　多波束测深仪探测结果

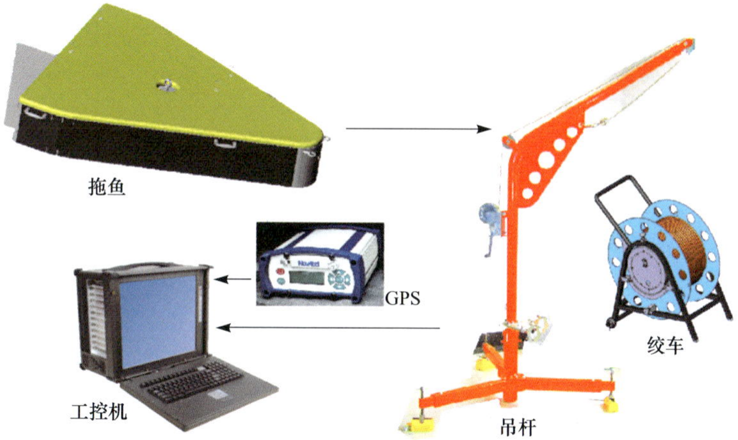

图 7.18　三维剖面声呐系统组成图

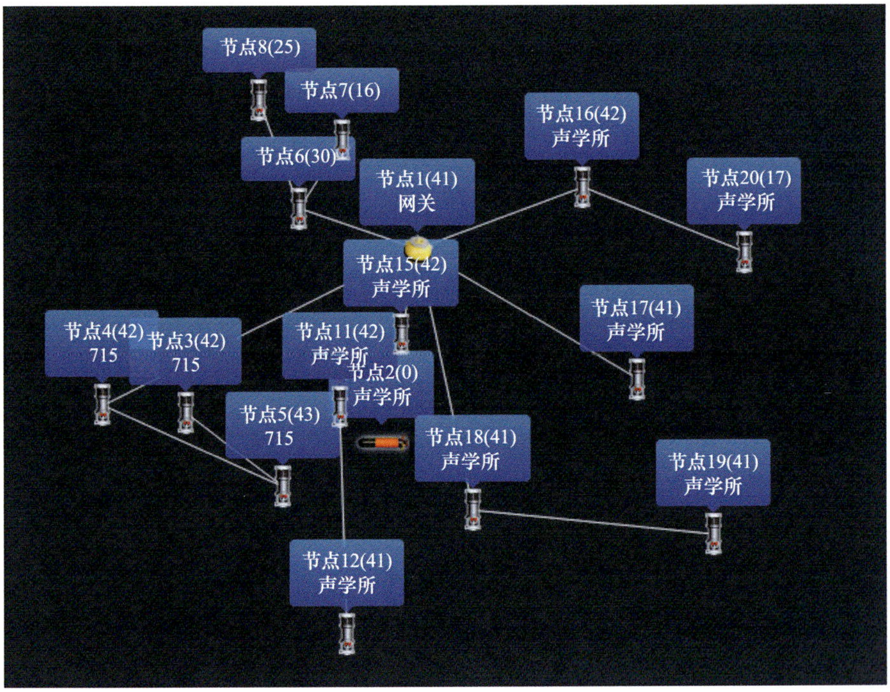

图 8.10 水声通信海上试验网络拓扑结构(连线表示通信链路；括号中数据表示已传输数据包的个数)